高等学校"十三五"教师教育系列规划教材

班级管理

田 虎 主编

南京大学出版社

图书在版编目(CIP)数据

班级管理 / 田虎主编. — 南京：南京大学出版社，
2019.12(2025.1重印)
高等学校"十三五"教师教育系列规划教材
ISBN 978 - 7 - 305 - 22750 - 9

Ⅰ. ①班… Ⅱ. ①田… Ⅲ. ①中小学－班级－学校管
理－高等学校－教材 Ⅳ. ①G632.421
中国版本图书馆 CIP 数据核字(2019)第 267589 号

出版发行　南京大学出版社
社　　址　南京市汉口路 22 号　　　　邮　编　210093
书　　名　**班级管理**
　　　　　BANJI GUANLI
主　　编　田　虎
责任编辑　钱梦菊　　　　　　　编辑热线　025 - 83592146

照　　排　南京南琳图文制作有限公司
印　　刷　丹阳兴华印务有限公司
开　　本　787 mm×1092 mm　1/16 开　印张 14.5　字数 335 千
版　　次　2019 年 12 月第 1 版　2025 年 1 月第 5 次印刷
ISBN 978 - 7 - 305 - 22750 - 9
定　　价　42.00 元

网址：http://www.njupco.com
官方微博：http://weibo.com/njupco
微信服务号：NJUyuexue
销售咨询热线：(025) 83594756

前　言

　　班级管理质量提高的根本在班主任。班主任的培养关键在班级管理课程体系的构建和教材建设。"班级管理"是教师教育类课程的重要组成部分,是体现教师教育师范性特点的一门必修课程,也是加强中小学教师队伍建设的重要抓手。班级管理质量直接影响中小学生对学校生活的情感体验与认知态度,影响学生的健康成长和个性发展,影响学校教育的效果和质量。

　　本教材的编写以《国家中长期教育改革和发展规划纲要(2010—2020年)》中提出的"深化教师教育改革,创新培养模式,强化师德修养和教学能力训练,提高培养质量"为指导方针,体现了教育部中小学教师资格考试大纲《教育知识与能力》《教育教学知识与能力》的相关要求。在编写中,力求反映和体现以下特点:

　　第一,基础性。本教材以培养未来中小学教师的班级管理素养为宗旨,精选班级管理领域的基础知识和基本理论,能为学生未来做好班级管理工作打下坚实的理论基础。

　　第二,时代性。本教材编写充分注重从当代班级管理研究的最新成果中筛选适合基础教育班级管理的内容和观点,注重反映班级管理改革与实践中的新理念、新进展和新问题,使教材充满时代气息,体现时代特色。

　　第三,实践性。本教材编写重视对师范院校学生进行班级管理相关理论的系统讲授,更注重培养学生思考、判断、解决班级管理具体问题的能力,突出班级管理实用技能的学习,力求实现理论与实践的紧密结合。

　　第四,操作性。本教材编写在内容安排上充分关注了班级管理组织行为的活动性特征,尽量简化和淡化冗余的言语阐述,突出班级管理中各项活动设计的流程、环节、要点等行动细节,增强对班级管理实践活动的行为指导性和现实操作性。

　　第五,便捷性。本教材使用了二维码技术,实现了教学资源的一键式获取,减少了学生搜集资源的时间,利于为学生搭建学习支架,创建无缝的学习环境,支持学生学习步调的个性化,实现学生学习方式的立体化。

　　本教材在每章内容后面都提供了思考与练习题。通过这些题目,意在帮助学生梳理章节的内容要点,突出"班级管理"课程理论学习与实践运用的内在统一性,体现班级管理理论对班级管理实践的指导性,体现班级管理实践对班级管理理论的应用性。

本教材具体编写情况如下:第一章和第二章由咸阳师范学院梁晶编写,第三章和第四章由咸阳师范学院毛红芳编写,第五章和第六章由咸阳师范学院张勇编写,第七章和第八章由咸阳师范学院田虎编写,第九章和第十章由咸阳师范学院宁金平编写,附录和参考文献由咸阳师范学院梁晶整理。全书由田虎组织设计、统稿、定稿。在书稿完成过程中,得到了很多同仁的帮助和支持,在此一并表示诚挚的谢意。

本教材在编写过程中,参考了很多专家、学者的著作文献,借鉴、引用了当前班级管理领域有关学者的研究成果,尽可能都做了标注,如有疏漏,敬请谅解,在此谨向作者和出版社表示真诚的感谢。

限于编者水平,本教材的不足之处,恳请各位同仁和同学在使用过程中批评指正,多提宝贵意见,以便今后有机会进一步修改完善。

编　者

2019 年 7 月

C目录 CONTENTS

第一章
班级与班级管理概述

学习导航

【学习目标】

1. 了解班级的含义。

2. 理解班级与班级管理的内涵和外延。

3. 了解成功的班级管理需要哪些理论的指导。

4. 怎样学习班级管理课程。

【本章重难点】

1. 理解班级的含义。

2. 理解班级与班级管理的内涵和外延。

3. 理解班级管理的基本理论。

微信扫码

获取配套资源

班级是学校教育活动的基本单位。班级作为一个教育实体和社会实体,对学生的健康成长和个性发展具有重要影响。班主任进行班级管理,需要依据班级管理的科学理论,着重加强班级的组织、制度、教学与活动管理,最大限度地发挥班级管理的教育性功能,为学生发展营造良好的班级生活环境,发挥班级组织在学生发展中的重要作用。

第一节 班 级

班级是构成学校这一社会组织体系的细胞,是学校开展教育教学工作的基层组织,是教师和学生开展教育教学活动的基本单位,是现代学校教育制度的产物,有其独特的组织特点和发展历程。

一、班级的概念

班级是学校教育发展到一定阶段,在生产力发展、科学技术进步及教学方式不断变化的基础上形成的一种组织体系,也是学生全面发展和成长的重要环境。

(一)班级的定义

班级是学校为实现一定的教育目的,将年龄相当、文化程度大体相同的学生按一定的人数规模建立起来的教育组织。一个班级通常由几位学科教师与若干学生共同组成,整个学校教育功能的发挥主要是在班级活动中实现的。班级集中反映了学校、家庭、社会等对学生教育影响的要求,是学生实现个体社会化的重要环境。所以说,班级是以学生为主体,以学习活动为基础,以师生间、学生间的交往为纽带建立起来的社会组织体系。

班级教学是现代最具代表性的一种教育形态。班级不仅是学生接受知识教育的地方,也是学生社会化的资源,以及学生进行自我教育资源的场所。班级反映了社会、学校、家庭等对学生教育影响的要求,成为学生实现个体社会化的重要环境,在某种意义上可以说班级是一个社会的缩影。

(二)对班级概念的理解

班级既然是学校教育的一个基本单位,就具有学校教育组织的特点。同时,班级在一定程度上又是社会的缩影,是一种社会组织形式,所以也具有社会组织的特点。因此,可以说,班级既是一个教育实体,又是一个社会实体。

1. 班级是一个教育实体

学校为实现教育影响,实现培养目标而构建了班级。班级吸收着来自学校、家庭、社会的种种影响,在聚合各种教育影响力的基础上,形成班级自身的教育影响氛围,将这些影响力反射到学生身上,发挥对学生的教育作用。

首先,班级是按照学校的教育意图建立起来的组织系统,又是按照学校的教育要求进行运作的。所以班级从其组成而言就决定了它必须成为教育和影响学生,按照教育目标要求来培养塑造学生的特殊环境。教育管理者把学校的教育思想渗透到班级的教学及其他教育活动中,并鼓励学生积极主动参与班级的各种活动,在活动中接受教育影响,获得身心的协调发展。

其次,由于班级是由年龄相当、知识程度基本相近的学生组成的集合体,学生来自不同的家庭,受各种不同家庭教育的影响,形成了不同的个性特点,所以,学生在班级生活中,必然把受家庭影响而形成的个性特征和兴趣爱好反映到班级生活中。因此,班级也必然受到学生个体特点的影响,这种影响也会反映在班级其他学生身上,从而影响其发展。

再次,班级对来自社会的影响也具有吸收、改造、整合的作用。当今社会是一个信息社会,由于信息传播的渠道越来越多,学生的生活也更贴近社会,社会各种信息对学生产生的影响也更为直接,更为快速。所以,学生的思想观点及行为习惯的形成均反映出当代社会发展的某些特点。

无论是学校的、家庭的,还是社会的影响,对班级学生来说,必须要对来自各方面的影响进行有机整合,才能发挥积极作用。所以,班级对各方面的教育影响经过过滤、筛选、融化、吸收、整合之后会形成特有的班级文化氛围,即形成一定的班级目标体系、舆论环境、行为规范、人际关系及心理气氛等,使学生在班级的活动与交往中受到班级文化氛围的同化,相应形成一定的思想观念和行为习惯。可见,班级是学生全面发展的重要环境。

2. 班级是一个社会实体

班级是社会组织的特殊形式,是一个"教育社会"。社会各个方面,如政治、经济、文化、科技等的影响很大程度上是通过班级而作用于学生的,学生在班级这一特定环境中学会学习、活动和交往,逐渐实现由自然人向社会人的转化。所以,班级是学生认识社会、了解社会、适应社会生活、实现个体社会化的重要环境。

首先,班级作为学生实现个体社会化的重要环境,其建立和发展是在社会系统的制约下实现的。社会的发展一方面为班级教育环境的建立提供了一定的物质条件,这些物质条件本身也包含了一定的教育因素,对学生产生一定的影响,使学生的学习和交往等活动得以顺利进行。另一方面,社会系统也为班级教育环境的建立和发展提供了一定的精神条件,如一定的政治思想观点、道德行为规范、社会生活知识、科技发展的成果等,这些既是学生学习的内容,又对学生社会生活的观点、态度的形成产生直接的影响。社会系统在为班级教育环境的建立和发展提供必要条件的同时,也对班级的运转提出一定的要求,班级也正是根据社会系统的要求来建设和发展的。从总体上看,班级的目标、制度、规范以至具体活动的开展等都与社会要求呈现正向联系,并根据社会要求的发展变化做出相应的调整。

其次,班级组织是学生活动和交往的基础,是实现个体社会化的重要环境。班级是学生社会生活的基本单位,学校通过把几十个年龄和知识程度相同或相近的学生组成班级,利用班级组织来促使学生实现个体社会化。在班级组织的活动中,为了协调各个成员的行为,统一班级的步调,必然要建立一定的组织机构,制定生活制度和行为规范,并进行必要的分工,使每个成员在组织中担任一定的角色,承担相应的责任,完成组织的任务。所以,班级组织是学生适应社会生活,培养社会责任感,体验社会角色扮演的重要单位。

同时,班级组织的活动又是在人与人的交互作用中开展起来的,活动过程中必然使学生间、师生间形成一定的人际关系,这是学生学习如何处理人际关系,培养良好的交往品质的重要基础,并为学生学习在社会生活中处理好各种人际关系做好一定的准备。所以,班级是学生学习认同群体目标,掌握群体生活规律,培养正确的社会规范和行为,形成良好的交往品质的重要环境。通过班级组织,学生可以学习如何当好班干部,承担班级一定的领导和管理的职责,学会遵守纪律,服从组织,民主议事;学会尊重他人,帮助他人,友好协作;培养集体的归属感、荣誉感、责任感等正确的社会情感。由此可见,班级是一个教育社会,是一个社会缩影,是学生认识社会,学习适应社会生活,获得改造社会能力的重要环境,是一个社会实体。

二、班级的特点

班级是学校系统中的子系统,通过分析班级的特点,有助于我们更好地认识班级在学校中的地位及作用。

(一)教育性

班级是学生与学校教育、社会影响之间的"转换器"。班级介于学校、社会与学生个体之间,学校教育、社会影响对学生将产生什么样的作用,学生能否接受,往往取决于班级对学生的影响。由于班级本身所具有的教育功能,人们也更关注班级作为学校的教育组织对学生发展的影响。

班级教育活动蕴涵着提高学生认识能力、动手能力、人际交往能力等多重因素,能满足正在成长中的学生的好奇、求知、联想、创造等多方面发展的需要,能为他们释放天性、活跃思维、磨炼意志、展示特长、追求发展提供舞台,是学生个性品质发展的重要载体。

班级教育活动作为学生社会化的一种转化过程,也是促使学生社会化的一种动力。此外,班级教育活动对于促进班级目标的实现,加强班风班纪建设,增强班集体的向心力和凝聚力都具有重要的作用。只要充分发挥班级的教育功能,就会增强学生的参与意识,改善学生的人际关系,进而完成培养人、塑造人的目标。

(二)学习性

班级是每个学生在校生活的"家",是学生成长和实现社会化的重要基础。学生是学习的主体,学习使学生为将来步入社会打基础。班级为学生的角色学习提供了多方面的帮助,使学生能有更多的锻炼机会,能更好地约束自己,不断地充实自己、完善自己。

著名教育学家苏霍姆林斯基(B. A. Cyxomjnhcknn, 1918—1970)说过:"没有自我教育,就没有真正的教育。"事实也证明,班级活动为学生提供了自我学习、自我管理的机会和空间,无论是成绩,还是其他各方面的情况都会得到发展。学生在课程学习中的参与程度、成绩和教师、同学的评价决定了学生在人际关系中的角色地位,这对于学生自我认识意义重大。班级中的教育活动、小组学习等各种活动都为学生提供了锻炼和体验的机会和条件,能更好地发挥学生的主动性、积极性和创造性。

(三) 依赖性

班级是由未成年人组成的组织群体,学生正处于身心发展的关键时期,从心理学的角度看,学生心理面貌还不稳定,思维还带有片面性,考虑问题也不那么周全。因此,在实行学生自治自理的同时,还需教师充当"幕后指导者",注重对学生加以引导和教育。教师,既是指导者,也是舵手,有义务帮助学生搞好学习。教师应帮助不同层次的学生达到他们的学习目标,让尖子生吃得更饱更好,让基础差的学生客观地认识自己,制定符合自身情况的切实可行的短期目标,并帮助他们一步一步地朝自己的目标迈进。教师平常应多鼓励学生,让他们找到成就感,树立信心,从而提高学习兴趣,学会自主学习。

(四) 社会性

从教育社会学的角度看,班级是社会的缩影,是一种社会体系,是以青少年学生为主体、以社会化学习与交往活动为特征的教育社会。班级社会的含义,是由美国著名社会学家帕森斯(Talcott Parsons,1902—1979)在1959年发表的《班级是一种社会体系》一文中最早提出的,该文运用社会学观点论述了班级社会的概念、特征、条件及功能。他指出,凡是一种行为牵涉自我和他人的交互关系,便属于社会行动,社会体系就是由这些单位行动组成的。班级是按照一种社会组织的模式来进行建设的,而且是作为一种特殊的社会群体进行建设的。班级的确定、班级中的机构设置、班级中的活动都会反映社会对受教育者的培养要求,时刻受到社会环境的渗透和影响。无论是在班级正式组织还是非正式组织的活动中,每位学生都会与教师、同学进行交往,从而构成小范围的社会关系。

三、班级的构成要素

班级是在学习活动中形成的严密、复杂的多维组织。班级作为一种组织,有其特定的构成要素,对这些要素进行研究,不仅具有理论意义,而且具有重要的实践意义。根据班级的自身特点,其构成要素主要包括两个方面:硬件要素和软件要素。

(一) 班级构成的硬件要素

构成班级的硬件要素主要包括教师与学生、教育场地、教育资料等。

教师与学生是构成班级教育教学活动的主体。教师的根本任务是教书育人,在传授知识的同时,通过多种渠道对学生进行思想政治和道德品质教育,关心学生身心健康,提高学生身体素质,并培养其高尚的审美情趣,使学生在全面发展的基础上形成良好的个性。因此教师必须具备崇高的思想品德、合理的知识结构、良好的文化素养、较高的业务能力和心理素质。学生是受教育者,也是学习的主体,在教育过程中具有客体和主体的双重地位,同时也具有年龄特征、性别差异、智力差异等特点。

教育场地是班级教育教学活动的必要场所,包括教室、操场、实验室、图书馆等。在现代教学中,必要的教育场地、先进的教学设备是提高教育层次和水平的必要条件,管理规范能够确保教学实践中各个环节的落实,能够有效地促进学生综合素质的全面发展和提高。

教育资料是班级教育教学活动的根本保证,包括课程及教材、各种图书材料等。课程是实现各级各类学校培养目标的方案,是教学系统中的软件。课程是一个不断发展着的概念,过去仅把课程理解为传统教材中所规定的知识体系,而现在的课程除了包括知识体系外,还包括技能体系和情绪上、行动上一些必要的生活经验。

(二)班级构成的软件要素

班级功能的发挥,除了硬件要素以外,还必须具备相应的软件要素。构成班级的软件要素主要包括班级目标、组织机构、班级活动、班风班纪、人际关系等。

班级目标主要包括班集体德、智、体、美、劳等方面的发展目标及学生个性发展目标。班级目标的确立为学生明确了发展方向,能鼓舞学生前进,对优良班风的形成、学风的养成,对巩固和发展班集体,对教育班级中的每一个成员都有着极为重要的作用。

组织机构主要包括班主任、班委会、少先队中队委员会、团支部委员会和各种学习、值日、板报、考勤、课外兴趣、服务等小组。完善的班级组织,能活跃班级文化生活,增强学生整体素质,营造优越的育人环境,把班级建设成组织健全、制度完善、班风良好、积极向上的集体。

班级活动可以分成日常性班级活动和阶段性班级活动两大类。日常性班级活动就是每天或每周都要进行的,为维持班级有机体正常运转所必需的活动以及班级内自发进行的活动。阶段性班级活动主要包括工作型活动、竞赛型活动等。

良好的班风班纪是良好班集体形成的重要标志,它能够反映出班级成员普遍具有的良好行为和习惯,也能体现出一个班级具有正确的集体舆论。它能以无形的力量帮助班主任管理班级,影响和教育学生,使集体成员提高认识,团结一致,共同走向班集体的预定目标。

班级的人际关系是多方面的、复杂的。最主要的是教师之间、师生之间、生生之间、学生个体与群体之间、群体与群体之间、正式群体与非正式群体之间的人际关系。根据马卡连柯(Makarenko Anton Semiohovich)的理论,班主任有意识地对人际关系进行研究和调整,有利于班级人际关系合理结构和班级良好氛围的形成,有利于班级的建设与发展。在班级中建立和谐的人际关系,使师生之间、同学之间的关系和睦融洽,有效地调动每个学生的积极性,可以消除学生中诸多不健康的心理因素,在班级中形成一种协调的人际关系,进而使学生的个性得以充分发挥,主体性得到增强。

总之,班级的构成是一个多维的、复杂的网络,应该充分考虑各种要素之间的关系和影响。这些要素形成一种协调系统,形成一种催人奋进的集体心理气氛,并由此显示出比个别教育效果大得多的整体教育功能,从而使班集体自身成为一种巨大的教育力量。

四、班级的作用

1. 发展学生的社会性,培养学生适应社会生活的能力

教育社会学认为,班级是一个浓缩社会。也就是说,班级存在一定的组织结构,可以履行学校的社会职能。班集体的共同愿景、发展目标、组织结构、角色分配、人际关系等,都是社会的缩影和投射,深刻地影响着学生社会化的发展。

第一,班集体为学生参与社会性的实践活动创造条件和机会。班级是学生最主要的开展学习、交往和其他各种活动的环境,班级组织机构和人际关系是社会组织及社会关系的反映,班级中的活动和师生关系、同学关系的处理,实际上为学生参与社会生活和处理社会关系提供了学习和实践的平台及机会。

第二,班集体为学生选择职业、扮演社会角色及发展相应能力奠定基础。班集体各种活动的开展,为学生提供了多种实践机会,在活动中学生往往被归属于不同的群体,分别扮演不同的角色,承担不同的任务,受到不同的期待,得到不同的体验,这些对学生社会性的发展都产生积极的影响。实践中经常可以发现,长期担任班干部的学生在班级生活中普遍具有较强的成功感,积极组织和参与集体活动,担任班干部的经历对提高学生的组织能力、协调能力具有很大的影响,也为他们今后的社会实践生活奠定了一定的基础。

2. 发展学生的个性,培养学生的特殊才能

班集体的学习、交往及活动经历和体验是学生发展的重要资源。一方面,班集体能够提供学生个性发展的各种有利条件。另一方面,班集体可以为学生特殊才能的发展提供有利条件。在班级活动中经常得到重视和关注,赢得肯定和欣赏的学生,往往有积极的体验,容易形成积极进取的个性,反之则可能会形成消极的个性。让学生的个性在班级的各种活动过程中得到更好的发展是成功的班主任共同的经验。班主任和科任老师要关注班级每一位学生的成长,为他们提供展现才能、发挥作用的机会和条件,让每一位学生都在班集体中找到自己发挥作用的舞台。

3. 保障学生身心安全,促进学生健康发展

班集体可以说是教育化的社会。健全班级、完备的规章制度、和谐的人际关系以及各种有利的环境和条件,都为学生的身心安全和健康发展提供了必要的保障。同时,班级教育管理者的责任感、专业素养,以及对班级学生的关注,都能够及时预测、发现和消除危害学生身心发展的不良因素,为学生提供可靠的成长环境,保证学生的身心健康发展。

五、班级的产生和发展与班级授课制紧密相关

班级是现代学校制度的产物,它的产生有特定的历史条件,班级有其产生、发展的过程,并将随着教育的发展而发展。

(一) 班级的产生

在古代教育中,无论东方还是西方,教学组织形式主要是个别教学。实行个别教学,

学生没有固定的入学时间,学习进度不一致,学习环境嘈杂,教学效率低、效果差,学校的工作组织松散、混乱。

在 16 世纪末的西欧,由于机器逐步代替了手工,生产力大大向前发展,生产关系也发生了极大的改变,教育一方面要把资产阶级的子弟培养成能够领导工商业和国家机关的统治者,另一方面又要把劳动人民的子弟培养成适合资产阶级需要的、有一定文化程度的、能够正确使用机器以便为资本家创造更多利润的雇佣工人。在这样的背景下,社会对教育提出了更高的要求,教育的规模和效率都必须扩大和提高,而个别教学无法满足这样的需求,表现出明显的不适应,于是班级授课制应运而生。16 世纪宗教改革时期,新教和旧教创办的学校中均采取了班级授课形式。如德国约翰·斯图漠的古典文科中学就采用这一教学组织形式,根据学生的能力分成几个班级,每个班级按固定的课程和教科书进行教学。但这个时期在教学组织形式上的改革只是一种初步探索,并没有上升到理论高度。

夸美纽斯对前人的经验进行了总结和提升,从理论的高度进行了系统的论证,他在其所著的《大教学论》中系统地阐述了班级授课制,并为班级授课制的大规模推广奠定了理论基础。我们目前所使用的教学组织形式——班级授课制主要就是以夸美纽斯理论为蓝本建立起来的。19 世纪后期班级授课制引入我国,并与我国实际相结合,在其后的发展中不断完善。

班级授课制就是把学生按照年龄和知识水平分别编成固定的班级,即同一个教学班学生的年龄和程度大致相同,并且人数固定,教师同时对整个班集体进行同样内容的教学。把根据教学内容以及实现这种内容的教学手段、教学方法展开的教学活动,按学科和学年分成许多小的部分,分量不大,大致平衡,彼此连续而又相对完整。固定的班级人数和统一的时间单位,有利于学校合理安排各科教学的内容和进度,并加强教学管理,从而实现教学的高效率。

(二) 班级的发展

班级授课制自产生以来,在发展中不断得到广泛运用。夸美纽斯对班级授课制这一组织形式从理论上加以整理与论证,使之确定下来,后经德国教育家赫尔巴特(Johann Friedrich Herbart)的发展而基本定型。工业革命后,这种教学组织形式在欧美逐步推广开来。在我国,1862 年京师同文馆率先采用班级授课,1903 年的癸卯学制以法令的形式确定下来。

班级授课制在不断发展的过程中大体形成以下几种基本形式:一是全班上课,二是班内分组教学,三是班内个别教学。

1. 全班上课

教师同时面对全班学生施教,再使学生将所有的反应反馈给自己;以教师系统讲授为主,辅之以其他各种有效的方法向学生呈现教材;教师的讲授是学生学习的主要信息来源,但学生在课堂上可与教师、同学进行多向交流;教师可用自己的情感、态度和行为直接影响学生并使他们产生相应的反应。

2. 班内分组教学

班内分组教学是指根据教学或学习的各种需要，把全班学生再细分成若干人数较少的小组，教师根据各小组的共同特点分别与各小组接触，进行教学或要求他们共同完成某项学习任务。

3. 班内个别教学

班内个别教学是指在课堂情境中进行符合学生个别差异的教学，主要由学生个人与适合个别学生的教学材料发生接触，并辅以教师和学生之间的直接接触。

（三）当代班级的新特点

班级教学这种教学组织形式在学校教育中发挥着重要作用，一位教师能同时教许多学生，扩大了单个教师的教育能量，有助于提高教学效率；集体内的群体活动和交往有利于形成学生互助友爱、公平竞争的态度和集体主义精神，并有利于形成学生其他健康的个性品质。但同时，在班级教学活动中，多由教师做主，学生学习的主动性和独立性受到一定程度的限制；教学面向全班学生，步调统一，难以照顾学生的个别差异，不利于因材施教。

在新时期，教育面临着前所未有的机遇和挑战，教学改革就是要面向全体学生，要适应现代社会对教育的要求，立足于促进人的发展，促进每个学生的发展，着力培养学生的基础素质。因此，随着教育的改革与发展，班级具有了如下新特点：

1. 开放式班级的出现

由于第二课堂和非主干课实行选修制，传统的固定班级不复存在，取而代之的是学生主要课程在"行政"班中进行，选修课和兴趣小组、第二课堂活动等则在另一个组织中进行。

2. 分层变动式班级的出现

跟以往的分班不同，分层次变动教学以学生的成绩为尺度，根据考试成绩按层次分班，因此这个班级具有一定的不稳定性，每隔一段时间考试过后，都会重新分班，班级成员都会发生变化。这就要求学校对班级的管理是一种动态的管理，具有一定的复杂性。

3. 班级规模适当缩小，趋向合理化

班级授课制至今仍是世界各国教学的基本组织形式，而要最大限度地发挥班级授课的优越性，尽可能地弥补难以因材施教的缺陷，班级规模的合理性是一个重要的条件。班级规模的大小是影响课堂教学及其管理的一个重要因素，这种影响主要表现在人际关系、情感交流和参与程度方面。一般而言，小班制的教学要比大班制有效。心理学研究证明，过大的班级规模，限制了师生交往和学生参与课堂活动的机会，阻碍了课堂教学的个别化，有可能导致较多的纪律问题。

4. 多种教学组织形式的综合运用

一切教学组织形式都各有利弊,不可能存在某种万能的模式,所以要求教师对各种教学组织形式合理结合和综合使用。班级授课与个别教学、分层教学相结合,课堂教学与课外教学、现场教学相结合,传统教学与现代教育技术相结合,已经成为目前发达国家教学组织形式的新特点。这样既保留了班级授课的优点,又能弥补其弊端。

在班级的发展过程中,其作为一种教学组织形式具有一定的优越性,这也是班级被人们普遍接受和采用并成为许多国家学校教学的基本组织形式的主要原因;班级授课同时有其固有的局限性,所以班级需要改革也是毫无疑问的。随着时代的进步,新型的教学组织形式还会层出不穷,只要有利于教育水平的提高,符合教育的发展规律,满足广大学生的成长要求,我们就应当努力尝试,让学生在多元的教学组织形式中健康成长。

第二节 班级管理

班级是一种组织,因而需要管理,班级管理活动既是实现班级教育目标的必要条件,也是实现教育目标的途径。要实现科学、有效的班级管理,就必须对班级管理的内涵、地位和作用及产生与发展进行全面的了解和把握。

一、班级管理的概念

(一) 管理概述

管理是一种古老的活动,它与人类社会同时产生,并随着人类社会的发展而发展。按照《世界百科全书》的解释,"管理就是对工商企业、政府机关、人民团体以及其他各种组织的一切活动的指导。它的目的是要使每一行为或决策有助于实现既定的目标。"这就是说,管理是一种社会现象,凡是有群体共同活动、共同劳动或共同工作的地方,都需要管理,以指导人们完成和达到共同的目的。马克思曾强调管理的重要性。他说:"一切规模较大的直接社会劳动或共同劳动,都或多或少地需要指挥,以协调个人的活动。""一个单独的提琴手,是自己指挥自己;一个乐队就需要一个乐队指挥。"

管理概念具有多义性。长期以来,许多中外学者从不同的研究视角出发,对"管理"一词做出了不同的解释。截至目前,管理还没有一个统一的普遍接受的定义。特别是 21 世纪以来,各种不同的管理学派,由于理论观点的差异,对管理概念的解释更是众说纷纭。

管理是一种程序,通过计划、组织、控制、协调和指挥等职能完成既定目标;管理就是决策,决策程序就是全部的管理过程;管理就是领导,强调管理者个人的影响力对管理工作的重要意义;管理就是做人的工作,它的主要内容是以研究人的心理、生理、社会环境影响为中心,激励职工的行为动机,调动人的积极性;管理就是设计和保持一种良好的环境,使个人在群体中高效率地完成既定的目标;管理是一种实践活动,有一个或更多的人来协调他人活动,以便收到个人活动所不能收到的效果。

综合以上说法,我们认为:管理是社会组织活动中的现象,是组织管理者或管理机构在一定范围内通过计划、组织、控制、协调等管理措施,对组织所拥有的资源(包括人、财、物、时间、空间、信息)进行合理配置和有效使用,以实现组织预定目标的过程。这一定义有四层含义:第一,管理是一个过程;第二,管理的核心是达到目标;第三,管理达到目标的手段是运用组织拥有的各种资源;第四,管理的本质是协调。

(二) 班级管理的定义及其理解

班级管理是学校管理活动的具体化,从学校整体工作来看,班级管理又是学校管理的"第一步",学校的工作应该是从班级工作起步的,因为学生的活动基本上都是在班级内进行的。因此,只有有效的班级管理,学校工作才能实现整体提高和稳定发展。

班级管理是以班级为载体的教育管理。我国教育理论界讨论与研究班级管理问题有两种提法:"班主任工作"和"班级管理"(也有称为"班级经营")。20 世纪中叶,我国深受苏联教育思想、教育理论的影响,在介绍苏联教育理论的同时,也将苏联的班主任理论介绍到我国。改革开放以后,随着西方教育理论的不断引进,"班级管理"和"班级经营"的概念逐渐在我国教育理论界出现。总的说来,这两种不同的学术语言,所要研究的问题是基本一致的,只是研究的视角和侧重点不同。

1. 班级管理的定义

班级管理具有管理的一般含义,其定义多种多样,以下列举几个具有代表性的表述。① 班级管理是学校领导、有关职能部门和班主任对班级的管理;② 班级管理是指教师根据一定的准则,有效地处理班级内的人、事、物,从而提高学生的学习效果,实现教育目标;③ 班级管理是班级教师通过组织、计划、实施、调整等环节,充分利用人、财、物、时间、空间、信息等资源,以便达到预定目的;④ 班级管理是指班级管理者(主要是班主任)带领班级学生按照教育管理规律的要求,为了更好地实现教育教学目标而进行的一系列活动;⑤ 班级管理是班主任和教师通过对班级教育条件的统筹,采用适当的方法,建构良好的班集体,从而有效地推进有计划的教育行为的过程。

综合上述定义,我们认为:班级管理是班级管理者按照教育管理规律的要求,采用一定的方法组织班级教育活动,实现教育目标的过程。其要点有四:第一,班级管理是一个过程,这一过程是围绕着教育活动而开展的;第二,班级管理活动是在班级管理者(主要是班主任)的组织引导下,由班级管理者和学生共同参与的双向活动;第三,班级管理的目的在于班级教育活动的顺利开展和教育目标的最终实现;第四,班级管理要遵循一定原则,采取一系列的措施和方法。

班级管理就是班主任按照一定的原则和具体要求,采取适当的方法,为建构良好的班集体而进行的综合性活动。简单地说,班级管理就是班主任对全班学生的思想、学习、劳动、生活等各项活动的管理。班级管理是着眼于班级所有学生的全面健康成长,促使其个性获得和谐发展的过程。

2. 对班级管理的理解

班级管理是学校管理的有机组成部分,具有层次性,一般包括班级外部管理(又称"班级宏观管理")与班级内部管理(又称"班级微观管理")。班级外部管理是指学校领导和有关职能部门对班级的管理,包括班级编制、委任班主任及开展各种以班级为单位的活动等,它起着决策、组织、指挥和控制的作用。班级内部管理是指班主任和科任教师在学校领导下对班级的直接管理,是"班主任按照学校计划和教育目标的要求,充分利用和调动学生班级内外的力量,进行班级教育任务的组织、指导、协调、控制等各项活动"。班级外部管理与班级内部管理是班级管理的两个不同的组织层面,两者相互交叉,相辅相成。班级外部管理为班级内部管理创造条件,班级内部管理服务、服从于班级外部管理。

班级管理是学校管理诸方面工作的组成部分,即在学校领导所实施的学校管理中,有一个方面是对班级实施的管理,但学校领导并不直接对具体的班级实施管理。从班级组织层面认识班级管理,班级管理是班级管理者或班主任对具体的班级事实的直接管理。班主任并非孤立地实施班级管理,而是在学校组织内实施班级管理,班主任的管理工作与学校领导实施的管理相关。班主任是作为学校领导的助手管理着班级。然而,班主任又是班级的直接领导者或管理者。班级组织的运行状况同班主任的管理工作状况直接相关。

二、班级管理的内容

班级管理的主要内容包括班级组织管理、制度管理、教学管理和活动管理四个部分。

(一)班级组织管理

1. 发挥班集体教育作用

建设良好的班级组织,要注重发挥班集体的教育作用,需要做好以下工作:第一,培养集体意识,使班集体中的全体成员能够自觉按照集体的目标信念、价值标准和行为规范要求自己,正确认识和处理个人与集体、个人与社会的关系。第二,培养集体主义情感,引导学生在集体中友好合作、乐于助人、平等交往、相互团结,形成和发展热爱集体的荣誉感、自豪感、责任感等积极的情感体验。第三,培养学生具有组织集体和管理集体的能力和技能。第四,培养学生自觉遵守纪律的行为和习惯,勇于批判错误舆论,善于坚持正确意见,敏于接受新生事物,进取开拓的集体主义自决能力。第五,培养公民意识,使集体中每个成员自觉地意识到自己在集体中的地位;扮演好不同的成员角色,为适应未来社会生活打好基础。

2. 指导班级建设

班级组织的建设会受到班主任指导风格和方式的影响。一般来说,在班级管理中存在三种风格类型的班主任:专制型、放任型、民主型。不同类型的班主任具有不同的管理风格和行为方式。

专制型:这种类型的班主任喜欢学生听命于自己,他们的话就是命令,对不服从者动辄发怒、批评、威吓和谩骂。无论是在生活还是学习方面都尽量限制学生的自由,让他们跟着自己的思路走,管理与支配学生的一切行为,而且还会不由自主地压抑学生的独立思考和创造性的发挥。他们视自己为权威,要求学生服从自己,对不服从者给予惩罚。学生在这样的班级中总是心怀恐惧,循规蹈矩,战战兢兢。整个班级表面看来是统一的,班主任也坚信自己的做法是正确的,然而学生们失去的是学习和生活的喜悦。比如,在专制型班主任管理的班级中,竞争替代了合作。班级成员为了获得班主任的器重而展开竞争,由此导致一些班级管理的负面效果。

放任型:这种类型的班主任主张无为而治,而真正的动机是不愿意负责任,他们会不分青红皂白地宽容学生的一切言行,使学生错误地以为自己可以为所欲为,而且学生也不会对自己的行为负责。在这样的班级中,班主任与学生、学生与学生之间不过是物理空间上的集聚,在精神上则完全是疏远的、离散的,就像是一盘散沙。这种班级有群体但无组织,不存在有意义的关系。这类班主任管理的班级很快会分崩离析,丧失有机统一体的生命力,变得既无生机,又无秩序。因此,这类班主任无法把握班级里究竟发生了什么,学生形形色色的奇怪要求、意见也会让他感到应接不暇,又苦于无力把班级整顿好,只好不负责任地听之任之,放弃自己所应履行的职责。

民主型:这种类型的班主任认为自己与学生是完全平等的。他们善于倾听学生的批评,并且积极地面向学生。在班级管理中,他们主要不是以直接的方式领导,而是以间接的方式引导班级组织。他们管理的班级有规则,规则是在班主任的提议下学生自己制定的。学生通过讨论知道应当如何遵守规则,而且知道制定这些规则的目的不是为了监督和处罚,而是在班级充分形成一个自觉维护规则的氛围,使每一个学生都能把自己身上最美好的品质展示出来,体验成功和快乐。民主型的班主任既非专制,亦非放任,他们深知没有爱的规则是危险的,而没有规则的爱是无力的。他们在尊重和热爱学生的同时,知道作为班主任所应担负的责任。

上述三种类型的班主任对学生发展的影响有很大差异:专制型的班主任属于支配性指导,无视学生的个别差异,以僵硬的对策为基础,只给予统一强制的指导,或一味的斥责、威胁。在强制性的指令性指导下,学生的活动性显著降低,消极性、依存性行为增多。放任型的班主任属于不干预性指导,容忍班级生活的种种冲突,更无意组织班级活动,回避学生的主动精神。学生在无指导的班级中生活,有目的的活动水平低下,违背团体原则的自发行为增多。民主型的班主任属于综合性的指导,能够灵活地适应学生的个别差异,以此为基础引出学生的自发行为,促进班级同学的思想在合作中进行交流。学生在民主的指导下,行为较稳定,自主积极的行为较多。值得注意的是,学生的身心发展一直处于变化之中,随着这种变化,学生的活动范围扩大了,人际关系也发生了质的变化。因此,班主任的指导内容、指导重点也应视学生发展水平不同而有所改变。有研究表明,学生理想的教师形象,从初中至高中会发生很大变化。高中生、大学生倾向于把允许自己决定自己的行为,采取独立的方式行事,具有明确的信念并果断地做出决策的教师,视为理想的教师形象;而初中生则认为严守纪律、照章办事是他们心目中向往的教师形象。因此,学生对教师要求的内涵也应随其身心发展而不断改变。

(二)班级制度管理

班级制度是维护班级教育教学活动顺利进行的重要保障,其中学生是班级制度的遵守者和维护者。在班级制度的制定和执行过程中,班主任应把学生视为主体,让其主动参与班级制度的制定,同时还要他们监督自己和他人遵守制度的执行情况。

1. 班级制度的制定

班级制度是学生在班级所开展的各项活动,尤其是课堂教学和班集体活动中应该遵守的行为准则和程序规定。如:"按时上课、不迟到、不早退,不随意缺课";"上课认真听讲,勤于思考,积极发言,不看无关的书籍,不做无关的事情"等,这些都是课堂教学和班级活动应该遵守的行为规范。传统的班级制度成为教师管理学生的依据,教师据此来控制学生的行为。在这种情况下,制度就成为教师维护其权威的工具,压制了学生的主体性和发展需要。新课程背景下,班级制度的理念需要转变,这就要求从传统的压制学生的工具向发展性制度转变。发展性制度应该是服务于学生内在的发展,是否有利于学生的发展是衡量班级制度合适与否的唯一依据。

有国外学者指出,班级制度的制定要遵循以下几点:① 澄清学生和教师自己的主要特质与需求,估计和确定满足学生和教师需要的行为限度;② 从"预防性""支持性"和"纠正性"三大原则出发,列出一个暂时的清单;③ 在上课的第一天就与学生讨论;④ 与学生共同列出能够得到确认和支持的课堂公约;⑤ 列出一个修正后的完整的清单;⑥ 将教师和学生共同制定的课堂规则付诸实施;⑦ 在实施一周后,对实施的有效程度进行评估;⑧ 与学生共同讨论评估的内容,充分重视学生的意见;⑨ 必要时在学生参与的情况下对规则进行修改。可见,在班级制度的制定过程中,西方学者是非常重视学生的意见的。我国在班级制度制定过程中,应充分尊重学生的意见,由班主任和学生积极讨论,共同制定,这样学生对班级制度有了正确的认识,不会产生处处受约束、心理抵触等情绪反应。

2. 班级制度的执行

班级制度在制定后,关键要看执行。管理的效果很大程度体现在执行上。制度的执行与其是否为学生所接受、认可有着密切的联系。要使学生顺利执行,不是靠班主任的权威压制,而是要让学生明白规则是为他们的良好发展而制定的。在执行过程中,应该坚定地贯彻执行,做到赏罚分明。如果学生严格遵守了班级制度,就应该得到班主任和同学的充分肯定或一定的奖励;相反,如果有人违背了班级制度,班主任应该指出其行为给集体带来的不良影响,给予相应的惩罚。当然,有时根据具体情况,执行时可以灵活处理。

班级制度的执行,关键要做到公平、公正、一视同仁。班级制度是对班级所有学生制定的统一行为准则,班主任对每个学生要用同一标准,切不可偏袒学习好的学生或自己喜欢的学生,对学习不好的或经常违纪的学生则采用更加苛刻的标准。班级制度是需要全体学生和教师共同维护的,因此,教师在教育好学生的同时也应自觉维护和遵守班级制度,这样才能起到表率作用,也会更有利于学生对班级制度的接受和执行。

(三) 班级教学管理

教学是学校的中心工作,是实现教育目标的基本途径。作为学校教学管理的基层组织,班级承担着实现学校教育目标的重要任务。班级教学管理的核心是教学质量管理。只有对班级教学管理进行有效的指挥、组织,才能保证教学活动有序进行。班级教学管理的内容包括以下几个方面:

1. 明确班级教学管理的目标和任务

教学活动应该使学生有共同的学习目标,并在学习活动中学会合作。在教学中,教学目标一般都由班主任和教师制定。这种共同的学习目标,就意味着班主任和教师把制定的目标当作师生合作的目标,它不仅表示让学生理解今后该学习哪些内容,而且更重要的是让学生理解学习内容的价值,培养每一个学生的主体意识,让他们在生活和教学中认识到学习的目的,实际感受到自己的学习成果和发展。

2. 建立有效的班级教学秩序

教学是以课程内容为中介的师生双方教与学的共同活动,是学校工作的中心环节。因此,建立有效的班级教学秩序,是提高教育质量的重要环节,是班级日常管理的重要内容。班主任要注重以教学为中心,协调好其他教育活动,保证教学的中心地位;保持良好的课堂教学秩序,使教学活动得以优化;调动学生的积极性,使课堂教学与课外活动统一起来。

3. 指导学生学会学习

学习指导能够调动学生的学习积极性,帮助学生掌握正确的学习方法,克服学习上的困难,养成良好的学习习惯,使学生乐学好学,体验到成功的快乐。但在教学过程中,许多教师仅仅重视了知识的传授,而忽视了对学生学习方法的指导、学习兴趣的培养和良好学习习惯的养成教育。因此,应该大力提倡"教学生学"的理念,使班主任和教师都能意识到对学生学习进行指导所具有的深远影响和重要意义。

4. 建立班级教学管理指挥系统

班级教学管理指挥系统主要包括三个方面:一是以班主任为核心的班级任课科任群体;二是以班长或学习委员、课代表为骨干的教学沟通系统;三是以学习小组长为中心的执行系统。

班主任要调动全体教师的积极性，互相尊重、取长补短、相互协调，这样才能在班级管理过程中形成教育合力。科任教师要支持和协助班主任做好班级工作，结合课堂教学帮助学生制定和实现班级组织和学生的个人目标，还可以协助班主任共同指导课外实践活动。

（四）班级活动管理

班级活动是在班主任指导下，班级学生根据学校安排或学生发展需要而进行的各种活动的总称。它可以弥补课堂教学的不足，也能够开发学生智力、发展能力，它是学校教育活动的有机组成部分。通过开展丰富多彩、形式多样的班级活动，可以拓宽学生视野、发展学生特长、培养学生各种能力和促进学生身心健康成长。

班级活动的种类多种多样。按活动方式分，可分为课内活动和课外活动；按活动内容分，可分为思想品德教育活动、文化学习活动、科技活动、文艺活动、劳动活动、游戏活动、综合活动等；按活动的目的分，可分为目标内化活动、建设舆论活动、建立良好人际关系活动、班级常规管理活动、培养自觉遵守纪律活动、培养学习兴趣活动等。

所有这些班级活动，都要求班主任和教师加强对活动的管理和指导，确保达到应有的成效。例如，对思想品德教育活动的管理要努力形成一种有效的运行机制，即有活动原则、有基本的教育内容、有活动的安排、有时间的保证、有科学的评价和考核办法、有环境氛围、有畅通的教育渠道，最后能达成目标。管理者只有不断落实和充实以上条件，才能避免活动的形式化、随意性和短期行为，保证活动的实效性。对体育卫生活动的管理，班主任和教师要帮助和督促学生养成良好的体育锻炼习惯和卫生习惯，如按时上早操和课间操、按时作息、科学地安排时间等。

三、班级管理的功能

班级是学校最基本的组织，也是一个由教师、学生和环境等因素组成的复杂系统。班级管理的功能主要体现在社会化功能和个性化功能两个方面。

（一）班级管理的社会化功能

社会化是个体学习所在社会的生活方式，将社会所期待的价值观、行为规范内化，获得社会生活必需的知识、技能，以适应社会需要的过程。班级管理的社会化功能主要表现为：

第一，传递社会价值观，明确社会生活目标。班级管理就是按照社会需要和教育目标，在教学和其他社会实践中，向学生进行世界观、人生观、价值观教育，引导学生正确处理各种人际关系，在社会核心价值观的指导下，树立正确的生活理想，追求更高的人生目标。

第二，传授科学文化知识，掌握社会生活的基本技能。班级教学目的的规范性、课程结构的系统性以及教学过程的可控性,是学生学习社会经验,获取科学文化知识、技能的独特条件。教育者通过班级管理将人类社会长期积累的科学文化知识传递给学生,使他们获得社会生产生活的经验和技能,为日后进行各种社会活动奠定基础。

第三,传输社会生活规范,规训社会行为方式。班集体的人际交往和社会关系必然形成相应的社会规范。如班级制度,班级传统,班级风气,教师的举止、言谈、衣着、仪表等,都对学生具有同化力和约束力,使生活在其中的学生受到潜移默化的熏陶,势必影响着学生的社会态度和社会行为方式的形成。

第四,提供角色学习条件,培养社会角色意识。班级为学生提供了多视角的角色学习空间。为了实现班集体的目标,完成班级的各项任务,班集体规定了各个成员的角色、地位、职责和权限,为每个学生提出了明确的角色期望。在班级教学过程中的师生交往和生生交往,以及集体生活的多种多样的教育情境中,为学生积累交往经验、学习变换角色、提高担当责任的能力提供了锻炼和体验的机会和条件。

(二)班级管理的个性化功能

个性化是一个尊重差异性的求异过程,它反映的不是对社会的适应,而是在继承基础上的发展、变革和创造。班级管理的个性化功能主要表现为以下几个方面:

第一,促进自我意识的发展,形成积极的个性品质。形成独特的个性,必须有一定发展水平的自我意识做基础。在班级中,学生通过与伙伴的相互比较,得到自我与他人的评价,通过了解别人的意见和态度,来加深或纠正自己的认识,逐渐从"群体"中分出"自己",发展自我概念,形成独特的个性。实践证明,拥有健康的集体舆论与良好班风的班级,有利于形成学生健全的自我概念和积极的个性品质,而班风不正、集体舆论恶化的班级,则会让学生降低"自我"发展水平和养成消极的个性品质。

第二,发展学生个体差异,形成学生独特个性。个体的独特性表现在人的个性心理上,诸如兴趣、爱好、理想、信念、能力、性格、气质等。在班级管理过程中,可以根据学生的不同心理发展特征,选择丰富多彩、灵活多样的学习活动和其他实践活动,给性格各异的学生提供更多的选择机会,从而强化学生的个性差异,并通过因材施教,帮助学生充分开发其内在潜能,形成自己的优势和特长,更好地促进自己的发展。

第三,矫正学生的不良倾向,促进学生良好发展。学生置身于班级中时,其人格及能力上存在的缺陷就会显现出来,如社会技能的欠缺、情绪不稳定、自我控制能力差、过度利己主义、极端个人主义、过度的不安、粗暴、说谎以及其他人格偏颇等。特别是在班级组织有团体要求时,学生违反这种要求的倾向将会显现无遗。班级管理的目的就是要求班主任或教师开展有针对性的教育,引导和矫正学生的这些不良倾向,培养学生良好的个人品格和习惯,促进学生身心的健康发展。

四、班级管理的产生与发展

班级授课制是社会教育发展到一定历史阶段的产物,班级管理是随着班级授课的产

生而产生的,并随着师生结合方式的改变而发展。

(一) 班级管理的产生

中世纪学校的教学组织工作十分松散,坐在同一间教室里的学生,学习内容和进度却不同,教师只对学生进行个别教学指导,不对全班授课,教学秩序混乱,效率很低。为了改变这种状态,夸美纽斯对16世纪新旧各教派所兴办的学校中实行班级授课的初步经验进行了总结,全面系统地论述了班级授课制度。在此基础上,他提出了班级管理工作的概念。

夸美纽斯为了提高教学效能,更好地与学年制班级相配套,选定了一套比较完整而严密的考试制度、纪律和规章制度。从夸美纽斯所论述的考试制度来看,它并不完全是现代意义上的考试制度,只是一种非书面的检查学习的方法,它缺乏考试的规范化性质。但是,它把对学生学习任务的检查作为学校工作中的一项内容,对学生的成长时刻关心,从每天、每节课抓起,这对教学质量和教学效果的提高无疑是一种有效的管理方法。对于纪律和规章制度的管理,夸美纽斯非常重视纪律在班级管理中的作用,他认为班级没有纪律就无法正常有序地工作。班级内无论谁都不得有任何破坏规章制度的行为。一旦发生了过失,就要根据过失的轻重程度给予惩罚。在处罚中,要做到既严格,又温和,以利于错误行为的纠正。

由班级管理的产生过程可以看到,传统教育的班级管理就方式而言,主要是倾向于专制式的管理,但随着教育的发展,特别是现代教育产生以后,班级管理的理念、理论、方式方法也在不断地发展和变化。

(二) 班级管理的发展趋势

传统教育认为学生只是被动地接受教育,在这种理念下,班级管理方式是专制式的。随着现代教育的发展,班级管理逐渐走向科学,呈现出以下发展趋势:

1. 教师角色由"领导者"向"引导者"过渡

教师是班集体的教育者、组织者和指导者。当重视并突出班级的组织特性,遵循组织管理的一般原理时,教师的角色就很容易被窄化为"管理者"。但是管理不能代替教育,教师角色由领导者向引导者转变已是一种趋势。

在班级管理过程中,教师已成为管理活动的组织者、引领者,学生成为管理活动的真正参与者。制定班级目标是班级管理的前提条件,而学生的自主精神是班级管理的灵魂。每个学生都是班级管理的主人,既是被管理者,又是管理者。因此,班主任首先要从思想上更新管理观念,确认每个学生在班级中的主体地位、权利和义务,尊重学生的人格、个性,加强对学生自主意识和民主意识的教育引导与班级管理目标的制定。

2. 教师影响力由权力性影响向非权力性影响过渡

教师对学生的影响可分为权力性影响和非权力性影响。权力性影响是指由于社会赋予教师的权威观念和教师的资历而对学生产生的强制性影响,非权力性影响则指由于教师的知识、能力及个人品格、情感对学生产生的自然性影响。

实验证明,如果教师具有渊博的知识、较强的能力、高尚的品格、丰富的情感,那么,在班级中极易形成民主、平等的人际关系,班级气氛良好,学生学习质量高,道德观念也会有很好的发展。随着社会的发展,在班级管理过程中,教师的非权力性影响将会占有越来越重要的地位。

3. 教师的管理方式由"专制型"向"民主型"过渡

在班级管理中存在三种类型的管理方式:专制型、放任型和民主型。专制型管理属于支配性指导;放任型管理属于不干预性指导,容忍班级生活的种种冲突,无意组织班级活动,回避学生的主动精神;民主型管理属于综合性指导。因此,专制型、放任型的管理已不能适应社会发展对教育的要求,必将向民主化管理过渡。从历史上看,传统教育过程中的班级管理多倾向于采取专制式的管理,以僵化的对策为基础,只给予统一强制的指导,或一味地斥责和威胁。这种管理方式不仅影响了师生之间的正常关系,也使学生的身心发展受到阻碍。因此,追求民主化的管理方式将成为班级管理的目标。

民主型管理,能根据学生的个性差异引导学生的自发行为,促进班级同学的思想在合作中进行交流。它不仅需要教师转变自己的管理观念,还要相应地提高学生的管理能力和水平,以适应这种管理方式。实行民主型管理有助于加强学生自我管理能力的培养,有利于减轻班主任的工作负担,有助于充分调动全部班级同学参与民主管理的工作积极性。

4. 学生的自我管理意识和能力逐渐增强和提高

学生自我管理是指学生在班级中自己管理自己。学生自我管理,不仅可以提高学生自我教育的能力,而且可以培养他们独立的个性,为培养合格人才打下坚实的基础。由于学生自觉性、独立性不高,自我意识、自我管理能力还没有发展到一定的程度,因此,学生的自我管理能力需要在学校组织的有目的的训练和实践活动中提高。

从班级组织的功能来看,班级为学生自己管理自己提供了一个基本的活动舞台。班级中有一定的层次和分工,学生干部和其他成员有机地结成一个整体,班干部在班级自我管理的实践中,增强了民主作风,学生在班级管理中强化了民主意识。他们是班级的主体,不是消极地执行任务,而是参与组织决策、分工、沟通,学习怎样服从集体的领导和遵守群体规范,学会怎样控制自己的行为,学会对人与事如何做出正确评价和总结等社会行为。学生在完成任务和参与组织活动过程中体验了自己所处的地位,认识了领导者和被领导者的权利和义务。总之,班级中实行自我管理,能够促进学生多方面才能的发展,增强学生自我管理的积极性和自觉性。

五、班级管理的基本理论

随着社会的发展,现代管理理论应用于各个管理领域,班级管理也应该运用现代管理理论指导各项管理工作。我国学者根据管理学与教育学的基本原理,结合班级管理的特点,概括出五种理论,即整分合理论、全员参与理论、实践锻炼理论、调节控制理论、整体育人理论。

(一) 整分合理论

整分合理论认为要提高班级管理的效率,对如何完成整体工作必须有充分细致的了解。在此基础上,再将整体分解成一个个基本要素,进行明确的分工,使每项工作规范化,建立责任制,然后进行科学的组织综合,即整体把握、科学分解、组织综合。

1. 整体把握

班级是一个系统,具有整体性。班级的整体功能是由各部分或各要素在整合的基础上有序运作而产生的。班级可以分部分进行考察,但部分是整体中的部分,它要受到整体的影响,离开整体孤立地分析学生或班级的某个方面,必然无法从整体上把握真实情况,做出正确的结论。因此,班级管理应从整体上着眼,将班级学生当成一个整体来认识,把握其整体状况,发挥班级的整体功能,促进学生整体发展。

2. 科学分解

班级是由不同要素组合而成的系统,具有层次性。从组织上看,有班级、小组、个人等层次;从目标上看,有班级目标、小组目标、个人目标等层次,也有长远目标、中期目标、近期目标等层次,其他要素也基本上都存在一定的层次结构。因此,班级管理除了从整体上把握外,还必须对各要素、各组成部分进行分析,实行合理分工、科学协作,才能保证班级目标的实现。

3. 组织综合

科学分解,合理分工后,往往会出现部分与部分间的不协调或脱节,如班级教学活动与课外活动的不协调等。因此,班级管理必须在科学分解的基础上加强组织综合,将各部分的工作综合到围绕班级整体目标正确运作的轨道上来,保证整体目标的实现,尽可能避免或减少各种因素在运作时的不协调,减少内耗,实现整体优化。[①]

(二) 全员参与理论

全员参与理论认为,在班级管理中应认识到人是管理的核心要素,必须调动各方面人员的积极性,共同参与管理,才能使管理效果达到最优化。

1. 人是班级管理的核心要素

班级管理系统中的人,既包括学生,也包括以班主任为首的教师集体。人是构成班级的要素,也是推动班级发展的动力,离开了人,班级也就失去了存在的意义。因为班级首先是为培养人、发展人而存在的,班级的发展也是以人的发展为标志的,而班级中各要素

---

① 茹宗志. 教育学教程[M]. 西北大学出版社,2009:150-153.

之间的关系，如师生关系、学生与班级的关系等，无不需要有人的参与才能发挥作用。所以说，人是班级管理系统的核心要素，是班级管理系统发展的动力。因此，在班级管理中，只有注意调动班级全体人员的积极性和主动性，特别是学生的主动性和积极性，才能更好地促进班级系统的发展。

2. 学生是班级管理的主体

班级管理的目的是促进学生的全面发展，实现个体社会化。而作为教育和管理对象的学生是具有主观能动性的人，对教育和管理的影响具有自主选择性。班级教育管理影响只有通过学生自主的选择和内化才能发挥作用。而且，班级教育管理活动不可能仅靠班主任进行，而是需要整个教师集体及学生的参与，如果没有学生的积极参与，班级管理也就失去了应有的作用。所以，班主任要充分认识学生在管理中的主体地位和作用，尽可能尊重、信任、关心和重视每一位学生；创造条件让学生成为班级管理的主人，全身心地投入班级活动，自觉地接受管理、参与管理，发挥自己的聪明才智和创造力，使班级得到更好的发展，也使自己得到进一步的发展和完善。

(三) 实践锻炼理论

实践锻炼理论认为，学生各种能力的发展是在实践中逐步实现的，班级管理者必须根据教育目标的要求和学生身心发展的特点设计合适的实践活动，引导和激励学生积极参与实践活动，在活动中锻炼成长。

1. 实践锻炼是学生素质提高和能力发展的基础

实践是人们认识世界的途径，也是检验真理的标准。人们通过参与社会实践活动去认识社会、改造社会，同时，也在实践过程中认识自身、改造自身，促进自身发展。所以，离开人的实践活动，就谈不上人的发展。同理，学生是通过参与班级的各种活动，在活动中获得对社会、人生的认识，并掌握社会道德规范，形成符合社会道德规范要求的思想意识和行为习惯，实现个体社会化的。而且，学生可以在活动中将获得的各种认识内化为自己的个性心理品质，形成独特的个性特点，实现个体的个性化。因此，班级活动是学生实现社会化、个性化的基础，如果没有班级的具体活动，学生素质提高和能力发展就成了无源之水，无本之木。

2. 班级的学习活动和师生间、同学间交往是学生实践锻炼的主要形式

班级组织实践活动的目的是促进学生的全面发展，但不是所有的实践活动都能促进学生的发展。在学校，学生的学习和交往活动是促进其发展的重要实践活动。班级学生的主导活动是学习，学习活动占据了学生大部分的时间和精力，学生正是通过班级的学习活动来增长知识、形成技能技巧、提高认识水平的。同时，班级中的各种交往活动也是学生实践锻炼的一种主要形式。从某种意义上讲，班级的学习活动和其他课外活动实质上也是一种交往活动，是教师和学生、学生和学生之间为完成某项任务，达成一定目标而进行的交往活动。在交往活动中，学生互相学习、相互影响，学习掌握交往的规范要求、交往的技巧,形成良好的交往品质。基于以上认识,班级管理者应根据班级管理目标的要求及学生身心发展的特点,结合班级学生的实际,设计并组织学生参与各种形式的实践活动、引导学生在活动中有意识地获得对自己有价值的知识,发展自己各方面的能力,提高思想道德水平,达到发展的目的。

(四)调节控制理论

调节控制理论认为,通过健全管理机构来进行班级管理,形成反馈回路,及时把握信息,适当调节控制,确保班级管理的有序进行。

1. 班级系统的发展和整体功能的实现需要实施有效的控制

所谓控制就是人们按照某种目的或愿望,在一定的环境中,通过一定的手段,给系统提供一定的条件,使其不断地消除不确定性,沿着目标指向运动和发展。任何系统的正常运行都离不开控制,没有有效的控制,就无法达到目标。班级管理活动同样需要控制。一方面,由于学生身心处于不断发展变化的过程中,在他们身上存在的许多不确定的因素会对他们的发展影响很大。另一方面,班级是由发展变化中的学生个体构成的,学生的许多不确定因素同样会对班级产生一定影响,班级也同样处在不断变化的过程中,并且班级的外部环境也在不断地发生变化。

因此,为了使班级、学生能够按照班级管理目标的要求去发展变化,就必须对各方面的信息及时进行分析处理、综合比较,做出适当的控制。教育管理的基本矛盾是管理资源的有限性同提高管理效益之间的矛盾。要解决这一矛盾,需要教育管理者创造性的思维和劳动。这种创造性的核心是"目标差"思想,它要求班级管理者不是把学校或上级的文件内容和要求作为自己管理行为的唯一依据和准则,而是首先明确自己所管班级的目标,以极大的创造性和热情去寻找和发掘班级的现状同目标之间的具体差距,以"目标差"作为确定和调节管理行为的依据。

2. 信息反馈是班级系统控制的保证

健全的管理机构及其职能的发挥是反馈控制有效性的保证。但是,在班级管理过程中,存在着各种各样的矛盾关系,有时仅靠正式渠道得到的反馈信息来实施控制并不能保证控制调节的有效性,促使矛盾的积极转化。因为,正式渠道得到的反馈信息有可能不够全面或不够真实,妨碍了控制调节措施的落实。为此,必须拓宽信息沟通渠道,建立多方面的信息联系,如定期或不定期进行教师集体教育会诊,召开家长座谈会或进行家访,加强师生间非正式渠道的交往,增进彼此的情感交流,了解学生真实的内心世界等,收集更为真实的反馈信息,使反馈控制的措施更准确有效。同时,注意发挥学生自我调节反馈控制系统的作用,利用自我教育的力量,促进矛盾的转化,推动班级系统的发展。

(五)整体育人理论

整体育人理论认为,班级中学生都是完整的个体,具有独立的人格、个性,班级管理对学生的影响是统一表现在学生身上的,因此,班级管理应面向全体学生,促进学生的全面和谐发展。

1. 学生是完整的个体

学生是人,人是地球上最复杂、最奥妙的生命体。人的生命具有丰富的内涵,不仅有认知,还有情感、态度和信念。现代教育学提倡注重生命的教育就是让学生的认知、情感、意志、态度等都参与到学习中来,使学生在学习知识的同时感受和理解知识的内在意义,获得精神的丰富和完整生命的成长。因此,在班级管理中,要确立全面育人的观念,只有把学生当作一个整体来考察和培养,才能使学生的素质得到全面的提高。孤立地强调某个方面,而忽视其他方面,最终只能导致学生的片面发展。

2. 整合各种因素整体育人

进行整体育人就要把学校、家庭、社会等班级的外部影响因素及内部影响因素,如班风、舆论、班级人际关系、心理气氛等整合成一个合力系统;把对学生身心发展产生直接影响的教育内容整合成内容系统;同时,加强各教育管理阶段、各年级间的衔接,形成一个循序渐进的发展过程,从而形成全方位、全过程的育人整体,在班级管理目标指引下协同运作,把学生培养成全面和谐发展的人。

总之,班级管理是一项复杂的系统工程,只有按照班级管理理论的要求进行管理,才能减少盲目性,增强自觉性,实现班级管理的科学化。

第三节　学习班级管理的意义与方法

班主任,要搞好班级管理必须学习班级管理课程。班级管理课程是班级管理者(主要是班主任)的必修课,学习班级管理课程具有重要的实际意义。要学好班级管理课程,就必须了解和掌握具体的学习方法。

一、学习班级管理的意义

大量的教育实践证明:学生的发展在相当程度上取决于他所在班级的生活质量。学生班级生活质量,又取决于班级管理的质量。班级管理是学校管理的重要组成部分,学校管理的好坏,取决于班级管理的好坏。班级管理工作具有专业性和艰巨性,要求管理者具备专门的素养。

班级管理是具有特殊规律性的实践活动。搞好班级管理必须通过班级管理课程的学习。班级管理课程是从事学校教育的工作人员的必修课,是班级管理者(主要是班主任)掌握班级管理规律、成功开展班级管理活动的基本途径和方法。学习班级管理课程具有重要的意义。通过该课程的学习,教育者能树立先进的班级管理理念,丰富相关的班级管理知识,掌握科学的班级管理规律,并根据班级管理规律指导班级管理实践。

二、学习班级管理的方法

班级管理课程的学习有许多方法和途径,主要应做到坚持理论与实际相结合、坚持研究与学习相结合、注意与其他相关学科的关系等。

(一)坚持理论与实际相结合

班级管理课程具有鲜明的理论性、实践性,因此,理论联系实际是学好班级管理课程的基本方法,是成功进行班级管理实践的根本保证。理论只有与实际相结合才能产生强大的动力,才能使已有的"经验"上升到理论的高度,实现从"经验的班级管理"到"理论指导的班级管理"的转变。

坚持理论与实际相结合,首先是要学好理论,关键是学习班级管理的基本概念和基本知识,掌握班级管理的基本理论和基本方法。理论包含的内容主要有:班级管理中的学生和班主任、班级管理目标与内容、班级管理的原则与方法、班级组织建设、班级日常管理、班级活动管理、班级文化管理、班级突发事件的管理、班级管理过程中的家校合作、班级管理的评价等。其次是从学校班级管理的实际出发,坚持学以致用。要尽可能地通过教育实习、见习等渠道到班级管理第一线,及时发现班级管理中出现的问题,并运用所学的基本原理和理论解决这些实际问题,从而加深对班级管理理论的理解。

(二)坚持研究与学习相结合

班级管理理论和其他学科理论一样,也需要不断地发展和完善,这就要求学习者应采取研究性的学习方式,要着眼于对现实班级管理问题的理论思考,注重对班级管理的科学方法及学生成长的科学规律的研究;要总结班级管理的新经验、新思想、新成果,从而进一步丰富班级管理理论。坚持研究与学习相结合,首先要学会分析与总结,做好个案剖析,总结出一般性规律。

在班级管理中,首先学会掌握大量的第一手资料,学会总结分析,积累班级管理实践案例,在对个案进行理论分析的基础上,总结经验,从个别到一般、举一反三地解决现实问题,做到提出问题、分析问题、解决问题,进行科学的班级管理。其次要学会吸收与借鉴,做到古为今用,洋为中用。班级管理自产生至今,中外研究者和管理者们,由于研究视角的不同,形成了不尽相同的概念和理论,同时在管理实践中也有不同做法。在学习过程中,要学会批判地吸收,去粗取精,去伪存真,用他山之石,攻己之玉。

(三)注意与其他相关学科的关系

班级管理理论并不是孤立存在的理论,它涉及管理学和教育管理学等相关学科。班级管理是管理学一般原理在班级管理中的运用。学习班级管理理论,需要掌握一定的管理学知识。无论我们是否有条件去学习管理学课程,都应当设法去主动阅读管理学著述,为理解班级管理问题奠定基础。

班级管理是教育管理学研究的主要内容之一,我们需要学习教育管理学的理论。如果在学习本课程之前,已经学习过教育管理学的理论,无疑会有助于本课程的学习。但是如果尚没有学习过教育管理学课程,也应当自己去阅读相关的教育管理学著述。

此外,班级管理还涉及教育学、教育社会学、教育心理学等,需要我们综合这些相关学科进行学习。

(四) 把班级管理看作一项事业

在教育实践中,许多人还是把班级管理看作教师兼做的一种工作,似乎是"人人可为"的工作。产生这种看法,是因为仅仅把班级看作可以数十人同时教学的群体。教育实践中的大量事实已经证明:学生的发展在相当程度上取决于他所在班级的生活质量。学生的班级生活质量,又取决于班级管理的质量。但在实践中人们似乎还没有充分认识到这一事业的重要性、做好这一事业所需要的相当精深的修养,以及做好班级管理工作的艰巨性。

我们说班级管理是一项事业,首先,是说它与各种管理事业一样,对社会有着重要的意义。社会是由各种组织构成的,各种组织的成功管理,是整个社会成功管理的基础。班级是学校中的组织,是学校组织的构成部分,一所学校管理得好坏,取决于班级管理得好坏。成功的班级管理是成功的学校管理的基础。其次,班级组织是青少年成长最重要的环境。在青少年接受学校教育的阶段,有两个群体对他们最重要:一个是家庭,学校外的生活主要在家庭中度过;一个是班级,学校内的生活主要在班级里度过。再次,做好班级管理工作需要专门的素养。一种工作的价值,与这一工作所需要的素养水平相关。一件工作需要的素养越高,这一工作就越有价值。班级管理工作就是这样一种工作,能够成功进行班级管理的班主任就是优秀的管理专家。

(五) 关注学校班级管理实践中的问题

学习的状况总是与思考的状况相关,能够引发思考的问题,才会引发学习的兴趣。没有问题就没有思考,没有思考就难有深入的学习。对于班级管理的思考,不会凭空产生,只能在班级管理实践中产生,这就需要经验。其实我们每一个人,无论现在是否在进行班级管理,都有班级管理实践的经验。因为每一个接受过学校教育的人,都在班级中生活过,都感受过某种班级管理。无论在班级管理中的体验是愉快还是痛苦,都是我们思考的基础。当然,我们更要关注现在的班级管理实践。我们应当寻找机会到学校去,发现当前班级管理最需要注意的问题。我们也可以在有关媒体或网络上找到关于班级管理实践中的问题。

(六) 注意相关学科理论的学习

班级管理理论并不能孤立地去掌握,它涉及管理学等理论,本身又是整个教育理论体系的组成部分。因此,有必要学习相关学科理论,从而为理解班级管理问题奠定基础。

(七)在写作中学习

班级管理理论是实践的理论,然而理论要成为实践者自己的东西,非经过实践者自己深入的思考并付诸笔端不可。只有在写作中思考的问题才会明晰化,思考才能更为深入。写作可以促进思考,促进学习者专业素养的提高。

关于学习本课程中的写作,并不是要求写千篇一律的抽象的理论文章,而是提倡写班级管理事件和对这一事件的思考。把事件写出来,才会有深入的思考;对班级管理事件的思考,会真正帮助实践者提高实践能力。

本章小结

班级是学校为实现一定的教育目的,把处于一定年龄阶段、文化程度大体相同的学生按一定的人数规模建立起来的基层教育组织。班级具有学习性、依赖性、教育性、社会性等特点。

班级管理是班级管理者按照教育管理规律的要求,采用一定的方法组织班级教育活动、实现教育目标的过程。班级管理在整个教育过程中具有极其重要的地位,对提高教育教学质量具有重要作用。班级管理的功能主要体现在社会化功能和个性化功能两个方面。

班级管理课程是从事学校教育的工作人员的必修课,是班级管理者(主要是班主任)掌握班级管理规律、成功开展班级管理活动的基本途径和方法。学习班级管理课程具有重要的意义。班级管理课程的学习必须坚持:理论与实际相结合;研究与学习相结合;注意与其他相关学科的关系等。

思考与探究

一、理解概念

班级　学习型组织　社会化　个性化　班级管理

二、简答

1. 班级有哪些特点?

2. 你认为如何才能学好班级管理这门课程?

3. 简要回顾一下班级发展的历程,并预测班级的未来发展趋势。

三、案例讨论

阅读下面的案例[1]并回答后面的问题。

---

[1]　丁榕. 班级管理科学与艺术[M]. 北京:人民教育出版社,2004.

"丁老师，学生不完成作业怎么办？"

"丁老师，某某又违反了校规怎么办？"

"丁老师，我们班今天又丢了东西怎么办？"

在校园里，我经常半路被截，很多班主任遇到难题总想问问我。在我的办公桌上，经常放着全国各地的来信。来信的同行也都想从我这里寻求一些做好班主任工作的答案。

怎样回答这些问题呢？班主任工作最忌讳的是"头痛医头，脚痛医脚"。培养人的工作是有目的、有计划、有系统地进行的。如何把教育由虚引向实，由表面引向深入，由凌乱引向系统整体，这是班主任当前要探讨的主要问题。我有一卷"画卷"，看完"画卷"，便可一目了然了。

"画卷"由一个完整的大表格组成，在表格中还套着许多小表格，里面有对教育对象的分析，有学生的年龄、生理、心理特点；教育目的、教育任务、教育计划都分析得清清楚楚。在表格中，还有各年级的特点及教育主线、教育重点、教育难点，这些都分析得很详细。往下看：每个年级，每个月份从集体建设到思想教育，从个人发展到班干部工作，从智力因素到非智力因素的培养，一年12个月，三年36个月，由浅入深，由表及里地形成了系列教育计划。"这是我的一张育人蓝图。万丈高楼平地起，百年树人点滴始。有了这张图，即便有千难万险，我们也会应付自如。"教育是门科学，是门艺术，是有规律可循的，它不可能只凭一节课、一次谈话、一次活动就使人发生根本的变化。要想深入人心，讲求实效，还需要有一个过程。在多年的教育实践中，很多实际教育工作当时并没有见多大成效，而是在学生走上工作岗位之后才反馈回来的。有的学生走上工作岗位后给我写信说："老师，您给我树的人生观真厉害，一辈子想改都改不了，我今天才更深刻地体会到。""您是我最敬佩的、不能忘记的教师，因为您教给了我怎样做人。"

顺着这长卷看下去，表中还有一系列具体活动和措施。在思想教育这栏中，初一抓的是民族自豪感，初二抓的是民族责任感，初三抓的是民族义务感。三年里我组织了很多活动，例如：全班同学跑到天安门广场参加升旗仪式；组织学生分别访问在抗日战争、解放战争、抗美援朝战争中作战立功的老战士和老首长；开展以《国际歌》为主线的"英特纳雄耐尔就一定实现"的主题教育活动。这一系列的教育活动布满长卷。是啊！自豪—责任—义务，这个认识过程是一个长期、复杂的过程，看得出在这三年里我们是必须下一番工夫的。

在情感教育这一系列中，从"了解妈妈，热爱妈妈，尊重妈妈"的母子深情入手，引申到"了解学生，热爱集体，尊重老师"的情感转化，上升到"了解社会，热爱祖国，尊重人民"的情感升华，共搞活动几十个。难怪老师们都称赞班上的学生有感情。

从"蓝图"中，我把自我教育的培养分了几个阶段，从提高学生自我认识与评价的能力入手，到自我控制与调节能力的培养。在班内开展了"道德门诊"活动，同学之间互相当医生，每个人都填写《病例手册》。在《病例手册》的基础上，又精心设计了《计划手册》，从年计划到月目标，从周计划到日安排，井井有条，步步深入。学生学会了自己管理自己的方法。

我还把每年工作的重点和难点都想在前面：初一把重点放在建设集体上，难点放在中小学的衔接上；初二把重点放在培养学生的良好个性上，把难点放在少年到青春期的过渡上；初三把重点放在准备升学上，把难点放在初中与高中的衔接上。

我们可以从这卷"蓝图"中找到做好班主任工作的答案。

问题：

1. 对于丁老师班级管理的"蓝图"，你有什么感想？

2. 你认为在班级管理中什么是最重要的？怎样才能成为优秀的班级管理者？

实践活动

构建虚拟班级，假设你现在是中小学 1～12 年级的某个班的班主任，请你完成以下任务：

任务 1：设定班级的学段与年级。

任务 2：介绍班级情况，包括人数、性别比例、所在地区等。

任务 3：初次与同学见面，写出 100 字的个人简介。

任务 4：初次担任班主任，写出 100 字的治班理念。

第二章
班级世界与学生生活

【学习目标】

1. 领会班级组织对于学生发展的意义和作用。

2. 掌握班级组织的性质、特征。

3. 理解非正式群体在班级中的存在类型及其管理。

4. 正确评判网络对学生生活和班级管理的影响。

5. 了解班级管理中儿童权利的保护。

微信扫码

获取配套资源

【本章重难点】

1. 掌握班级组织的性质、特征等基本知识。

2. 深入分析班级组织对学生发展的作用。

3. 理解班级中非正式群体的有效管理方式。

班级是由处于特定发展阶段的人所组成的生活世界。与家庭生活相比,学生的班级生活带有明显的制度化色彩,学生在班级中的行为会受到规范性约束。在班级中,学生根据自己的兴趣、爱好,有意识地选择交往对象,组成了同辈群体,班级为这个群体提供了一个全新的生活世界。班级是学生生活的场所,在班级管理过程中,要全面了解班级与学生发展的关系,充分利用好网络等有效资源,同时还要做到依法管理班级。

第一节 班级与学生发展

一、作为基层组织的班级:性质与特征

班级是学生成长的重要组织,班级与学生的生活,或者说与他们的生命活动联系在一起。班级是一种组织,是学校组织中的基层组织,学生在班级中如何生活,会受到这种组织的制约。班主任作为管理者的角色,也正是因为这样一种组织而设立。

(一)班级组织的性质

1. 班级是一种正式组织

班级作为正式的组织,它有一定的组织目标;为实现一定的组织目标,它要承担一定的任务;为实现一定的任务,它又必须遵循一定的组织规范。班级组织承担着特定的社会功能。班级作为学校教育基层组织,在社会系统中发挥着为社会培养人的功能。

2. 班级的组织生活特性与学生的发展特性具有统一性

班级作为正式组织为学生而存在,而非学生因班级而存在。一个班级根据学校组织目标和任务开展活动,恰恰就是为了学生的发展,为学生提供一种能使其更好地发展的生活。班级承载的是学生的日常生活。尽管学生在学校的生活是以学习为中心而组织起来的,但这种生活是学生日常生活的一个重要组成部分,其本身也构成一种日常生活。

3. 班级组织是有个性的组织

班级虽然是根据制度要求建立的正式组织,但是班级也是具有个性特征的学生共同体。一个班级的学生通常有着不同的家庭背景、知识水平、认知兴趣、性格特征,这些学生服从于共同的组织目标和组织规范,参加共同的活动(即便是一些课外活动,大多也是以班级为单位组织和开展的),并在活动中进行着多种形式、多种层面的交往。班级共同体的生活就是建立在这样一种基础之上的,学生个体的差异性使得这种共同体的生活内涵更加复杂,生活内容也更加丰富多彩,同时也使得不同的班级具备了彼此相异的风格。

(二)班级组织的特征

由上述班级组织的性质,也产生了班级组织的特征。班级组织的主要特征表现为:学

生非自愿选择的组织;有共同的学习任务;有管理体系;有成人的领导;有相对独立性。

1. 班级是学生非自愿选择的组织

学生进入学校以后,由学校根据一定的原则(最主要的是随机原则)将他们分配到某一班级,并配备班主任和科任教师,从形式上看,班级即组建完成。这一过程基本不体现学生的意志,尽管班级日后可能会成为非常具有凝聚力的组织(集体),成为学生乐意归属的组织,但至少在组建之初并非他们自愿选择的结果。这一特征提示我们,正因为班级是学生非自愿选择的结果,组织学生对所组建的班级产生认同感常常成为班主任的基础性工作。

2. 班级是为完成共同的学习任务而建立的组织

班级的形成最初便是出于提高教育教学效率的需要,形成教育教学的规模效益。班级组建后,意味着在绝大多数时间里,一个班级的学生要在一个群体里共同学习、共同生活。学校的教学工作也以班级为单位开展,在学校编排和执行的课程计划中,一个班一周中每天的课程安排是固定的,同时由专门的老师从事教学。在绝大部分时间里,一个班级的所有学生都必须在同一时间、同一地点学习同一内容,接受同一个老师的教学和指导。当前,班级授课制仍然是主要的教学组织形式。

3. 班级有正式组织的管理体系

从管理机构上说,班级不仅接受学校行政的管理,而且有着自身的管理体系。班主任是班级的直接管理者、教育者、引领者。在班主任的领导下,班级组建班委会。班委会是一个权力机构,内部存在角色的分工。班委会是班主任的重要助手,由于他们同时是群体的成员,与群体成员间存在日常的、广泛的互动,因此班委会是沟通班级成员与班主任的重要"桥梁"。从管理的制度上说,班级有一定的制度和纪律。这些制度、纪律对所有班级成员都适用,具有广泛的约束力。尽管不同的班级在具体制定的制度、规范的内容上存在着一定的差异,但也存在着很多共性的内容,这些内容涉及班级的学习制度、常规制度,涉及班级成员的人际交往等。

4. 班级组织由成人领导

学生是身心发展未成熟者,是正在成长中的人。他们有强烈的探索周围世界、表现自我的欲望,在他们身上较少体现社会的羁绊和约束,正所谓"初生牛犊不怕虎"。这既为他们张扬个性、驰骋想象提供了空间,同时也容易使他们走向自我中心,偏离甚至抗拒现有的社会规范。正因为学生身心发展的这一特点,由学生组成的班级便不能脱离班主任和科任教师。与此同时,从学校的性质来看,学校是一个专门的教育机构,它承担了对学生的教化职能,经由这一教化过程,学生要掌握特定社会所需要的文化知识、社会规范、交往技能等。教化的职能主要是由成人世界的代表者——班主任和科任教师来承担的。教化过程是以班级为单位展开的。因此,围绕教育和教学工作而组织的班级也不能脱离成人的领导。作为班级的直接领导者、管理者和教育者,班主任在拟定班级目标、制定班级活动内容、引导班级发展的过程中,既要考虑学生发展的实际,又要考虑社会价值,体现特定社会的要求,以履行自己作为成人世界的代表者的角色。

在认识到班级是一个成人领导的组织的同时,我们还必须认识到:班级还是一个带有一定程度学生自治性质的组织。有学者从社会学的层面将其界定为"半自治"组织。其实,班级自治的程度因班主任管理理念、班委会及学生自我管理水平的成熟度不同而不同。对学生管理持不信任态度的班主任,通常会使班级成为低自治的组织;而信任学生且善于促进学生自我管理能力发展的班主任,则容易使班级成为高自治的组织。

班级不可能成为一个完全自治的组织,因为学生尚处于青少年阶段,他们的自治能力尚处于发展阶段。但是,班级管理者根据学生的年龄特点,并随着他们年龄的增长,通过学生对班级自治的参与,提高他们的自治能力,既是班级管理的需要,也是帮助学生发展的需要。

5. 班级有自己的相对独立性

班级既然是学校的基层组织,是学校管理的基本行政单位,它便具有相对独立性。换句话说,班级之间存在着比较明晰的边界。这些边界既可以表现在物理层面、制度层面,也可以表现在精神层面。就物理层面而言,通常每个班级都有相对固定的教室,并以一定的标识相区别,同时,班级的成员也根本不同。在目前的实践当中,不仅学生个体无权选择班级,而且一旦被编入某一班级后,除非特殊原因,他们的班级归属便不会改变。这样,我们便可以从物理特征区分出"这一班级"和"那一班级"。就制度层面而言,不同的班级在具体的班级规章制度方面也存在着一定的差异,即便是大体相同的规章制度,也不意味着一个班级的规章制度可以对另外一个班级的成员具有约束力。就精神层面而言,不同的班级有着不同的精神面貌,即所谓的班风。这在班级组建之初是难见分晓的,但随着班级建设的逐步发展,这种"个性"的特征便逐步显现出来。

班级上述层面之间的差异随时间的不同而不同,组建之初主要表现为物理差异,随后在班级建设的过程中,制度和文化的差异逐步显现。如果说制度的差异还不足以区分不同班级的话,文化的差异则使得此一班级与彼一班级在精神层面上得以区分。

应当看到,班级之间相互独立的特征是客观存在的,但这些区别并不意味着班级之间应当固守自己的"边界",成为一个封闭的组织。如何使这些相对独立的班级组织增强自身的开放性,增进不同班级之间的互动和交流,应当成为班级研究的一个重要课题。

二、班级与学生的发展:社会性发展与个性化发展

班级承载的是学生在学校的日常生活,它构成了学生生活世界的重要组成部分。班级组织与管理的根本目的是要促进学生的发展,既包括学生的社会性发展,也包括个性化发展。

(一)班级与学生的社会性发展

班级是一种社会组织,是学生学习社会生活的地方。班级促进学生社会性的发展主

要表现在帮助儿童继续学习和巩固儿童入学前所获得的社会规范,同时还帮助儿童学习和实践新的规范。

班级是学校的基层组织,同时也是一种社会组织,因而它是学生社会化的重要媒介。与其说学生是经过学校教育过程而社会化的,毋宁说是经过班级生活而社会化的,因为学生在学校中生活的大部分时间是在班级中度过的,并且学校基本的教育教学管理活动也是围绕班级组织和开展的。

所谓社会性就是人适应特定社会生活所必须具备的品质,这些品质主要包括知识、技能、情感、态度、价值观。法国社会学家涂尔干认为,每出现一代新的儿童时,社会就面对着一块应在上面重新开始建设的几乎是光秃秃的土地。社会应当在刚产生的利己主义和不适应社会生活的人格中,通过最快的途径,添上使之能够适应道德生活与社会生活的另一种人格,而这就是"教育的使命",即"教育是要在人的身上塑造新的人格"。因此,以班级为单位而承载的教育教学活动,其重要的功能之一就是系统地促进学生的社会性发展,在班级生活中使学生在原有社会性的基础上进一步成长为"社会的人"。

学生入学之前已经学习了各种各样的社会规范。家庭是学生的首属群体,这一群体虽同样不能由儿童自主选择,但群体的全部成员之间却具有持久、直接的互动。家庭不仅满足儿童的物质需求,同时也是一种情感满足的场所。儿童在家庭生活过程中逐步学会与家庭成员交往。在进入正式的班级组织之前,事实上儿童在家庭中也经常与家庭成员之外的人尤其是同龄伙伴交往,从而能够学习和实践一些基本的交往知识、技能,掌握一些最基本的道德规范。但是,从总体上说,儿童在家庭中往往因为其是未成熟者或弱者,总是受到一种特别的照顾。儿童在交往过程中更有可能习惯于接受家长的关怀,却很少付出。这就是说,在家庭中儿童是难以学会平等与人交往的知识和技能的。

1. 班级是学生进一步学习群体规范和道德知识、形成道德品质的重要场所

学生道德品质的发展是社会性发展的一个重要方面。同家庭对儿童道德品质教育的自发性相比,班级中的道德品质的学习更多地带有自觉性。学校以班级为单位,开设了品德与生活、品德与社会等课程,系统地向学生传授道德知识,培养他们的道德情感,锻炼他们的道德意志,训练他们的道德行为。在班级中,学生进一步学习社会道德规范,不仅在内容上拓宽,而且在程度上加深,不仅要知道怎样做,还要知道为什么这样做。

2. 班级生活促使学生学习一种全新的社会规范

在班级中,学生除了继续学习在家庭或社会场所必需的道德规范,还要学习一种不同于前者的规范——制度规范。班级是学生自出生以来加入的第一个正式组织,这一正式组织相比于家庭和同辈群体来说具有显著不同的特征,即具有明确的组织目标、正式的组织机构、清楚的组织规范,在班级中建立有专门的规章制度。在这样的制度环境中,学生扮演各种角色,学习、实践和内化角色规范,了解角色期待,履行角色义务。而这是学生在成年以后加入成人组织,如工厂、学校、企业等,很好地履行自己的职能,完成自己的角色义务的准备和预演。

3. 班级是促进学生实现个体社会化的最重要的社会单位

班级社会化功能的实现,就是教育者按照一定的社会要求,在班级教育、教学过程和人际交往中,以班级的组织目标为导向,借助课程、集体规范、班级文化等载体,使学生从一个自然机体转化为社会成员。这种转化的主要内容包括传递社会规范的价值观,指导生活目标;传授系统的科学文化知识,使学生获得社会生活的基本技能;教导社会规范,训练社会行为;培养社会角色等。社会使学生在班级学习和生活中体验不同的教育情境,积累交往经验,学会承担不同角色。总的来说,班级的社会化功能注重培养学生足够程度的社会同一性。在社会化功能中,教师要做好示范引领,让学生受其感召,在行为和思想上产生认同。

(二) 班级与学生的个性发展

班级生活的社会化功能是使学生个体获得社会性。班级还具有另外一种同样重要的功能——形成学生的个性。班级生活通过促进学生的自我认识发展、兴趣发展和交往发展,从而促进他们的个性发展。

在心理学上,个性是指个体在后天的活动和交往中形成的,带有独特色彩并区别于其他个体的心理系统,主要包括个性倾向性和个性心理特征。学生个性形成的基础就是社会性,个性是建立在社会性基础上的。因此,对于学生个体来说,社会性的层面表现为共性,而个性表现为个体的特殊性。个体就是共性和个性的统一。班级中学生社会化过程同时就成为个性形成和发展的过程。

1. 班级生活促进学生自我意识发展,从而促进学生个性发展

个性发展的一个重要的心理基础是他们的自我意识的发展。自我意识是指人对自身以及自己同周围世界的关系的觉知,主要包括自我认识、自我体验和自我调控。无论是个性倾向性的发展,还是个性心理特征的形成,都离不开学生自我意识的发展。班级对学生个性形成和发展的作用主要通过丰富和发展学生的认识水平,通过广泛的人际交往,最终促进学生自我意识的发展而实现的。

班级是为特定的教育教学目的而组织起来的正式群体,这一群体的重要任务之一就是满足学生的学习需求。班级生活很大一部分是在日常的学习中度过的,课堂学习是系统发展学生认识能力的重要途径。学生在知识技能的学习中,初步掌握了认识世界的工具,积累了一定的知识,开阔了视野,增强了认识能力,为形成个人独特的思考问题的方式打下基础。学生在其认识世界的水平提升的同时,自我认识水平也得到提高。

2. 班级生活促进学生兴趣发展,从而促进个性发展

学生在学习过程中,除了掌握一些基础知识和基本技能之外,还发展了自己特殊的认识兴趣。一旦学生对某一方面的问题产生了兴趣,他们就会自觉地朝着这个方向发展,以满足自己对于这方面认识的需要。如果学生个体在兴趣得到满足的过程中,得到班主任、科任教师及所在群体的帮助和鼓励,就会促进个性的进一步发展。譬如:学生个体可以在

班级文艺活动中展示自己的艺术才华等。个体借由某一方面兴趣的发展、才华的展露,获得成功的经验,产生"概括化"的过程,即将在某一方面成功的经验迁移至其他方面,从而助长在新的领域中取得成功的信心,增强个体的效能感等。

3. 班级生活促进学生交往的发展,从而促进个性发展

学生在班级中交往的类型是多种多样的。从交往对象的角度来说,主要有两类,一类是和包括班主任在内的教师的交往,另一类则是与同伴的交往。当然也可以根据交往的场景分为制度情景中的交往和非制度情景中的交往。班级交往的面比较宽,交往的形式也多样化,这种交往丰富了学生看问题的方式。

第二节 班级中的非正式群体

班级依据学校制度的规定而建立,有制度规定的组织目标及相应的组织结构等。同时,在班级的正式组织中,学生之间也在组织规定的关系之外发生着交往关系,从而形成了一定的交往群体——非正式群体。

一、班级与非正式群体

班级非正式群体是相对于正式群体而言的。班级非正式群体是班级形式建立后,逐步自发形成的群体。产生非正式群体的内部动因是满足共同性和互补性的心理需要,与处于各个年龄阶段的学生心理发展的内部矛盾运动有着极密切的关系。如小学生的依赖心理,初中生的独立意识,高中生和大学生的自我意识等。非正式群体的成员之间带有明显的情绪色彩并以个人好恶为基础。

(一)班级非正式群体的概念

非正式群体这个概念最初是由美国心理学家 E. 梅耶提出的。他认为,所谓非正式组织是指企业成员之间由于共同的价值标准而自然形成的无固定形式的社会组织。在这里,人们之间具有基于共同的价值标准而产生的共同的情感和态度,并且正是这种情感和态度把他们组合到一起。非正式组织的领袖人物是自发产生的,但对其成员却往往比正式组织的领导人具有更大的影响力。班级中的非正式群体(informal group)是指班级成员在活动中自发形成的,未经任何权力机构承认或批准而形成的群体。

非正式群体的存在是基于人们社会交往的需要。在正式群体中,由于人们社会交往的特殊需要,依照好恶感,心理相容与不相容等情感性关系,就会出现非正式群体。这种群体没有定员编制,没有固定的条文规范,因而,往往不具有固定的形式。由共同利益偶然结合在一起的人们、工厂或学校中存在的一些"小集团""小圈子"都属于非正式群体。

在非正式群体中,起支配作用的价值标准是感情逻辑,要求每个成员都必须遵守基于成员之间共同感情而产生的行为规范。自20世纪80年代以来,我国管理工作者和心理学工作者也对工厂、企业、学校等正式群体中的非正式群体进行了大量的研究。在中小学,除了少先队、团支部、学生会和班委会等学生正式群体之外,还存在一些自发形成的,没有明文规定的,带有浓厚感情色彩的学生非正式群体。

(二)班级非正式群体的成因

班级非正式群体的成因主要有:第一,组织成员具有共同的爱好、兴趣和信仰。比如爱好武术、军事兵器,爱好电脑或棋类,或者对某明星有共同的崇拜,因为他们除学业以外有共同的语言,进而志同道合,聚合在一起。第二,生活中有某些客观因素,使组织成员有比较多的接触机会。比如,家住在同一个小区,或住在同一宿舍楼,或在同一小组,或者从前就是同校同班同学,或者家庭背景相近,家庭经济状况、文化教养相同等。第三,组织成员中存在有影响的学生。比如,班级、社团的干部,有特殊才能的学生,特别活跃或身体特别强健高大的学生等,他们具有一定的号召力和凝聚力,自然而然地成为中心人物,在他们周围形成小群体。

(三)班级非正式群体的特点

班级中的非正式群体通常具有以下特点:

1. 类型多样,结构不稳定

非正式群体按性质与作用分,有积极型、中间型、消极型和破坏型四类;按发展状态分,有横向组成、纵向组成和混合组成三类。青少年学生非正式群体是以自我的感情为主导的,群体中的个体差异很大,没有像正式群体一样的明确纪律和特定权责划分,很容易造成一盘散沙的局面。加之青少年阅历尚浅,经验不足,很容易受到外界环境的影响,造成了群体的不稳定性。

2. 核心人物引领,感情互相渗透

班级非正式群体一般存在于正式群体之中,往往有三四人或五六人不等。他们构成的"小圈子"一般都有一个大家比较信服的"头儿",他是群体的核心。虽然形成非正式群体的成员个性表现不同、成长环境各异、价值观多样化,但是其向心力很强,核心领导人物的影响力也很大。由核心人物引领,非正式群体成员个体间的情感交流、兴趣爱好倾向、活动的积极性和时效性都有很好的保障,一定程度上能促使该团体不断发展。

3. 年龄、年级的层次递进性

非正式群体的组成结构不稳定,存在年级差异和年龄差异,低年级学生的可塑性比高年级学生的可塑性强,容易管理,自发行为更强。但是高年级的非正式群体在目标、倾向、保密性方面更加突出,更具有吸引力,范围涉及更广,形成了更广泛意义上的非正式群体。

二、班级中非正式群体的类型

根据对学生非正式群体的成员特点、形成基础、活动方式、心理构成及其同班集体的关系等方面的综合分析，可以将中小学生非正式群体划分成如下几种类型：

（1）求知型。求知型非正式群体在班级中有四类：一是学习成绩好的同学自然走得近一些，成绩差的学生也自然走得近一些，班级会自然形成两大群体；二是某一单科成绩比较拔尖的同学很容易走近，他们之间既有合作的一面，也有竞争的一面，但最终都会促进学习的进步；三是学习互助型，学生由于成绩偏科，几个偏科不同的学生走到一起，相互帮助，以求共同进步；四是学生成绩好的学生与学习成绩差的学生配对，形成一帮一、结对子的非正式群体。

（2）交友型。这类群体以成员选择友伴，建立友情，相互交流，获得尊重、理解和信任为目的。其成员在思想观点、兴趣爱好、生活习惯方面比较相同或相似，成员关系密切，内聚力强，具有排外性。

（3）娱乐型。维系这类群体的纽带，是群体成员对某一项活动具有浓厚的兴趣和爱好，如爱打篮球的学生自然经常在一起切磋技艺并自然形成非正式群体；或者是群体成员都在追捧某一位娱乐明星，比如体育的"乔丹迷"，音乐中的超女"玉米"（李宇春的支持者），相声中的"钢丝"（郭德纲的追捧者），一旦群体内部分成员的兴趣转移或活动被外界因素制约，群体便会瓦解。

（4）早恋型。早恋或者交往过密的学生，容易形成非正式群体。

（5）邻近型。空间的邻近使得学生朝夕相处，彼此之间建立了较深厚的感情而形成群体。邻近的学生有两种类型：一是班级座位邻近的学生会形成非正式群体，一是班上的"老乡"或者"亲戚""邻居"之间会形成非正式群体。

（6）团伙型。中小学是一个模仿能力很强的阶段，现在的电视、电影或者书籍中关于黑社会团伙的描述比较多，对学生的影响极大。他们总是模仿这些团伙的生活方式，在班上甚至是跟校外人员结成团伙，做一些他们认为很另类的事情。他们经常违反校纪校规，欺侮弱小，讲究哥们儿义气和吃喝玩乐。群体内聚力强，结构坚固，破坏性、攻击性极强，易被坏人利用。

三、非正式群体的功能

社会心理学认为，非正式群体形成以后，对其成员的心理倾向和行为具有重要的影响和较大的制约性，能较多地满足成员的归属感，并给成员提供某些观念和价值观。非正式群体的存在既有积极作用，又有消极作用。班级中存在的各种群体面对的最大问题是如何协调各种影响，使这些群体之间形成相容、相辅和相促的局面，不致产生班集体建设力量的内耗，同时消除不良性质的非正式群体的影响。

（一）非正式群体的积极作用

非正式群体对于班集体的建立和发展具有重要的积极影响,其积极作用表现在以下几点:

第一,有助于满足学生的某些心理需要。非正式群体能够满足群体内成员的多种需要,例如社会交往、寻求友谊的需要,自尊和受他人尊重的需要,自我实现的需要等等。这有助于学生形成比较稳定的个性心理特征,保持良好的心理平衡。

第二,有助于培养学生的高尚情操。非正式群体也能在学生中倡导一些积极进步的思想和行为,如学雷锋服务队等。这能使学生受到正面的教育和熏陶,有助于学生形成高尚的思想情操,促进其健康成长。

第三,有助于培养学生的创新精神。例如,班级中的各种兴趣小组,对课堂所学知识能起到补充和延续的作用,能够丰富活动课的内容,对学生增长知识和培养能力、培养创新精神具有积极作用。

第四,有助于学生进行自我教育和自我管理。健康的非正式群体,是学生自我管理和教育的良好组织形式。有的非正式群体,能自己组织开展各种寓教于乐、有益健康的活动,进行自我管理和教育,从而克服"抱着走""扶着走"的现象。

（二）非正式群体的消极作用

非正式群体对于班集体的建立和发展在产生积极影响的同时,也会对班集体的发展带来某些不利影响,其消极作用表现在:

第一,使某些越轨行为获得了一定的人际条件。在非正式群体中,存在着群体压力。这种压力使种种风险和特殊的人际互助在伙伴期待和个人义务感的作用下更容易成为现实。处于非正式群体中的学生会受到非正式群体本身的价值取向、规范意识的影响。非正式群体本身的价值取向、规范意识会影响和决定该群体中的学生理解与决定和教师进行互动的方式与手段。

第二,使单个学生的个性特征"淹没"在群体中。在非正式群体中,单个学生的个性特征会被"淹没"在群体中,退居为背景,其活动主要体现这一群体的"个性",造成"去个性化"现象。"去个性化"的学生往往觉得处于某群学生整体之中,自己仅仅是群体中的一员,老师不易觉察出自己的言行,自己不会承担不良行为所招致的谴责,责任由所有参与的同学分担。"责任扩散"后,每个人的责任观念淡薄。这样,部分学生削弱了对自我行为的约束,沉溺于冲动、无理性和不负责任的行为之中。当这些个性特征相近的学生聚集到一起,就容易引发情感上的"共鸣",导致行为上"共振",班级的规范约束大大减弱,从而导致违纪行为的发生。"很显然,这种群体的存在是不利于班集体建设的,他们的行为对班级荣誉、利益有着极大的破坏力;他们的存在还会影响一批有着消极情绪的学生蜕化。"[1]

---

① 王亚芬."去个性化"学生的教育和转化[J]. 中国德育,2001(1).

四、非正式群体的管理与引导

班级中非正式群体是主客观方面相互作用的产物。不同的非正式群体形成了丰富多彩的班风班貌,它直接影响到学生的思想、性格、行为习惯及班风、学风的建设。班级中非正式群体的存在是客观的,要想使非正式群体发挥积极的功能,抵制其消极的影响,须对非正式群体加以引导、管理和教育。为此,要做好以下几方面的工作:

1. 正确认识和把握非正式群体

要正确认识班集体中非正式群体出现和存在的必然性。调查表明,40 人左右的班集体中就有 8～10 个非正式群体,50 人左右的班集体中有 10～12 个,60 人左右的班集体中则有 11～13 个。一般而言,班集体规模越大,非正式群体数量越多。非正式群体的规模以 2～3 人为最多,4 人规模的非正式群体占 18％左右,到了小学高年级才有 5～6 人以上的非正式群体出现。班集体中的非正式群体以同性别为主,占总数的 97％,高年级有少量 5～6 人规模的男女混合型非正式群体。[①] 其次,要了解班集体中的非正式群体动态,包括活动状况、核心人物的态度、人员的变迁以及班集体中大部分成员对这些非正式群体的评价等。

2. 针对不同类型的非正式群体,采取不同的处理方法

根据群体的性质与作用,班集体中的非正式群体可分为积极型、中间型、消极型和破坏型四种。对积极型,即与班集体目标相一致的非正式群体,班主任要给予鼓励、支持,以平等的身份参与他们的活动,并在其中发挥建设性的作用,尊重和理解他们的合理需要,成为他们的良师益友。对中间型,即与班集体目标有时一致有时又不一致,既有积极作用也有消极作用的非正式群体,要因势利导,根据不同的兴趣爱好将他们组织起来,开展有益的活动,吸引他们积极参与。对消极型,即与班集体目标基本上不一致、对班集体目标的实现起消极作用的非正式群体,要进行改造,创造条件争取其核心人物的协作,改变其消极准则,引导其向正确方向发展。对破坏型,即与班集体有根本的利害冲突、活动具有破坏性、危害性极大的非正式群体,可采取分化瓦解,限制其活动等措施,极为严重的要依靠学校行政力量予以取缔。

3. 增强学生正式群体的吸引力

非正式群体能普遍存在的原因是学生感到自我在正式群体中受到冷落,或者是对自我在正式群体中发展并实现抱负的热情不高、信心不足,就会从其他途径去寻求自我发展。教育、管理工作者都明白,如果每个学生都在正式群体中感到温暖,获得了"心理平衡状态",那么另行组织或参加非正式群体的可能性就大为削减。另外,非正式群体的成员同时又是正式群体的成员,扮演着双重角色,而他们当中的绝大多数人还是把正式组织中的角色当作第一角色,如果第一角色对其具有足够的吸引力,那么他对第二角色的认识就

---

① 耿潇逸.班级非正式结构群体中的学生地位分层研究[J].教育探索,2016(3):29-33.

有可能减弱,这意味着正式群体目标对该成员的引力增大,非正式群体目标的引力减小,如果多数成员都如此,则非正式群体目标就必须向正式群体目标靠近。由此可见,我们应该抓好学生正式群体的建设,最大限度地贴近学生的兴趣、爱好、能力的现实状况,尽量使正式群体能够满足学生各种健康合理的需要,增强学生正式群体的凝聚力,使非正式群体目标向正式群体目标靠近,吸引与促使非正式群体逐步融入正式群体中来。

4. 合理利用非正式群体的某些特征,为实现教育目标服务

利用非正式群体的某些特性,做到正式群体难以完成的事情,如利用非正式群体成员之间情感密切的特点,引导他们互相取长补短、互帮互学、提高学业成绩;利用成员之间互相信任、有共同语言的特点,引导他们开展批评与自我批评,克服缺点、发扬优点,不断提高成员的思想水平和工作能力,有效发挥个人的主动性和创造性;教师利用非正式群体凝聚力强、能较好地满足成员的人际交往和归属等心理需求的特点,通过他们把许多信念和价值观念传递给成员,成员一般都能很快接受。

5. 发挥非正式群体的核心人物作用

任何非正式群体都有一个或几个核心人物,他们在群体内部威信高、能力强,对其成员具有较强的号召力和影响力,这种号召力和影响力,有时往往超过正式群体的带有强制性的影响,起到正式群体无法起到的作用。因此,对非正式群体的核心人物要关心、爱护,为他们的进步、成长着想,正确对待他们的精神和物质需要,合理的要求要设法帮助他们解决,对于一些不合理要求或一时不能解决的要求要做好解释、说明。尤其对于破坏型群体的核心人物,不能听之任之,更不能迁就退让,要坚决按校纪校规处理。要选用自身素质好、人际关系好、能力强、有发展前途的核心人物在正式群体中担任一定的职务,便于通过他做其他成员的思想转化工作,发挥其积极作用,以利于两种群体在价值取向、组织结构、核心人物等方面趋向一致,缓解正式群体与非正式群体之间的矛盾和冲突。

总之,要通过上述多种具体扎实的工作,努力使活跃在班级中的非正式群体成为正式群体中不可分割的一部分,充分发挥他们的特长和积极功能,抵制其负面影响,加强对消极的非正式群体的教育、引导、转化工作,扬长避短、趋利避害,把他们引上正确健康的发展轨道,使之成为正式群体团结教育学生的有益补充。

第三节　班级管理与网络

网络正在以极快、深入的方式影响着人们的学习和生活,充分利用好这一现代技术资源,可以为家庭教育和学校教育提供一个全新的交流空间,这种交流方式的变化势必会为教育带来新的活力,使我们的教育收到更大的成效。

一、网络:学生生活的第三重世界

我国当前已经进入信息时代,随着信息科技的影响,网络计算机已经进入人们的生活,对工作和学习产生了很大影响,尤其是对学生产生的影响更大。一方面,网络对于学生来说是学习、交流、休闲娱乐的平台;另一方面,学生的自控能力不高,网络对其产生的负面影响也是不可低估的。

(一)网络对学生产生的积极影响

网络在生活方面产生的积极影响主要表现在:网络信息丰富多彩,而且信息流通速度非常快,学生只轻轻点击鼠标,就可浏览国内外时政新闻、全球最新的科技动态。网络,极大地丰富了学生的课外知识,开拓了学生的视野,也扩大了学生的交友圈,提高了交际能力,了解了各个国家民族文化和历史,对增进人与人之间的关系起到了非常重要的作用。

网络在学习方面产生的积极影响主要表现在:日益丰富的网络课程能为学生学习提供更多的选择和更为多样化的学习资源。学生可以在网络上随意搜索自己需要的各个方面的知识,也可以通过网络学到更多课本以外的知识,拓宽学习视野。

此外,网络是一个神奇的平台,可以为学生提供新知识的各种渠道。在当前我国教育资源紧张的情况下,网络可以为满足学生的求知欲提供更多的渠道,使学生求知突破传统的时空限制,随时随地都可以接受教育。

(二)网络对学生产生的消极影响

网络对学生产生的影响具有两面性,在产生积极影响的同时,也会产生一定的消极影响。对此,需要积极对待,正确引导。现实中,网络对学生产生的消极影响主要有:

(1)沉迷游戏。网络世界过于繁杂。据调查,目前我国的网民已经超过 8.54 亿人,中国网民中学生群体占比最高,为 24.8%。[①] 学生的自控能力较差,不懂得适可而止,一旦陷入网络游戏便无法自拔。有些学生在家上网,有些在网吧,而将其用于学习的人数非常少,大部分学生上网都是打游戏、聊天等。有些学生甚至沉迷游戏,通宵上网,严重影响正常的学习和健康的生活。

(2)不健康的信息。学生的心智尚未完全发育,还无法辨别是非,抵抗诱惑,无论是心理还是生理,都无法完全抵制色情暴力。从近几年青少年犯罪案例来看,很多青少年犯罪和网络情色暴力信息有直接关系,青少年因为这些不良信息丧失心智,损毁身心健康,但是这些还仅限于对青少年表面的危害,它还会造成未成年人对性意识的偏差这一深层危害。

(3)诱罪。网络在学生犯罪案件中起到催化作用。当前网络诱发学生犯罪主要有四种情况。第一,在网吧内实施犯罪,常见的主要有打架斗殴,寻衅滋事等。第二,在网吧选

---

① 第 44 次中国互联网络发展状况统计报告,2019 年 8 月。

择作案目标。第三,通过网络交友结识作案,一起分赃。第四,沉迷网吧导致犯罪,有些青少年因为没钱上网,于是开始进行偷窃犯罪。

(三) 加强青少年教育,构建绿色网络环境

1. 净化网络环境

优化网络环境,首先要正确把握网络的宏观导向性。面对网上各种思想文化的冲击,我们必须增强忧患意识和紧迫感,牢牢掌握宏观导向的主动权。网络环境既要宽松自由,又要规范有序,才能充分发挥网络的积极作用,同时把负面影响降到最低,促进学生的健康成长。

2. 正确对待网上教育

网上的虚拟存在与网下的现实世界是紧密相连、密不可分的,学生的网上行为与网下实践也存在相互转化的关系。互联网使教育经历着空前的变革,拓展了教育的空间,促进了教育的社会化,但网络并不能代替教育者,不能代替生动活泼的实践和五彩缤纷的生活。因此,利用互联网对学生进行教育与加强网下的常规教育是辩证统一的,切不可把两者割裂开来、对立起来。

3. 丰富校园活动

学校可以根据自身的实际情况开展各种各样的体育、文化活动,丰富学生课余生活。如组织篮球赛、乒乓球赛、足球赛,开展各种兴趣班等,让学生对丰富的校园文化产生兴趣,抛弃网络,回归现实,这对青少年摆脱网瘾有重要作用。

4. 加强网络监管

面对网络上良莠掺杂的信息流,有必要建立监控机制,可通过技术、行政、法律等手段,控制信息源头,以达到正本清源的目的。特别是有关技术部门,应承担起保护青少年的重大职责,及早研制出能过滤有害信息,为青少年学生输送科学、健康信息的平台。

二、网络:班级管理与建设的重要资源

随着互联网飞速发展,网络已融入我们生活的方方面面。网络正在改变着世界,同样也改变着教育。特别是网络传播速度快、内容广、打破时间与空间的交流局限等优点,为学生的交往、班级文化的扩展、家长和学校的沟通提供了一个很好的平台。

(一) 网络信息化为班级管理创设了良好的资源环境

校园进入了信息时代,网络文化赋予了班级管理新的意义,信息化时代给班级管理带来了勃勃生机。

1. 为班级日常管理打下坚实的基础

班级管理信息化对提高教育、教学管理效率和管理质量,实现对学生和社会的优质服

务具有十分重要的意义。而日常管理涉及学生学习、生活很多方面,与学生密切相关,关系到正常教学秩序和校园稳定大局。

学生日常管理是班主任工作的重要内容,是进行思想政治教育的前提和基础。它实际上也是一种肩负育人功能的管理活动。因此,我们不能停留在传统的班级管理手段上,应该借助网络信息化对学生进行管理。这也是信息化时代新形势对班级管理的要求。

信息化班级管理具有很多传统管理方式无法比拟的优越性。教师可通过计算机和网络开展一系列跨越时空的班级管理活动。通过建立信息管理数据库、学生成绩管理表、班级邮箱,利用微信、QQ等网络聊天工具和手机短信等信息发布平台等进行信息化管理,来实现班级管理目标。

2. 创设了班队活动的新阵地

班队活动是班主任工作的一项重要内容。而网络信息化的出现为每一次班队活动提供了丰富的素材。这样一来,学生在网络世界的大冲浪下,必将思维更强、懂得更多。

传统的班队活动课,由老师一手策划,学生在活动中的参与率较低,主体性得不到发挥,参与的积极性大打折扣,活动很难达到预期的效果。因此班主任要培养学生的创造精神和实践能力,就必须开展新型的班队活动。

3. 优化了家校合作的桥梁

传统的家校交流只局限于家长、班主任和科任老师之间的互动,往往会把"真正的主角"——学生放在一边。为了激发家长配合的积极性,以全新的思维方式教育自己的子女,在召开家长会前借助多媒体PPT和录像视频向家长展示成果,让家长从另一个角度认识自己的孩子,同时也增加了他们作为家长的责任感,促使他们寻找更多的教育方法,更加关注自己孩子的成长。当然,班主任也可以通过"家校互联"等现代通信系统实时发布学校通知;通过微信、QQ群聊、网络论坛、班级聊天室等召开"线上"的家长座谈会,与家长交流和探讨学生的在校在家表现情况,发表有针对性的意见和建议,让孩子时时处于关注之中,让家校合作架起一座沟通桥梁,从而成功达到互相教育孩子的共同目的。

(二) 网络信息化促进了班主任工作方式与内容的变化

班主任不仅仅要管理学生的日常学习生活,更多的时候要从深层次多方面了解和认识每一个学生,网络信息化能让班主任在千头万绪的情况下对学生的管理"迎刃有余"。

(1) 丰富了班级管理方式。班级环境是班级文化建设中最基本的内容,建立一个具有特色的班级网站,实现由教室迁移到电脑网站上,通过网络信息化提供的技术,随时更换,快捷、简单、方便。良好的班级网页,对于班主任形成班级管理文化,促进班级管理质量的提升,效果显著。

(2) 丰富了班主任的角色。网络信息化改变了传统的教学模式,也改变了教师传统的形象。在网上,班主任身兼多职:父母亲、老师、心理医生、网友等,能更好地引导学生在网络交往中正确认识自己、他人和班级,增强班级凝聚力和认同感。由于学习的环境与气氛是虚拟的,即使胆小、内向或害羞的学生也会乐于参与网上讨论与交流。这种交互双方身份的隐蔽性,可以使受教育者说出自己的想法和观点。

(3)丰富了学生培养的内涵。新时期,信息化是一个知识增值过程,人才是决定信息化建设成功的重要一环。网络信息化改变了传统的教学模式,利用网络资源开阔学生视野,可以指导学生利用现代信息技术收集和处理信息。因而,开发网络教育资源,不仅塑造了新型班主任,也更有利于培养新一代的信息化人才。

第四节 班级管理与学生权利

组织管理的重点是人。因此,对人的认识不同便产生了不同的管理思想,不同的管理思想会有不同的管理行为和不同的管理结果。在教育和管理活动中,教师和学生是活动主体,教师除了要明确自己的权利和义务以外,更要了解学生的权利和义务。

一、现代社会对儿童权利的认识

(一)儿童权利的概念

儿童权利是儿童作为一个人和作为一个未成年人根据道德以及法律的原则和规则而享有的资格,它从根本上保障着儿童的自由,护卫着儿童的利益,同时,它也要求他人以及社会尊重和认真对待儿童的一般性义务。

(二)儿童权利观的转变:从摆布对象到权利主体

在班级管理中,儿童观体现在对作为成人的班级管理者与班级中未成年人关系的认识上。把儿童视为"无知者",看成是成人可以任意摆布的对象,是一种儿童观。把儿童看作同成人一样的"人",他们也有自己的成长和发展的需要,也应当享有自己的权利,这又是一种儿童观。

在人类社会相当长的历史过程中,儿童都处在被成人支配的地位。儿童的不成熟、相对于成人的懦弱,成为成人任意支配的理由。在我们的日常生活中,仍然有人把儿童看成"不懂事的孩子""教训的对象"。但是,如果我们承认"教育就是促进儿童的发展",那么我们就必须认识到尊重儿童的权利、保护儿童的权利,是促进儿童发展的重要内容。

在人类社会相当长的发展时期内,儿童都被认为是完全由成人塑造的对象,他们没有自主发展的可能;儿童是成人任意书写的"白板",他们不能够自我构思。但现在看来,这是错误的认识,没有根基。成人是由儿童成长起来的,儿童与成人一样是"人"。可惜的是:成人在儿童时代也有的愿望,在儿童时代期望获得成人承认的愿望,当自己走入成人社会后,便被忘却了,不再能站在儿童的视角来看待儿童了。在人类社会相当长的教育发展过程中,人们的教育思想中是没有"儿童"的。但是,随着人类教育实践的深入和人们对教育思考的深入,儿童从成人的视野中浮现出来,儿童在教育的视界中被"发现"了。

在人类思想史上,最早"发现"儿童的人是法国著名思想家、教育家卢梭。他说:"儿童是有他特有的看法、想法和感情的;如果想用我们的看法、想法和感情去替代他们的看法、想法和感情,那简直是最愚蠢的事情。"①因为人类曾有相当长时间不尊重儿童的"看法、想法和感情",所以,他认为"出自造物主之手的东西,都是好的,而一到人的手里,就全变坏了"②。把卢梭的发现进一步推向前进的是美国著名教育家杜威,他肯定了卢梭的观点,指出"教育应当根据受教育者的天赋能力"。

意大利著名教育家蒙台梭利在她的《童年的秘密》中写道:"直到昨天,直到本世纪开始,社会对儿童毫不关心,让儿童全由他出生的家庭抚养。父亲的权力,是他唯一的保护。"在漫长的时期,文明的发展与法律的变化都有利于成人权利的获得,都服务于成人。但是,儿童却丝毫没有社会保障。社会发展的要求和思想家的呼唤才使儿童的权利终于在20世纪为社会所承认。

(三) 现代儿童权利的立法

1924年《日内瓦儿童宣言》是成人社会第一次在世界范围内对儿童权利的正式承认。1959年11月20日联合国大会通过了《儿童权利宣言》(以下简称《宣言》),这是人类历史上第一次通过正式国际组织的形式对儿童的权利加以肯定。这个《宣言》所提出的儿童权利,在《世界人权宣言》、《公民权利和政治权利国际公约》(特别是第23、24条)、《经济、社会、文化权利国际公约》(特别是第10条)以及关心儿童福利的其他国际专门机构和国际组织的章程和有关文书中得到确认,但《宣言》不具有法律的效力。

1989年11月20日,联合国第44届大会通过了《儿童权利公约》,1990年9月2日生效。我国于1990年8月29日签署了《儿童权利公约》,1992年3月1日在我国生效。1993年在维也纳召开的世界人权会议宣布要在1995年底使《儿童权利公约》获得普遍批准。到1999年,批准《儿童权利公约》的国家达到192个。

在《儿童权利公约》通过以后的10多年时间里,儿童问题在国际上日益受到重视,但是儿童问题的解决仍存在许多问题。2002年5月10日,在联合国大会第二十七届特别会议(儿童问题特别会议)上指出了这一点。在这次特别会议上通过了一项议案,题为《适合儿童生长的世界》。

我国在批准《儿童权利公约》以后,非常重视儿童权利的保护。1992年,我国参照世界儿童问题首脑会议提出的全球目标和《儿童权利公约》,从国情出发,发布了《九十年代中国儿童发展规划纲要》。这是我国第一部以儿童为主体、促进儿童发展的国家行动计划。2001年5月22日又发布了《中国儿童发展纲要(2001—2010年)》,明确指出儿童是

---

① 任钟印.西方近代教育论著选[M].北京:人民教育出版社,2001:128,116.
② 任钟印.西方近代教育论著选[M].北京:人民教育出版社,2001:128,116.

权利的主体。

二、儿童权利的内容

在《儿童权利公约》开始在我国正式生效前后,国内也制定了一系列保护儿童合法权益的法律法规。

(一) 儿童四种最基本的权利

联合国《儿童权利公约》所确认的儿童权利,多达几十种,比如姓名权、国籍权、受教育权、健康权、医疗保健权、受父母照料权、娱乐权、闲暇权、隐私权、表达权等。我们可以将儿童享有的各种权利,进一步概括为四种最基本的权利:

——生存权。每个儿童都有其固有的生命权,并享有可达到的最高标准的健康权和获得医疗关怀的权利。

——发展权。每个儿童有受教育权(包括正规教育和非正规教育)和获得其体能、智能、精神、道德、个性和社会发展的权利。

——受保护权。每个儿童有免受歧视、虐待和忽略的权利。在危机和紧急情况下,孤儿、难民中的儿童等困境儿童应受到优先和特殊保护。

——参与权。每个儿童有参与家庭、文化和社会生活的权利。儿童有权利就所有影响他们生活的事项发表自己的意见。

(二) 我国规定儿童应享有的权利

儿童是未成年人,根据《中华人民共和国未成年人保护法》,未成年人有以下权利:

——受教育权。未成年人有依法接受规定年限义务教育的权利,有权要求学校开足开齐国家规定的各类课程,有权要求学校采取措施保证教学质量,学校或教师不得以任何理由限制学生上课。如有的学校对违纪学生处以停课一周的处罚,实际上侵害了学生的受教育权。

——生命权、身体权、健康权。未成年人在学校接受良好教育的同时,其生命权、身体权、健康权应该受到保护。如教师对学生的体罚或变相体罚,学校校舍倒塌对学生造成伤害,校外人员进入学校对学生造成伤害等,侵害了学生的生命权、身体权、健康权。

——身体自由权和内心自由权。发生在学校的侵害该类权利的行为有:教师禁止学生上学、进教室,罚站等,下课后禁止学生自由活动,放学后禁止学生回家,教师要求学生接受自己的思想观点,强迫订阅某种刊物,不允许自由阅读等。

——肖像权。学校在使用或对外提供有关学生学习、生活的照片作为营利性目的使用时,如果照片是以特定的未成年人形象为主题的,学校必须征得未成年人或其监护人的同意。特别是在进行有关违反校规校纪的宣传中,最好不要出现未成年人的真实照片。

——名誉权。未成年人年龄虽小同样享有名誉权,学校或教师不得对其人格进行侮辱或诽谤。如有的教师上课时用言语侮辱学生,对学生进行体罚或变相体罚,都是对学生名誉权的侵害。

——隐私权。未成年人的私人通信、考试分数排名等,只要是他(她)不愿意让别人知道的,都可以成为其隐私,受到法律的保护。

——财产受到管理、保护权。未成年人在学校学习期间,其财产应该得到学校的管理和保护。当学校没有尽到保护职责致使其财产受到侵害时,学校应承担相应的民事责任。

——独立财产权。财产不被没收是未成年人对财产享有独立所有权的基本内容,学校无权没收其财产。学生上课看课外书或玩弄其他物品时,采取没收的做法,实际上侵害了学生的财产所有权。

——生活获得照顾权。如学校提供给学生的午餐,其卫生和营养应该得到保障,学生生病时应该及时得到救治。

——民事活动代理权。对于未成年人在学校期间不能独立完成的民事活动,未成年人应该有要求学校代理的权利。

——休息娱乐权。休息娱乐,应该成为未成年人在学校的主要权利之一。学校应该允许他们创造健康的丰富多彩的校园生活。

——获得良好的校园环境权。《中小学校园环境管理的暂行规定》对校园环境做了明确的规定,学校有义务采取措施,使校园环境达到相关标准,以满足未成年人健康成长的需要。

——拒绝乱收费的权利。学校向学生收取不该收取的费用,就意味着学校侵犯了学生特别是家长的财产权,学生和家长有权拒绝。

——拒绝不合理劳动权。学校有权组织学生进行一些劳动,但如果学校要求学生从事营利性劳动或过重的体力劳动,学生有权拒绝。学生犯了错误后,罚其劳动,也属不合理劳动,学生有权拒绝。

——拒绝不合理校内外活动权。有些学校甚至一些地方政府的庆典活动,要求中小学生参加演出,属于不合理校内外活动,学生有权拒绝。

——荣誉权。未成年人在学校期间获得的各种荣誉,如参加各级各类竞赛获奖,获得"三好学生""优秀学生干部"等称号,学校不得阻碍未成年人获得该荣誉,也不得随意撤销或剥夺。

——著作权。著作权包括发表权、署名权、修改权、保护作品完整权、使用权和获得报酬权。学生在校期间的作品,应依法享有著作权。

——平等对待权。未成年人在学校里有权得到和其他未成年人一样的对待,有权不受歧视。其中包括在入学和升学方面享有平等权利,在校学习和生活方面享有平等权利,受到公正评价的权利。

三、班级管理中儿童权利的保护

班级是儿童生活的场所,在班级生活中班级管理者应对儿童的"生存权、发展权、受保护权和参与权"予以保障,做到依法管理班级。儿童的权利保障问题,并不只针对社会而

言,儿童权利保障渗透在生活的各个方面,也包括学校班级中的生活。具体而言,班主任在班级管理中需要注意以下问题:

第一,在班级中树立权利意识,尊重每名学生的权利。在现代法制社会中,班主任进行班级管理,也存在依法管理班级的问题。在班级生活中,保障儿童的基本权利,才能做到依法管理班级。在班级管理中,班主任应树立班级中的每一个成员都享有法律所规定的权利的意识,保障儿童的生存权、发展权、受保护权和参与权。

第二,在班级中保护儿童的生存权,就是为学生提供健康生命活动的条件。即使班主任并不负有为学生提供营养的责任,但是当某个或某些学生因营养问题而影响身体健康时,班主任也应当给予帮助。现在许多小学生中午在学校就餐,班主任就更应对他们的营养负有责任。同时,班主任对学生特别负有提供良好的精神生存环境的责任。不利的精神生存环境,可以导致一些学生生命受到戕害。学校班级中出现学生"自戕"的行为,就是班主任对生命保护不够的表现。

第三,在班级中保护儿童的发展权,特别要重视儿童的身体健康权和平等受教育权。那种只重视学生的智力发展、轻视身体健康的情况,在现实的小学教育中已经产生严重的不良影响。班主任要协调教育活动,使学生的身体锻炼和闲暇时间得到保证。班级是学生平等受教育权实现的场所之一,班主任在实施班级管理时,应使班级成为一个实现平等受教育权的场所。

第四,班主任应重视学生的法律保护。学生在班级中生活,也受到来自自然环境和社会环境两方面伤害的威胁。班主任有责任把班级创造成一个安全的物质环境,并在各种活动中使学生免受生命的伤害。班主任也要重视威胁儿童身心健康的社会因素,针对各种具体情况给遇到困难的学生提供有法律支持的帮助。

真题链接

1. 为防止学生受到网络伤害,班主任李老师要求班上所有学生将手机上交接受检查,以便及时了解情况。李老师的这种做法( )。

A. 合法,班主任对学生有管教权　　B. 合法,班主任对学生有监护权
C. 不合法,侵犯了学生的隐私权　　D. 不合法,侵犯了学生的财产权
答案:C。

2. 高二(1)班的历史课上,杨老师与张军发生了语言冲突,双方争执不下。杨老师便把张军拉到班主任办公室。班主任应该( )。

A. 请政教处老师处理　　B. 问清缘由再行处理
C. 先让张军道歉再了解缘由　　D. 建议他们相互道歉,握手言和
答案:B。

本章小结

本章主要讨论班级管理对象。作为学校正式组织的班级,首先是以学习为中心而组建的学生日常生活共同体,学生在这样一个社会性的组织中获得了社会性与个性的发展。这一生活共同体是一个正式的组织,它具有社会组织所共有而家庭与同辈群体等其他群体不具备的三个主要特征或构成要素,即明确的组织目标、正式的组织机构、清楚的组织规范。班级中存在的非正式群体,也是班级管理的对象。非正式群体是班级组织中的一些学生在心理一致性或相容性的基础上自愿结合而成的群体。

非正式群体对学生成长具有重要的影响,群体所特有的兴趣、观点、感情、目的对于其中的个体具有较高的参照性。它不仅能够提供学生相互支持的社会基础,为学生的成长提供独特的不可替代的成长空间,而且常常还是学生获得一些正式课程以外的知识的重要来源。班级中的非正式群体能够满足对学生社会性情感等多方面的需求。因而在班级管理中,班主任要重视非正式群体的管理。

世界正在进入网络时代,网络对学生班级生活也发生了影响。网络的介入拓展了学生的生活空间,但也给学生班级的管理与建设提出了新的问题和挑战。班级管理者必须意识到,网络对班级学生的影响是双重的,既可能产生正面的影响,又可能产生负面效应。因此,必须加强网络资源的开发利用和控制,促进班级管理效能的提高。

班级管理对象,不只是一群单纯的儿童,他们也是权利的主体。现代社会中有关法律,已经确认了儿童的相关权利。班主任要有儿童权利意识,在班级管理活动中保护学生的权利,做到依法管理班级。

思考与探究

一、理解概念

班级组织的社会功能 班级组织的个体功能 非正式群体 儿童权利

二、简答题

1. 如何在班级中保护儿童权利?

2. 在班级管理中如何利用网络?

三、案例讨论

我的班级①

南京市晓庄师范附属小学 鲁照斌

每天早晨,当几十个孩子从四面八方共同走进同一个教室后,一天中近八个小时,他们不仅仅是在进行知识信息的传递和能力素质的养成,更重要的是师生之间、生生之间思想、文化、人格之间相互影响的过程。

---

① http://blog.sina.com.cn/s/blog_757e138e010111cd.html

学生来自不同的家庭,受着不同的家庭文化的熏陶,再加上社区文化和大众传媒的影响,学生的品行和价值观的呈现方式是多元的。学生的班级就是这样构成的。

外号事件

同学之间起外号是一种常见的现象:因为你姓周,就叫你"周扒皮";因为你牙长得不好,就叫你"金大牙";还有什么"烂冬瓜""蛋卷"等等。平时经常听学生之间相互喊外号,而且有喊有答,也没在意。直到有一天,我看到了一位学生写的小作文,他写道:我有一个烦恼,这个烦恼使我烦得要命,那就是别人给我起外号。别人可能以为起外号只是开玩笑,那也能称烦恼?可是我的心里不好受,特别是连知心朋友也给我起外号,我心里觉得非常苦恼,觉得很伤心。

当这位同学有了这个烦恼后,他也试图去寻求解决的方法,去要求同学不要喊,可同学根本不理会。于是他把这件事同他的爸爸妈妈说了。

"我去找爸爸妈妈,希望能得到爸爸妈妈的帮助,但出乎意料的是爸爸妈妈根本不把这件事当回事,以为被别人起外号根本不是烦恼,肯定是别人在跟我开玩笑,他们万万没想到这句话使我更加苦恼,因为我觉得连爸爸妈妈都不帮我,那天下可能就没人帮我了。"

字里行间,可以看出这个学生的内心一直在受着煎熬,在别人看来的一件小事,在他的内心深处却是一个无法化解的结。其实,我们在平时也遇到过,因为相互喊外号而打架的事件,可就是没有往深里去想,就事论事处理完了也就算了。现在想来,这其实是学生没有尊重别人的行为表现,只要我们在教育过程中注意到这个问题,稍加引导,学生是容易养成良好习惯的。于是组织学生用换位思考的方式,让学生讨论:"给别人起外号好不好?"不久,相互起外号的风气就渐渐淡化下去了。

友　谊

独生、封闭、父母陪伴时间较少的现代学生,在班集体生活中最开心的事莫过于寻找朋友,寻求友谊。正如一位学生在作文中写道:"友谊,是抽象的也是具体的,它是感情的凝结,是心灵的交流,是经过岁月洗礼的真金,是精神世界的最可贵的财富。我们应珍惜友谊,让它永远在心中生根,发芽。"

应该说,学生之间的伙伴关系,是构建班集体文化的重要支柱,学生的许多品行和价值观,都是在与好友交往过程中相互影响而形成的。可以这样说,同学之间良好的伙伴关系是和谐班集体生活的重要基石。我们有理由相信,大部分同学之间的伙伴关系是纯洁的、健康的,同学之间的影响是正向的。但是,由于学生年龄还比较小,交往技能比较弱,再加上平时考虑问题不全面,往往以自我为中心,因此,在与同学交往过程中,总会出现这样或那样的问题,需要我们老师密切注视,加强引导。在学生的作文里,我就见到了这样的两例:

我有一个好朋友,我们之间的关系很奇怪,一会儿我们是形影不离,一会儿又是不共戴天。当我们是一对形影不离的好朋友时,我们常常在一起讲故事,说笑话,玩游戏。可每次在考完试后老师报分数时,我们俩总是很快就会成为天底下最有仇的人。每当我问她为什么会这样的时候,她却笑了笑说:"我也不知道"。

如果你要问,我跟谁关系最好,我一定会告诉你:"是爸爸妈妈"。其实要是算算,我们每天大多数时间还是和同学们在一起,"最亲"的人当然是同学。既然同学对我们这么重要,关系当然要搞好。同学的关系是纯洁的,可是总有一些杂质让人可笑。比如,在朋友之间也有一个主动,一个被动;一个会"控制"人,一个"被人控制"。那个控制人的总会威胁说:"你要不……,我就跟你绝交。"被控制的人只好服从。我就是那被控制的人……

上述两则案例向我们昭示了在班集体建设过程中,我们应多开展一些诸如"我为好友画像"的活动,要求学生寻找好友的闪光点,帮助学生增进相互之间的了解,引导学生学会尊重、关心、欣赏他人。同时,要充分利用各种教育资源,提高学生的交际能力,学会倾听别人的叙述,善于表达自己的想法,并在与人交往中培养诚实、宽容和责任心等良好品性。

小猫之死

最近,在学生的作文中,我了解到了一件令人惊讶的事。

前几天,我和几个好伙伴玩耍时,发现了一只没人要的奄奄一息的小猫。出于同情,我们共同收养了它。每天,我们来喂它吃饭、喝水,陪它玩,带它散步,小猫让我们几个好伙伴的生活变得丰富多彩。

可是,好景不长。不久,悲剧发生了。那天中午,我们在逗它玩时,有人非常残忍地将猫拎起来往下扔,突然,那猫竟然开始当众"方便"起来,张兵(化名)便习惯性地拎起猫向陈强(化名)扔去,陈强认为是"排泄物"碰到了他,抬起一脚踢向了小猫。然后,我们又把它放到一堵墙上,从高处把它推了下去。就这样,小猫死了。过了一会儿,我们回过神来,又伤痛欲绝,它毕竟给我们带来过欢乐!于是,我们把它给埋葬在了一棵大树下。

读了这篇文章,我陷入了沉思:

(1) 这件事反映了孩子身上某些品性尚未成形,处于典型的双面性阶段,既有善良、富有同情心的一面,又同时存在着冷酷、残忍的一面。在特定的场景下,可能诱发学生带有某种倾向性的行为。

(2) 这是一个典型的同辈群体活动的案例。所谓同辈群体,指地位大体相同,抱负基本一致,年龄相近,且彼此之间有密切交往关系的非正式群体。它在班集体中是客观存在的,而且对班风建设具有一定的影响。比如高年级女生中经常出现因小团体的内讧而引发矛盾的事例等。可是,当前的学校教育和教师教育中所关注的对象过多的是班集体建设和学生个体的发展,而很少将教育的触角真正探入客观存在的学生同辈群体——一种介于个体和集体之间的非正式群体之中。我想,如果我们在平时的教育过程中能关注同辈群体的发展,通过群体成员间的约束作用,也许可能会避免类似事件的再次发生。

竞选风波

在班级组织建设中,有一个重要的环节就是班干部的聘用。以前班干部的聘用大都是选择一批学习成绩比较好,工作踏实的同学去担任。可是,在一次同学人缘关系的调查中,我意外地发现在"你最喜欢同什么样的同学交朋友"调查中,选择班干部的比例只有3.98%。细究下去,发现主要存在几方面问题:① 班干部权力欲望强,管人时态度不好,缺乏服务的意识;② 部分干部不能以身作则,对人严,对己松;③ 由于长期担任班干部,给人高人一等的感觉,且部分班干部在老师和同学面前表现不一,故受到部分学生群体的排斥;④ 大部分班干部只是学习成绩好,工作能力不强。针对这些情况,经过与学生商议,决定改变聘用方式,由学生报名竞选,公开竞聘。一石激起千层浪,班级氛围一下活跃起来,有写竞选演说稿的,有张贴竞选广告的,有组建竞选智囊团的,八仙过海,各显神通。最终,原来的八位班干部,只有一位被选上。新一届班干部也把班级管理得井井有条。从这件事上可以看出,现在的学生有思想,有个性,只要给他们一个发展的平台,他们将会发展得更好。

这就是我的班级。

阅读《我的班级》后请讨论:

1. 班级与学生的生活、学生的发展是怎样一种关系?
2. 怎样理解班级组织中的非正式关系? 这种关系对班级管理有何作用?

实践活动

任务 1:你担任班主任之后,计划如何促进学生发展? 不少于 500 字。

任务 2:作为班主任,你计划从哪些方面建立与学生的良好关系? 不少于 300 字。

任务 3:设计勾画 1 张班级网站主界面,并做出必要的备注说明。

任务 4:为做好教室布置,写出 4 条墙面励志标语。

任务 5:除常规教学活动外,写出 4～5 个学期内计划开展的班级学生活动及其活动介绍。

第三章
班级管理的目标与任务

学习导航 ➡

【学习目标】

    1. 理解班级管理过程与目标的相关内容。

    2. 掌握班级管理目标设定依据、原则和程序。

    3. 掌握班级管理的基本任务。

    4. 尝试设计并表达出班级管理的学年目标和学期目标。

【本章重难点】

    1. 掌握班级目标制定的程序。

    2. 掌握班级管理的基本任务。

微信扫码

获取配套资源

人类的任何实践活动,都是为了实现一定的目标而开展的。活动的目标,是实践的出发点。班级管理是一种有计划、有组织培养人的实践活动,班级管理目标和任务的确定是班级管理中的重要内容之一。有了明确的班级管理目标,才能进一步明确和细化班级管理任务,也才能使班级管理的各个环节逐渐清晰。

第一节　班级管理过程与目标

一、目标与班级管理

班级管理目标是班级组织为实现学校教育活动目标,从本班级实际出发确定的班级管理活动所要达到的一种理想状态。班级管理目标既是班级管理的起点,又是评价班级管理绩效的依据和标准。无论是学校教育管理,还是班级教育管理都必须确立自己的目标,这样才能有的放矢地实施管理措施。要了解班级管理目标,首先要了解目标的含义。

(一) 目标

目标是个体、群体或组织对所从事的某一活动期望达到的成就或结果。任何一个机构都为实现一定的目标而设立,任何一个人都为实现一定的目标而行动。人类在改造自然、改造社会的过程中,其活动的内容、方式、方法总是由预计要实现的目标所决定的。我们可以把目标概括为:在人们的行为产生之前,以观念的形式存在着的某种设想或预计要得到的结果。

目标具有以下特性:首先,目标具有具体性。具体性是指目标要具体而明确,表达目标的语言必须清晰,内涵不能有歧义,外延要界定清楚,实现目标有明确的时间期限,目标应有相应的标准和指标来测度和衡量。其次,目标具有针对性。针对性是指目标必须针对所要解决的特定问题。再次,目标具有可行性。可行性是指目标在政治上和社会上具有可接受性,具有实现的可能性。最后,目标具有协调性。协调性是指目标与现有的管理目标或其他管理目标不能相冲突,也不能与处于上位的政策原则或精神相背离。

(二) 班级管理目标

1. 班级管理目标的内涵

根据目标的定义,可以把班级管理目标定义为,班级管理主体(一般情况下是指班主任教师和学生自己),通过一系列的管理活动,在一定时期内使班集体达到一种所期望的状态。换言之,就是班级师生通过实施一系列的管理职能,希望把班级办成一定样子,沿着一定轨道发展,最终达到一定规格。

2. 班级管理目标与学校教育目标的关系

班级管理目标与学校教育目标二者既有联系又有区别。班级是学校的基层组织,是学校组织的组成部分。学校教育目标的实现,有赖于班级目标的实现,因而学校教育目标规定了班级组织目标的方向,班级管理目标体现了学校教育目标的要求,班级管理目标同学校教育目标在方向上是统一的。

但是两者又是有区别的。学校教育目标是针对特定学校的整体,提出的人才培养的质量规格。班级管理目标则是一个特定的班级组织的管理活动目标。它是班级管理者为有效实现学校教育目标,完成学校规定的教育任务,从本班级实际出发,所确定的一定时期管理活动的结果及所要达到的标准。由于班级管理目标与学校教育目标是从属关系,因而学校教育目标是制定班级管理目标的依据。

二、班级管理设计与目标

班级管理设计是班级管理过程的起始环节,是指班级管理者对一定时段内的班级管理工作所做的整体规划。班级管理设计的核心是班级管理目标的设定。有了明确的目标,才能明确任务,班级管理的各个环节也才能清晰。

(一)班级管理设计

1. 班级管理设计的含义

班级管理设计是指班级管理者对班级未来一定时段内的班级管理所做的整体规划和安排。它是班级管理活动的起点,对班级管理过程的各个环节的开展和实施起着导向作用。班级管理是一个有起点和终点的过程。任何一个班主任承担班级管理工作都是有时间界限的,班主任应对任内的班级管理工作做好整体规划工作。

2. 班级管理设计的基本要求

要做出一个好的班级管理设计,应遵循一定的基本要求。这些基本要求反映了人们积累起来的经验和班级设计的基本规律。

第一,班级管理设计要以正确的班级管理思想为指导。管理,要遵循一定的管理思想。反过来讲,有什么样的管理思想,则进行什么样的管理。对班级管理的设计也是如此:有什么样的班级管理思想,就会做出怎样的班级管理设计。因此,要设计一个正确的班级管理计划,就必须坚持正确的班级管理思想。坚持正确的班级管理思想,除了把握我国正确的教育方针、政策外,在教育思想上要坚持素质教育的理念,在管理理念上要坚持"以学生为本"。

第二,班级管理设计要有明确、具体和可行的目标。目标是计划的核心,班级管理目标也是班级管理设计的核心。没有目标的计划,就是一个没有灵魂的计划,这个计划就是没有意义的。在班级管理设计中必须有目标,但是这个目标是班级管理的行动目标,因此,目标不能是抽象空洞的,而必须是具体的和可行的。虽然这个目标表明的是一种行动结果目标,但是如果这个目标是不可行的,那么整个设计也就没有意义了。

第三,班级管理设计要符合班级实际情况。为保证班级管理计划切实可行,班级管理设计必须有针对性,符合班级的实际情况。在教育活动中,一切努力都是为了学生的发展,但是具体班级的学生能够获得怎样的发展,是由他们的实际条件决定的。因此,班级管理计划的可行性取决于计划与班级实际情况的吻合。从设计符合班级管理实际的要求说,进行班级管理的设计,就是要符合具体班级学生的发展实际。

第四,班级管理设计要严谨和完整。所谓设计严谨是指班级管理目标、管理任务和内容三者间具有统一性;任务的实施、阶段性任务明晰,同时完成任务的方法得当。所谓设计的完整是指班级管理活动在内容的确定上要着眼于整体,应包括德、智、体诸方面的内容。每次活动内容都要注意有侧重。既要面向全体学生,又要注意促进每个学生的全面发展。

第五,班级管理设计要有创意。世界上没有完全相像的人,也没有完全相像的班级。对于由发展中的儿童组成的班级来说,即便是同一个班级,在不同的时段,也不是完全相像的。班级的这种独特性,要求班级管理设计,能够根据班级的独特性,做出富有创意的设计。

(二)班级管理目标在班级管理设计中的作用

班级管理设计是班级管理者对班级管理实际活动的全面的规划,也可以说是班级管理实际活动开展前的准备,那么我们为什么特别强调班级管理目标的制定呢? 这是因为班级管理目标在班级管理设计中有着特殊作用。

首先,班级管理目标是班级管理设计的核心。如果说,一个班级的全部管理活动,都是为着实现一定的目标,那么没有目标,或目标不明,则任何设计都是没有意义的。

其次,班级管理目标是确定班级管理任务的依据。一个班级管理者在班级管理活动中,不能盲目开展活动,而必须有明晰的任务,那么班级管理任务如何确定呢? 目标的实现依赖于任务的实施,而任务的确定自然就依据一定的目标,因此班级管理目标是确定班级管理任务的依据。

再次,班级管理目标也决定着班级管理方法的选择。目的与手段是相互统一的,要实现一定的目标,就必须运用一定的手段或方法;选择何种手段或方法去实现目标,则取决于目标的性质。

三、班级管理实施与目标

班级管理实施是指管理者根据对班级管理的预先设计,按照计划的安排实施一定的班级管理任务,开展一定管理活动,以实现班级管理目标的过程。在班级管理实施过程中,班级管理目标对整个管理活动起着导向、聚合和激励的作用。

在班级管理过程中,班级成员在班级管理者的领导和协调下开展各种活动。班级成员的活动要和谐、有序。人们的活动协调一致,并不能简单地靠命令来实现,只有实现思想的统一,才能保证一个组织所有成员的活动协调一致。而确保组织活动协调一致的条件,就是一个组织有一个统一的目标。班级管理目标对班级管理实施的作用,具体来说有以下几个方面:

1. 导向作用

班级管理目标能为班级所有成员的行动指明方向,对班级成员的行动具有鲜明的导向作用。当然目标导向作用的实现,依赖于班级管理者使班级管理目标成为班级全体成员的共同行动目标。要达到这个目的,以一定的方式让班级全体成员接受班级管理目标就是十分重要的。通过民主方式制定的班级管理目标,能够发挥班级所有成员的主人翁作用,彰显班级所有成员的主体性作用,使班级管理目标更易于为班级成员所接受。

2. 聚合作用

班级管理成效,取决于班级成员行动的团结一致,因此班级的凝聚力对于一个班级来说非常重要。班级管理目标可以作为共同目标聚合全班力量。班级管理目标具有聚合作用,但并不意味着目标可以自然地起到聚合作用。只有在班级成员都自觉地追求这一目标时,它才能发挥聚合的作用。要做到这一点,班级管理目标必须能够反映班级成员的发展需要,同时能够使班级成员在行动中体验到一定的满足感。

3. 激励作用

目标作为人们期望的结果,往往反映了一种理想追求。如果一个目标确实成为行动者的理想,它就会发挥激励作用。班级管理目标要能发挥激励作用,需要具备一定的条件。对于班级管理来说,目标要能具有吸引力,发挥它的激励作用,班级管理者一定要根据学生的年龄特征设定班级管理的发展目标。这种目标应该能够给班级成员提供一种发展的美好前景。这一美好前景对于班级成员来说,通过努力是可以实现的。这样的前景对班级成员就会具有魅力,就会成为班级成员的普遍追求。

四、班级管理评价与目标

班级管理评价是根据班级管理目标,对班级管理工作判定目标实现程度,做出价值判断的过程,其实质是根据目标来测定效果、判断价值。班级管理目标是班级管理评价的依据。

(一)班级管理评价的含义

班级管理评价是以班级管理为对象,根据班级管理目标,采用一定测量技术和方法,对班级管理工作及其效果进行测定,判定目标实现程度,做出价值判断的过程。其实质是根据目标来测定效果、判断价值。

评价可做两种理解:一是评价包含测量和对测量结果进行价值判断,二是评价就是对测量结果做出价值判断。当我们将评价分析为测量和做出价值判断两个方面时,是在前一种意义上的理解;当我们将评价限定在做出价值判断时,则是后一种理解。

班级管理评价活动分为测量和做出价值判断两个部分。测量即测定效果,包括采用各种方法采集信息,搜集与目标实现程度有关的事实材料和数据,用以测定管理的效果。做出价值判断则是将测量中取得的事实和数据,进行分析比较,判定实现目标的程度,做出对评价对象的价值判断。测量是价值判断的基础,只有经过测量,取得事实和数据,价值判断才有依据。进行测量是为了能够最终做出价值判断,可见价值判断是测量的目的。测量和价值判断两方面密不可分,共同构成班级管理评价的基本内涵。

(二)班级管理评价的作用

班级管理评价是管理过程的必要环节之一,是管理者推动管理工作的重要手段,对于管理者在管理过程中了解管理工作成效,推动管理工作向前发展具有重要作用。班级管理评价主要有以下作用:

(1)诊断作用。班级管理过程,并非一个向着目标前进的自然发展过程,在管理过程中也会出现各种各样的问题。班级管理评价能够及时发现班级管理过程中出现的问题,分析问题原因所在。班级管理评价在发挥这样的作用时,就属于诊断性评价。

(2)反馈作用。班级管理在向着一定目标前进的过程中,管理者需要了解目标的达成情况,了解影响目标达成的因素、实现目标的条件与环境,以便于调整行动或方向,使管理活动稳定地向着目标前进。

(3)促进作用。无论是对处于过程之中的管理进行评价(形成性评价),还是对处于终点的管理进行评价(终结性评价);也不论评价的结论是正面的,还是负面的,评价都会对管理活动本身产生作用。正面的评价结论能够产生正向激励作用,激发班级成员"再接再厉"。评价结论也能够产生负向激励,促进班级成员及时改变思想观念,调整行动方向,"知耻而后勇"。

(三)班级管理目标对班级管理评价的作用

正如班级管理目标在班级管理的设计、班级管理的实施中起着重要作用,班级管理目标对班级管理评价也有着重要的作用。班级管理目标是确立测量标准的依据。要对班级管理进行评价,就要先进行测量,以获得评价的资料和有关数据。测量必须是有标准的,这个标准要能测得有效地衡量目标实现程度的数据,就必须依据班级管理的目标来确立。

班级管理目标是对测量结果做出价值判断的标准。测量获得的是评价对象的事实情况,评价则要获得价值判断。对班级管理活动结果的评价,只能根据班级管理目标实现的程度来做出,因而班级管理目标是对班级管理活动的结果做出价值判断的标准。

从上述对班级管理过程的分析及其与班级管理目标的关系阐述中,能够得出以下结论:班级管理目标是班级管理活动的灵魂,是贯穿班级管理全过程的"红线",在班级管理过程的任何一个阶段,班级管理者都要牢牢把握住班级管理目标这个中心。

第二节　班级管理目标的制定

通过上述分析,我们可以认识到班级管理目标在整个班级管理过程中具有十分重要的作用,在一定意义上说,制定好班级管理目标,也就是班级管理活动成功的一半。那么,如何制定好班级管理目标呢？

一、班级管理目标制定的依据

由于班级是一个社会组织，班级管理目标的制定既要受到社会政治、经济、文化等因素的制约，又要受到班级组织自身发展规律的制约。具体来说，班级管理目标的制定要考虑到以下几个因素：

第一，社会需要。班级是一个社会组织，班级管理目标要与社会发展的总体目标相统一。班级制定管理目标，必须具体贯彻和体现党和国家的教育方针政策，才能起到为社会主义建设服务的作用，也才能保证班级管理目标的方向正确。班级管理目标的制定还要体现社会主流价值观及经济发展的需求。

第二，班级管理活动的规律。学校是特殊的社会子系统，班级是这个特殊子系统的组成部分。一方面，班级内部的组织系统的规律性同社会整体组织系统的规律性具有高度的协同性，这样才能保证两种组织的同构特征；另一方面，社会之所以能够不断地演变和进步，正是由于各个子系统同社会大系统之间存在一定的不协同性。学校作为社会的一个异常重要、活泼的子系统，也具有以上特征。班级的管理活动具有不依赖于人的意志而转移的客观规律，这种客观规律制约着管理活动的开展。因此，一切管理活动都应该遵循管理规律的要求，管理目标的制定也是如此。无视班级管理规律的管理目标只能是无本之木，它的实施和运行由于缺乏强有力的保障，最终难免成一纸空文。

第三，学校的教育目标。学校的教育目标是一所学校根据培养目标的要求，将教育目的转化为具体的育人标准。培养目标是根据教育方针的要求，将教育目的转化为各级学校的受教育者质量和规格的要求，而教育方针又是教育目的的具体的、阶段性的反映。因此，在我国，任何一所学校、任何一个班级的教育目标首先是社会主义教育目的的高度体现，班级管理目标的制定必须以此为基础，全面考虑社会主义教育目的的基本要求。

第四，班级的现实状态。目标虽指向未来，但要立足于现实基础之上。在制定管理目标时，必须分析班级现实的主客观条件。明确班级现存的优缺点，要对班级的人力、物力、财力、学生、教师等方面的情况进行分析，力求在现实的基础上制定一个符合实际的管理目标。

第五，学生的身心发展规律。中小学生处于身心发展的重要阶段，蕴藏着极大的发展可能性和可塑性。在这一阶段，涉世未深的学生对外界表现出浓厚的兴趣和旺盛的求知欲，他们为了实现自我价值，往往需要通过个体的自身努力与外界客观现实的相互作用才得以实现。因而，在学生的发展过程中，既要了解学生发展的潜力，又须把握学生发展的需要，以促使学生在发展中走向成熟。因此，在制定班级管理目标时，有必要把学生身心发展规律放在重要的位置上。

二、班级管理目标制定的程序

制定班级的管理目标，是班级管理的起点。制定出明确、正确、具体的管理目标，是班级有效管理的先决条件。目标一经制定，一切计划、措施、行动就有了依据。因此制定目标，对于班级管理是个重要的环节。具体来说,制定班级管理目标的程序包括以下几个环节。

(一) 全面收集资料,掌握内外信息

班级管理目标的制定,必须以班级的客观现实为基础,才能制定出合理的目标。如何认识班级的现实状况呢? 这就要靠收集资料。管理目标的制定,必须对班级的外部环境有个充分的认识,要掌握国家的教育方针、政策,了解国家对教育发展的要求。还要收集班级所处地区的社会状况,掌握社会、家庭、家长对班级发展的要求与学生的要求。另外,要分析班级内部的现实条件,如人力、物力、财力、师资等条件状况,了解班级成员的需要、对班级发展的期望等方面的信息。资料的收集,是制定管理目标的前提,这一步工作没做好,就很难制定出合理的、符合客观现实的管理目标,必然会影响到后面班级管理工作的开展。

(二) 提出目标方案

收集信息资料之后要做的就是对信息资料进行归类分析,进而提出管理目标的方案。目标方案的制定要明确,首先,明确要达到的目标;其次,要说明达到目标的限制性条件,存在着哪些有利条件,哪些不利条件,以及达到目标所需要的人力、物力、财力资源;再次,要说明实现目标方案的途径、策略和步骤,这是目标方案最为关键的内容;最后,要对影响目标实现的不确定因素进行预防。实现班级的教育目标可以有多种途径,这也就意味着可以通过多种管理方式来实现,所以在制定班级管理目标时,要尽可能多地提出多个目标方案。

(三) 评估目标方案

确定备选的目标方案就需要对提出的目标方案进行分析和评估。要从班级的内外部实际情况出发,具体分析目标方案是否具有科学性,并对其科学性程度进行测定说明,还要对目标方案的可行性进行分析和评估。目标方案具有科学性,并不说明就具有可行性。目标的制定既不能太低,太低了没有意义;也不能太高,太高了实现不了。切实可行的目标方案才是最重要的。

(四) 比较分析,择优选定

在对目标方案进行分析和评估后,要根据班级的客观情况,从备选方案中选择最优化的目标方案。班级管理目标是班主任对班级管理的本质和价值的认识,它决定班级管理的方向。正确的班级管理目标是"以学生为本"的,以学生为本就是以学生的发展为本。制定班级管理目标就是要体现特定班级的学生的发展需求。同时,班级管理目标的设定还要以班级实际情况为依据,以特定班级的学生的特定发展情况为依据(特定指家庭、社区、班级特定的环境)。

三、班级管理目标制定的原则

确立班级管理目标,应该遵循如下原则:

第一，方向性原则。班级的组织目标是全班师生共同努力的方向，是全班统一认识和行动的纲领，是国家的教育方针及学校培养目标在班集体建设中的体现，也是学生身心发展水平的反映。因此，确立班级奋斗目标一定要考虑到方向性。

第二，激励性原则。目标是一种激励因素。合适的目标能激发人的动机，调动人的积极性。因此，确定的班级目标要有号召力，要具体形象、生动鲜明、有吸引力，能激发学生的责任心和荣誉感，起到催人奋进的作用。

第三，阶段性原则。各阶段提出的目标是多层次的，即把目标分成远景目标、中景目标和近景目标。远景目标是班集体成员在某个学期间经过努力奋斗要达到的目标，也是对学生以后工作和生活积极影响的目标；近景目标是结合本班、学校、学生的实际情况，分步骤落实在班集体近阶段的具体任务而要达到的目标；中景目标介于两者之间。在制订目标时，要将远景目标分解成中景目标和近景目标。每一个近景目标的实现即向中景目标靠近了一步，多个近景目标构成了中景目标；多个中景目标实现以后，班级的奋斗目标才能实现。确定目标时，还要由低级到高级、由浅入深、由易到难。

第四，可行性原则。目标的确立必须实事求是，既要符合社会的要求，又要符合学校的要求，更要符合班级的实际和学生的特点，在充分总结班级过去的工作情况和现有水平的基础上，提出适度的目标。目标过高或过低都不利于学生的发展。

第三节 班级管理的基本任务

班级管理目标的实现是通过班级管理的基本任务来完成的。班级管理的基本任务主要包括四个方面：班级组织建设、班级日常管理、班级活动管理和班级教育力量管理。

一、班级组织建设

班级是学校教育的基层组织，建设好这一组织是班级管理的首要任务。班级组织建设是把一个随机组成的学生群体，逐步建设成为一个目标明确、机构健全、规范有序、有凝聚力的班集体。

班级管理目标的实现，从根本上有赖于良好班级组织的建设。班级在组成之初，是一群人随机地组合到一起。这个时候，虽然有了组织的形式，但是这个班级还没有成为一个真正的组织。一个真正的组织，至少应当有明晰的目标，有完整的组织机构，有一套组织规范，组织成员一般能够在组织规范内行动，去完成组织的共同任务。

组织不是一种静止的状态，而是发展的状态。组织的发展水平不同，或者说组织有不同的发展阶段。目标的明确，机构的设置，规范的建立，这是组织的初建阶段；目标逐步为组织成员普遍接受，组织机构能有效运作，组织任务能基本完成，组织向自己的目标迈进，这是组织的发展阶段；组织的目标成为组织成员自觉追求的目标，组织的规范被成员内化，组织形成了独特的氛围，成员间有着强烈的凝聚力，组织目标的达成有充分的保障，这是组织发展的高级阶段,即集体的阶段。组织建设虽然可能有上述阶段,但并非说所有的班级组织都在向着同一的方向发展,最后达到最高阶段。有一些班级组织建设不善,可能会停留在组织建设的某一阶段。

二、班级日常管理

班级日常管理涉及的内容多、范围广,可以说学生在校的所有表现及与学生身份相关的校外行为表现都在班级日常管理的视野内。班级日常管理要以《学生守则》和《日常行为规范》为依据,结合班级学生的实际情况予以实施。通常,班级日常管理的内容包括思想管理、纪律管理和学习常规管理。

思想是人在实践中形成的观念、想法,它支配人的行为和感情。学生时期是人们形成人生观、价值观的关键时期,因此,对他们的基本思想进行引导、教育和规范至关重要。爱祖国是公民的基本思想道德要求,也是学生应有的思想道德品质。思想管理是要求学生树立民族自尊心、自豪感和为振兴中华而学习的理想。在行为规范上,要维护国家荣誉,尊重国旗,会唱国歌等。爱科学是正确人生观、世界观的基本特征,也是学生需要形成的基本品德。在班级生活中,要求学生积极地学习科学知识,讲科学,反对迷信,远离邪教。

纪律管理是班级常规管理工作中最重要的内容。纪律是集体中协调成员行为,使其步调一致、实现共同目标的行为规范系统。纪律能起到统一行动、统一意志的作用。它是集体有序生活、高效率工作学习、有战斗力的保障。正所谓"没有规矩,不成方圆""步调一致才能胜利"。除此之外,纪律还是一个班级班风的具体而集中的反映。一个班级纪律严整,说明在老师的指导下,学生们学习努力,团结友爱,积极上进;相反,如果一个班级的纪律松弛,那么,学生的学习、锻炼、班级卫生可能都很懈怠。班主任通过纪律管理,除了为班级营造一个井然有序的学习工作的人文环境外,重要的是要培养遵规守纪、文明自律的品德素养。实施班级纪律管理指向的内容很多,具体包括到校出勤的纪律、课堂学习与自习的纪律、课间两操及休息的纪律、晨会以及一周一次的升旗仪式纪律。班级纪律管理是动态的,任何班级纪律训练不可能一蹴而就,也不可能一劳永逸。班主任既要在一段时间内集中抓纪律教育训练,使班级纪律走上正轨;又要注意日常对纪律的规范和维护,使班级保持有序的纪律状态,使学生养成自觉遵守纪律的习惯。

学习常规管理也属于班级日常管理的重要部分。"学会学习"是学生的重大任务,而学校组织的学习是有目的、有计划、有系统地进行的,学生高效的学习促进学生快速成长、全面发展。无疑,把班级学生的学习活动管理好是班主任肩负的主要的、重大的任务。对学生学习的管理应是多层次、多维度的:有对学习态度的引导;有对学习过程的环节的管理;有对学习方法的指导等。

学习常规管理包括学习态度的管理及教育和学习活动的常规管理。热爱学习,具有端正的学习态度是作为学生这个角色的关键品质。学生有了端正的学习态度,不仅热爱学习,会勤奋地学习,努力获得好的学习成绩,而且能迁移锻炼学生形成其他良好品德,如形成对工作认真负责、专注投入的良好社会性品质。对学生的学习态度管理,既要晓之以理,动之以情,示以榜样,让他们了解学习的意义和乐趣,由内向外地形成正确的态度;又要提出要求，进行学习纪律上必要的约束，如上课专心听讲，不搞小动作，按时高质量地完成作业，如此由外向内地强化训练，形成正确的态度。此外，学习活动常规管理可分为课堂学习常规、课外学习常规、考试常规的管理。

三、班级活动管理

活动是个体生命和意志的能动性的展现，班级活动则是班级活力的表现。学生正处在人生的加速发展时期，他们精力充沛、情感丰富、喜欢活动、乐于交往。可以说，活动是他们青春生命的需要，是他们生活的主旋律。但是，这个年龄阶段的人的知识储备不充足，对生活的理解还比较肤浅，社会阅历不够丰富，他们考虑问题多从"自我"出发，比较片面简单、偏激，有时还会做出莽撞行为。所以，对学生的活动进行引导、规范是很有必要的。

活动是教育的重要形式，活动也是个体积累经验、自我教育的好形式。人的活动实际是哲学意义上的实践，是一种在认识改造客观世界的同时，也认识改造主观世界的外部行为。在人—活动—环境系统中，活动是联结人和环境的中介，人的正确思想认识、知识技能，严格地说都来自活动。陶行知先生认为："生活即教育""社会即学校"。其实质是揭示了生活、社会、活动的教育价值。班级里有些学生在科学文化知识的学习中，可能一时处于后进行列，平时在人们的眼里是"灰姑娘"，但在其他活动中，如文娱、体育、制作、劳作等，他们却能大显身手，成为众人瞩目的"明星"。所以，活动是展现人的才能、思想的契机。

1993 年国家教委在课程改革中首次将活动纳入课程计划中，成了与学科课程同等重要的活动课程。2000 年中共中央办公厅、国务院办公厅颁发的《关于适应新形势进一步加强和改进中小学德育工作的意见》中，把加强活动作为一项重要的德育改革，要求根据青少年学生身心发展规律，积极开展有益于青少年学生健康成长的校外文化活动、校外活动、社会实践活动等，强调要"结合各地、各校和班级的实际情况，大力开展和组织学生喜闻乐见并积极参与的各种有益活动"。在我国学校教育现代化的过程中，活动将越来越受到重视，因此，加强对学生活动的指导与管理，也是教育发展的需要。

班级活动管理要坚持两条原则。一是避害，即有益性原则。学生中，无论进行什么活动和交往，一定"要有益于青少年身心健康成长"，对那些危害学生身体和心理的活动与交往要坚决制止。二是多样性原则。学校组织的活动从内容到形式要丰富多彩，富于变化，以适应和满足青少年追求新鲜、多样、变化的心理要求。组织的活动既可以是一个主题多种形式，也可以是多个主题多种形式。要精心组织校园文化活动，如有科技的、体育的、文艺的、文学的展示、表演、比赛活动；有爱国主义教育的、少年军校、学雷锋的德育活动等。多姿多彩的校园生活，才能使学校富有吸引力，使学生热爱学校、向往学校。此外，要认真组织好学生的校外活动，如夏令营活动、社区服务活动、生产实习活动、公益劳动、社会调查、勤工俭学活动等。在组织校外活动的过程中，要真正从锻炼、教育学生出发，抓落实，抓实效，不搞形式主义。

四、班级教育力量管理

班级教育力量管理指班主任对会对班级有影响的各种教育力量的协调。班级中存在复杂的教育关系,在班级管理中,班主任不是唯一的管理者,也不是唯一的教育者。在班级组织中同样作为管理者和教育者的还有科任教师和学生家长。这些力量既是班级管理的重要力量,也是班级教育的重要力量。对这些力量进行管理,是班级管理的组成部分。

班级管理是一种旨在促进人的发展的教育管理,其管理的主体和客体都是人。由于人的社会性,故决定了班级管理是一种社会性的管理,即对人际关系的管理。班级的教育管理活动是由班级教育活动中的各种人际关系构成的。处理好班级管理中的各种人际关系,是班级管理的成败与绩效高低的关键因素。通常不少人总错误地认为班级管理工作就是班主任的事,事实上,班级管理教育工作的内容是多方面的,班级管理中的人际关系处理得好,不仅是班主任、科任教师、少先队辅导员,就连学生集体、学生家长、校外教育人员等也都能成为班级教育工作的有效力量。

协调好班级各种教育关系,调动班级教育关系中的所有积极因素,充分利用班级教育关系中的教育资源,是搞好班级管理的客观要求。因此,作为班级管理责任人的班主任,就要求成为处理班级管理中人际关系的专家。班主任在处理这些教育关系时,首先要处理好校内的教育关系。班主任要做好学校领导的助手,把学校领导的教育要求,很好地贯彻到自己的教育教学工作之中;强有力的教师集体,能够最大限度地发挥对学生的教育影响,为此,班主任要能团结所有科任教师,互相支持,互相帮助,在班内形成强有力的教师集体。此外,还要有效利用校外教育资源,协调好校内外教育力量,加强与家长、与校外教育机构,特别是社区教育机构的联系,做到密切联系,互相支持,为学生创造一个良好的社会发展环境。

本章小结

班级管理目标是班级组织为实现学校教育活动目标,从本班级实际出发确定的班级管理活动所要达到的一种理想状态。班级管理目标是全部班级管理活动的灵魂,它贯穿整个班级管理过程。在班级管理过程中,它是班级管理设计的核心,确定了班级管理目标,才能形成完整的班级管理计划;它是班级管理实施指南,在班级管理实施过程中,有了明确的管理目标做指导,管理工作才有方向,它对班级管理实施有导向、聚合和激励作用;它还是班级管理评价的依据,遵循着班级管理目标的评价,才是有意义的。

制定班级管理目标时要将社会需要、班级管理活动的规律、学校的教育目标、班级的现实状态和学生的身心发展规律等方面作为依据,并充分遵循方向性原则、激励性原则、阶段性原则和可行性原则。

班级管理目标是通过一定的任务的完成来实现的。班级管理的基本任务包括班级组织建设、班级日常管理、班级活动管理、班级教育力量管理。班级组织建设是把一个随机组成的学生群体,逐步建设成为一个目标明确、机构健全、规范有序、有凝聚力的班集体。

班级日常管理的内容包括思想管理、纪律管理和学习常规管理。班级活动管理过程中要坚持有益性和多样性相结合的原则。班级教育力量管理指班主任对会对班级有影响的各种教育力量的协调。

思考与探究

一、理解概念

班级管理目标　班级管理评价　班级组织建设　班级日常管理　班级教育力量管理

二、简答

1. 班级管理目标的作用。

2. 班级管理的基本任务。

3. 班级管理目标制定的原则。

三、案例讨论

昆虫迷产生的效应

南京市北京东路小学　朱　萍

在我的班上有个比较特殊的孩子名叫王强,他酷爱昆虫,甚至到了不分上下课地去研究、观察的程度。他的行为常常得不到别人的理解,认为他是个怪怪的孩子。在我接任新班级前就听说了这个孩子,短短一周接触后我发现王强除了对昆虫有特别的喜爱之外,还是个爱思考的孩子,不过他与同学相处不融洽,性格倔强。我估计这与同学不理解他有一定的关系。针对这一情况我开始想办法:第一,请他担任班级精神文明宣传员,专门负责记录班级同学的各种优点并定期向大家汇报或进行表扬。第二,在他做了精神文明宣传员与同学的关系有一定改善后,我又给他提出进一步的要求:观察小昆虫的同时做必要的记录,准备在班级的宣传栏中率先办一期有关昆虫的个人专刊。他欣然答应,一段时间后,在老师的指导帮助下,他如约成功地办好了个人专刊《我的昆虫乐园》,而且在全班引起强烈的反响。同学们开始重新认识王强同学的特殊爱好了。"小小昆虫学家"的称号悄然在同学中产生。从家长得来的反馈也很喜人:孩子回家后爱向父母讲学校发生的事了;孩子比以前更爱上学了!

临近期末,学生要进行一次写人的习作练习,教材要求学生通过具体的事例将人物的爱好表达出来。课上,在我与孩子的对话中,学生谈到王强喜爱昆虫的种种事例。其中不少同学津津有味地谈论王强举办《我的昆虫乐园》个人专刊的事情。大家不仅说他爱昆虫,还能在具体的事例中表达出自己对王强、对事情的各种看法和感受。一节作文课,我没有着力指导作文的方法、技巧,而是在轻松愉快的氛围中成功地引导学生畅谈对身边小伙伴的了解和感受。孩子们一个个兴致勃勃、侃侃而谈。这一次的作文,孩子们普遍写得好,而且,老师注意引导了,学生的作文并没有完全集中写王强爱好昆虫。即使同样写王强爱好昆虫的,选择的事例也各不相同。

班主任必须满腔热忱地爱学生。我在帮助王强的过程中,首先考虑的是如何让他愉快地生活在集体中。针对他的特点,我请他观察记录同学的优点并向大家定期汇报。这不仅使王强在集体中的形象在发生变化,和同学的关系在改善,他对集体对同学的态度也发生着好的变化。而这一切都是在老师精心的安排下悄无声息地进行的,这一切来自班主任对每个学生的发自内心的关爱。我们还应该看到,班主任的这一做法在学生作文时也起着重要的作用,那就是学生的生活源泉被教师丰富着。教师的爱在学生的心田悄悄播撒了种子。

每一次,王强向大家汇报自己近期发现的班级好人好事后,我就引导其他学生谈自己对这些好人好事的看法,谈自己对王强这一做法的感受,请王强谈自己的收获等。再比如,王强的《我的昆虫乐园》个人专刊张贴上墙之前,我充分做了宣传工作,着力扩大效应;张贴后,我引导学生谈自己的感受与阅读后的收获,请王强谈自己创办刊物的过程及感想等。学生在以上这些活动中广泛地接触生活,感受到了各种生活层面赐予我们的不同的情绪体验,并在教师的帮助下,体察到自己情绪的变化或波动,体察到引起这些变化或波动的原因。当然,这样的举措都大大顺应学生发展的需要,促进了学生身心素质全面和谐地发展。

问题:结合《昆虫迷产生的效应》,谈谈班主任开展班级管理的目标应当是什么?

实践活动

任务 1:为指导班级发展,提出 10 条班级管理目标。

任务 2:写出制定上述 10 条班级管理目标的思路和程序,不少于 200 字。

任务 3:为规范班级秩序,提出 10 条班级管理公约。

任务 4:作为班主任,提出你在班级管理方面的工作设想,不少于 400 字。

任务 5:为完成上述任务,你认为自己需要掌握哪些知识与能力。

第四章

班级组织建设

学习导航

【学习目标】

1. 了解班级组织建设的内容、班级组织架构的建设、班级组织建设的过程。

2. 掌握新建班级建设的主要内容和关键环节。

3. 掌握既有班级组织的建设需要注意的关键因素。

4. 理解班集体建设的特征、原则、途径和方法。

【本章重难点】

1. 掌握新建班级和既有班级的班级组织建设的主要环节。

2. 理解班集体的形成发展、特征,班集体建设的原则及班集体建设的基本途径和方法。

微信扫码

获取配套资源

要实现班级管理目标,最重要的任务,就是把班级组织建设好。本章根据班级组织建设的过程,讨论怎样把一个随机组成的人群转变成一个有组织的人群,进而使这个组织建设成为儿童的集体,成为他们成长的美好家园。

第一节　班级组织建设概述

明确班级管理目标和基本任务后,就应当进入班级管理的实际工作中去了。管理一个班级,从根本说就是要把班级组织建设好。

一、班级组织建设是班级管理的中心任务

组织的概念有两层意思:一是指静态的组织结构,二是指动态的组织活动。人们结成组织,是因为组织能发挥个体所不能发挥的作用,所以要使组织充分发挥它的职能,就要不断进行组织建设。

班级组织,是一个学生群体。在它建立之初,只是一群儿童的随机组合。这个群体被赋予一个名称:某年级某班;又委派一个领导:班主任,于是就有组织的形式。但是这个群体要成为一个真正意义上的组织,需要在组织架构、制度规范和组织精神等方面,进行全面的建设。对班级组织管理的过程,正是一个建设组织的过程。在这个意义上说,班级管理就是组织建设,组织建设就是班级管理的中心任务。

二、班级组织建设的内容

班级是为了特定的目标,依据一定的规范而组织起来的一个教育单位。从静态方面看,班级组织建设,就是建立起班级组织的架构,包括组织目标、组织机构和组织规范三个方面。任何一个组织的存在都是以其结构的存在为前提的,没有一定的组织结构,就不可能成为组织。从动态方面看,就是要不断把班级组织从一个水平提高到另一个水平,把班级从一个松散的群体凝聚为一个组织,再进而把这个组织建设成为集体。

班主任由学校委派担任班级的领导工作,但班主任并不能独自完成班级全面管理工作。学校的班级虽然不大,只有几十位学生,但是班级生活却是复杂的。班级不仅是"行政"意义上的班级,同时还是"教学"意义上的班级。在班主任直接承担的教学工作中,班主任既可从行政角度进行管理,也可从教学角度进行管理。但是,当其他科任教师进行教学活动时,班级管理的任务就转移到科任教师那里。不仅如此,班级生活仅仅靠教师的组织是不够的,同时必须得到学生的支持。良好的班级组织不仅在于教师的良好领导,而且在于学生有效地自治。学生的自治,不仅是班主任进行班级管理的需要,也是学生学习自治的需要。班主任要实现有效的管理,实现学生的自治,就必须建立起学生自我管理的机构。

组织的建设并不能止于组织机构的形成,组织建设不是以组织形式的存在为目的的,

班级组织作为教育组织是以促进学生的发展为目的的。这就是说,不是组织的成员为组织而存在,而是组织为组织成员的发展而存在。在班级管理实践中有一种情况:班主任的管理工作似乎就是为了使班级像一个组织,而不是使这个组织能够最好地促进学生的发展。良好的班级组织应当是既有整体的和谐,又有个体发展需要的充分满足。

三、班级组织架构的建设

班级组织架构建设,包括形成组织目标、确立组织规范和建立组织机构三个方面。班级组织结构,可区分为组织目标、组织机构、组织规范三部分,班级组织架构的建设就包括这三个方面。

(一)班级组织目标

目标,一般是指人们从事某项活动所要达到的预期结果。它既是行为所要达到的目的,又是需要和动机的外部条件刺激。组织目标是指组织活动所要达到的预期结果,任何组织都有其奋斗目标。班级组织目标是一定的教育思想和培养目标的具体体现,是班级组织成员的共同期望和要求。

班级组织目标与班级管理目标是内在统一的。班级管理目标的实现有赖于班级组织目标的确立与实施。班级管理目标引导班级管理活动,班级组织目标引导组织成员的活动。可见,班级管理目标与组织目标是有区别的,班级管理目标是从班级管理的角度提出的;班级组织目标是从组织成员的角度提出的。因为目标提出的角度不同,所以发挥的功能不同。

在班级管理中,班级组织目标的确立具有以下功能:第一,导向功能。班级组织目标确立了班级努力的方向,它引导全班师生沿着目标的指向去共同奋斗。正确的目标能引导班级成员全面发展,健康成长。第二,激励功能。班级组织目标为班级全体师生描绘出一幅可以实现的美好前景,使班级成员感到有追求、有发展,对前途充满自信。每个成员把实现目标变为自觉的行动。班级成员对班级确定目标的价值理解越深,实现目标的期望值越高,激励作用就越显著。第三,凝聚功能。班级组织目标能够把全体成员的思想和行动扩聚在一个焦点上,形成共同一致的力量。在班级成员向共同目标奋斗的过程中,思想行动的聚合能产生和谐的心理氛围和融洽的人际关系,增强班级群体的吸引力和凝聚力。

(二)班级组织机构

班级作为正式的社会组织,要有一定的组织机构。班级组织机构的建立能为班级组织的正常运行提供坚实的基础。班级组织机构的建立并非一蹴而就,需有经历一个较为长期的完善过程,需要随着班集体的发展而不断完善。从促进学生发展的目标出发设置班级组织机构,能有效地开发学生个体的聪明才智;精心培养班级成员的主人翁意识,能使组织机构成为集体建设的有力支柱。班级中的正式组织机构主要有以下几种形式:

(1)班委会制度。班委会是班级的核心组织,其成员以班主任任命或以民主方式产生。班委会设班长、副班长、学习委员、宣传委员、文艺委员、体育委员、生活委员和劳动委员。由于年级不同,班委会产生的方式也不同,低年级的班委会在教师指导下由民主选举产生,也可由教师直接任命;高年级的班委会由学生充分发扬民主,竞选产生。班委会在班主任的指导下,由班长领导,独立开展班级的各项工作。

(2)值日班长制。值日班长要负责检查督促各个岗位的工作,处理集体当天发生的事情,协助班主任处理当天的工作,并负责及时对班级各项工作进行总结。实行值日班长制,班主任老师要精心指导,使更多的同学关心班级工作并在工作中得到锻炼的机会。

(3)班级学生会议制度。从民主管理的要求出发,应当有班级学生会议制度,但是由于学生的年龄较小,以及学校管理制度上的差异或班主任管理思想的不同,这一制度的建立和执行情况可能有很大区别。

(4)各种类型的小组。学生是教育过程的主体,班级必须给每个学生创造一个表现自我、发展自我、塑造自我的环境。班级可设4～5个行政小组并选出相应的组长。在班级内部可建立各种类型的小组,这些小组实行组长负责制,定期轮换,使更多学生得到锻炼的机会。

(5)团队组织机构。中学班级组织中设置共青团组织职位,通常情况下在班级组织中设立一名团委书记,负责本班共青团的相关工作。小学班级组织是一个班级与少先队合一的双重性质的组织。在班级里,不仅要建立班委会,同时还要建立少先队组织的机构。少先队中队由两个以上的小队组成,成立中队委员会。中队委员会由3至7人组成,一般包括中队长、副中队长(兼旗手)、中队组织委员、中队学习委员、中队宣传委员、中队文娱体育委员和中队劳动委员。小队由5至13人组成,设正副小队长。少先队组织与班级合一的性质,也使得有些班级的班委会和中队委员会合二为一。

(三)班级组织规范

任何一个群体,为达到群体目标而开展共同活动,都必须制定一定的行为准则,这就是规范。班级组织规范就是班级成员在教育教学和日常行为活动中必须共同遵守的行为准则。班级组织的规范,对于维持学校的正常教育、教学秩序,对于少年儿童的社会化发展,对于班级组织建设与发展都是不可缺少的。

班级组织规范不仅有国家制定的,还有学校和班级自己制定的。从内容上看十分丰富,既有显性的,又有隐性的;既有倡导性的,又有禁止性的;既有强制性的,又有非强制性的。班级规范的形成要从班级组织规范的制定入手。班级规范的落实离不开经常性的训练活动,离不开检查和指导。班主任、班委会要经常对照班级组织规范进行检查,发现问题及时处理,保证班级常规工作正常进行。

1. 班级组织规范的体系

班级组织规范体系包括班级制度、行为规范、集体舆论与班风等。班级制度与行为规范是班级组织规范的内容,舆论与班风是班级组织规范的支持力量。这里主要讲班级制度与行为规范。

班级制度是以文字形式表达的行为规范,用以指导、约束班级成员的言行,协调、维系班级组织成员之间的关系。班级制度包括学生在校学习和生活常规制度、课堂纪律要求、生活作息制度、值日生制度、课外活动制度、体育锻炼制度、奖惩制度、各种活动公约等。班级制度能使班级教学、教育和管理行为有章可循,并井然有序,使班级工作常规化、制度化。班级制度的内容包括日常生活、教学、考核等各方面的制度,以此来统一班级组织成员的行动。行为规范指学生所要遵循的日常行为准则。它包括班级生活中对学生品德、仪表、生活方式的要求,人际交往中的要求,集体生活的要求等。

2. 班级组织规范的作用

班级组织规范形成以后,要进行有效的训练工作,使班级管理规范能够真正发挥作用,使各项常规管理工作能够有序进行,保证班级的教育教学等活动正常进行。班级组织规范的作用主要表现在:一是协调作用。班级组织规范能够协调集体与个人的行为,以保证共同活动的目标得以实现。二是保护作用。班级组织规范能够保护成员在集体中享有的权益,个人既要服从组织,组织也要保障个人的安全与发展。三是塑造作用。班级倡导性的规范为组织成员提供了一种参照模式,班级规范成为组织成员的行动指南,成为成员行动的准则,并潜移默化地塑造着组织成员。四是警示作用。班级禁止性规范起着防范作用,用以警示组织成员。

3. 班级组织规范的遵从

班级组织规范要讲求实效,从规范变成自觉的行动,取决于学生对规范的遵从水平。一般认为,学生遵从规范有三种水平,即服从、认同和内化。新建班初期的学生对规范的认识程度是服从。学生在外力的控制下对规范的遵从,是学生为了获得奖励或避免批评而遵从规范。随着班级的发展,班级组织规范逐渐被学生认同。认同是学生以他人为榜样进行模仿而表现的遵从。班集体的形成时期,学生对规范的认识达到内化程度。内化是学生真正认识到规范要求的重要性、正确性以及它的价值,认为自己必须按照规范行动,把规范内化为自我要求。这是一种自律的遵从,规范成为个人较为稳定的观念和行为习惯。要想使班级组织规范建设有序进行,班主任教师要在学生对于规范已有认识的基础上,逐渐引导,从而使班级大多数学生达到内化的水平。

四、班级组织建设过程

班级组织并不是一个静态的存在,而是过程中的存在,班级组织建设是一个复杂的过程,具有一定的阶段性。一个完整的班级组织建设过程大致可分为以下三个阶段。

(一)松散群体阶段

松散群体阶段是班级组成的初始阶段。几十个学生坐进一间教室,有了班主任,开始按课程表活动。他们来自不同的家庭,情况各异,学习环境也发生了变换,同学之间、师生之间都是陌生的,处在新奇而互相观察的状态,彼此都需要了解,需要建立情感联系。此时,班级还没有奋斗方向,骨干核心还没有出现,学生干部由班主任临时指定,大多数活动由班主任直接参与指挥;班级成员各有各的心思,整个班级还是松散群体。

这一阶段主要由班主任引导班级前进。在此阶段,有经验的班主任一方面会抓紧时间全面了解学生,寻找、选择积极分子并加以培养,另一方面会向全班学生提出明确、切实可行的要求,让积极分子响应与支持,指导学生开展丰富多彩的活动,为学生提供交往的机会,促进学生相互了解,逐步提高班集体的吸引力,为下一步工作打好基础。

(二)形成稳定班级组织阶段

经过一段时间的了解之后,学生在交往中开始相互熟悉,产生感情,各种人际关系初步形成,崭露头角的积极分子也在同学中具有了一定的威信。这时,班级骨干力量已较明显,班干部人选可以确定。在班主任的指导下,通过民主选举评议,将一些有号召力而又热心为集体服务的学生选入班委会,班级的凝聚力较前一阶段增强,正确的舆论逐渐占上风。但班级的奋斗目标与行为规范尚未完全变成学生自觉的行为动机,教育要求仍是外因在起主要作用。

在此阶段,班主任要以身作则,努力成为全班同学的榜样。一方面,班主任应加强对班干部的教育和指导,给他们提建议并教方法,逐步从直接指挥班级活动状态中解脱出来,让班干部自己来组织开展班级工作,开展集体活动,使他们逐渐懂得自己有权利、有责任引导全班同学维护班级利益,遵守班级的各项规章制度。另一方面,班主任应继续发现积极分子,以扩大班级的骨干力量。通过实践,班委会在同学中的威信逐步提高,各种教育功能开始发挥,班委会能有效地协助班主任引导班级前进,整个班级已走上正轨。

(三)班级组织发展的高级阶段——班集体阶段

班级发展为班集体,是一个质的飞跃过程。当一个班级有了组织机制并基本稳定后,开始着力发展集体成员的主体意识,形成集体积极的价值共识和追求。这时集体具有自主管理、自我教育、自己解决集体问题的意识和能力,甚至能让学生自己来设计和变革班级组织管理方式,使之能更好地适应班集体和成员发展的需求。

在此阶段,班集体建设的终极目标是使每一个学生的个性和谐、充分地发展。班集体能够自觉地考虑每一个成员的发展需求,尊重每个学生的个性,发现每个学生的长处,为每个成员个性发展创造机会。

第二节　班级组织的建设

学生初入学,对学校的一切,既新鲜又陌生,他们怀着期待而又急切的心情,渴望老师的指导,渴望认识更多伙伴,渴望新生活给他们带来快乐。班主任要为他们创造良好的学习、生活环境,让新生从入学的第一天起,就喜欢自己的班级,喜欢学校,喜欢他们的老师,喜欢周围的同学。

一、新建班级组织的建设

(一) 确立班级组织目标

班级组织目标是班级管理活动的行动指南,是班级成员凝心聚力的力量原点。确立班级组织的目标,通常需要做到以下几点:

一是帮助学生确立目标意识。班主任不能简单地提出一个班级组织目标让学生接受。正如要建立班级组织机构,先得让学生认识班级组织,认识班级组织中不同角色等,同理要让新生接受某种组织目标,先得让他们理解"目标",建立生活中的目标意识,理解组织目标对组织的意义,对自己的班级生活的意义。

二是班级组织目标的建立要循序渐进。班级组织目标需要班主任先提出,但这也不意味着班主任可在短时间内就能提出一个适合于整个班级的组织目标。更重要的是,一个目标是否成为班级组织目标,不取决于班主任是否向班级提出一个目标,而取决于班级大多数成员是否接受这一目标,自觉地追求这一目标。因此,班级组织目标的确立,需要经历一个过程。在确立班级组织目标的过程中,班主任要根据学校的教育活动目标,结合班级的具体情况,准确地给班级组织目标定位;同时,班主任把自己提出的班级组织目标交给学生讨论,使学生认可这一目标。

三是确立班级组织目标要遵循一定的依据。① 契合学校的发展目标。班级组织目标不是孤立的,它应当是整个学校教育活动目标的组成部分。制定班级组织目标时,应以学校教育活动目标为依据。② 符合班级成员的实际情况。班级组织存在的根本目的是促进学生的发展,因此制定班级组织目标应以班级成员的实际发展情况和发展要求为依据。③ 利于学生的自我教育。班级目标的制定要与学生自我教育结合起来。班级成员参与班级组织目标的制定,使得班级组织目标成为班级成员的自主选择,这将会有助于班级组织目标的实现。

(二) 建立班级组织机构

1. 新生班级准备工作

新班主任接收一个新班,要做的工作很多,首先要从以下方面做好准备工作:

一是做好思想准备。一年级是一个人全新的学习生活的开始。因此一年级新生的班主任,责任重大。在新的班级管理工作开始之前,应当学习相关的理论,对将要开始的班级工作进行全面的思考和规划,以保证对班级管理工作有充分的思想准备。

二是做好组织准备。班级组织建设是教师集体智慧的结晶。新任班主任,要召集所有任本班课的教师一起研究新建班级的工作,向科任教师介绍班级学生的组成情况、班级建设任务、需要科任老师给予支持的工作;征求他们对班级建设的建议,达成班级教育与管理的共识。

三是做好材料准备。新生入校前应准备的材料有以下方面:教师信息卡,具体包括班主任简历及其联系方式、工作宗旨、各科任教师联系方式等内容。家教指导材料袋,袋内应备有《学生行为规范》、作息时间表、课程表、学校对新生的要求、家庭教育意见及保险知识等。上述两类材料,最好在新生入校报到时提供给家长,便于家长了解学校、班级、教学等基本情况,也利于促进家校联系。

四是做好文档准备。建立各种常规管理文档,如点名册、家长与学校联络簿、班务日记本、班会(队会)记录本、班费收支记录本和班级物品登记本等。例如通过家校联络簿,班主任能够获悉学生家长的姓名、家庭住址、联系方式等信息,尽快了解学生的家庭情况,为以后家校联系打下基础。

五是做好环境准备。教室是学生在校主要生活场所,应对教室环境精心设计和布置,让新生一进教室就有“家”的亲切感。布置的方案很多,如教室的正前黑板上方可有“校训”或“班训”,墙上可张贴既有学习意味又有生活趣味的图片,等等。

2. 设立班级组织机构

为确保班级管理工作正常进行,开学后应及时设立班级组织机构。学生参与班级组织管理工作必须经历一个逐步学习的过程。建立班级组织机构,绝不能只简单地任命几个班级干部。建立班级组织机构的过程,同时也是一个帮助学生学习组织生活的过程。

(1)对学生开展班级组织生活的教育

学生作为班级的主人,要参与班级组织生活,甚至要参与到班级的自治生活中来。认识这样一种班级组织生活,非进行班级组织生活的教育不可。

班级组织生活教育的主要内容有:班级组织作为学习的组织和集体生活组织的性质;班级组织的领导和管理机构;学校班级组织管理民主和集中相统一的性质;班级组织成员在班级中的责任、权利和义务;班级组织中学生干部角色的性质、责任、权利和义务;班级组织中学生干部的产生方式;等等。

(2)班级组织机构的建立

班级组织机构建立的过程也是对学生进行组织生活教育的过程,这个过程必须贯彻民主的原则,使学生从小就确立民主的观念。

第一,在正式组织机构建立之前任命班级组织临时召集人。为了便于班主任开展班级管理,班主任可根据工作需要确定班级临时召集人的数目。在我国学校班级中,通常在排座位的时候会自然依据学生座位划分班级行政小组。班主任也可根据需要任命小组临时召集人。

第二,民主选举产生班委干部。在学生对班级组织有了较深入的认识之后,可以通过民主选举的方法产生班委干部。在民主推选班委干部前,一定要让全体学生明确班委干部的岗位责任,使全体学生既有当班委干部的荣誉感,也有责任感。

第三,正式组建行政小组。行政小组组成人数不定,班主任以适宜学习活动的开展为原则。小组长由小组全体成员推选,也应明确组长岗位责任。行政小组具有多种性质与功能:作为学习小组,能够以小组为单位对老师交给的任务、提出的问题进行讨论与研究,合作寻求解决思路与方法。作为活动小组,能够以小组名义参加各项班级组织活动,例如各种比赛、游戏、才艺展示、社会调查等。作为劳动小组,能够以小组为单位承担值日、每天的大扫除、集体劳动等工作。作为少先队的一个小队,能够以小队的身份参加中队和大队的活动。

（3）班干部的培养教育

班干部是班级的中坚力量，是班级行为规范的实施者，是各项活动的带头人。因此，建班初期要对班干部及积极分子，进行有计划的培养和教育。

首先，班主任应根据个人特长，给他们细致分工，定出各自的工作范围，实行"承包责任制"。这样一来，班内的每一项细微的小事，都有了"主"。班干部分工负责，使其有压力、有动力、有战斗力，真正成为班级管理前沿阵地的生力军。同时，班主任还应十分注意发挥他们各自的才能去组织和管理班级同学的学习、生活与活动，让他们在活动中不断提高自己的工作能力和工作效率。

其次，班主任应考虑在学生干部成长过程中的不同阶段，针对不同的情况进行有效及时的指导：① 在初任阶段，班干部一般对所任工作不够熟悉，不知道怎么做，缺乏必要的经验与能力。此时班主任要具体指导，"手把手"地教。② 在经验积累阶段，当班干部熟悉了工作，积累了经验，提高了能力，已经可以独立地处理一些具体的事情时，班主任就应逐步放权，锻炼干部，树立班干部在学生中的威信，鼓励其独立工作，发挥他们的主观能动性与工作的积极性，使他们真正成为班主任的得力助手与班级的中坚力量，而不是成为班主任与学生之间的传话筒。③ 在逐步成熟阶段，班干部已经有了丰富的经验和较强的能力，工作责任心、积极性和主动性大大提高。此时，班主任主要是当好参谋，掌握大方向，大胆放权给他们，使他们有一个宽松的工作环境，把各项工作开展得井井有条。

对于班干部的工作，班主任应做到三多三少：① 多支持，少阻拦。班主任是班干部的坚强后盾，对于班干部的工作，不要怕失败，要给他们多一些锻炼的机会，才能不断提高他们的工作能力。② 多放手，少约束。什么事情都由班主任一手揽着，不利于班干部能力的培养，会挫伤班干部工作的积极性。对班干部要有信心，相信他们能把事情做好。③ 多表扬，少批评。要保持班干部的工作积极性，对他们取得的优异成绩要在全班同学面前给予肯定和表扬。即使工作中犯了错，也应以宽容的态度来对待，一起分析原因，提出改进意见，以便今后大胆工作。

（三）形成班级组织规范

俗话说："无规矩不成方圆"。任何一个群体，为达到群体目标而开展活动，都必须制定一定的行为准则。对于新生来说，规范的形成更为重要。要在新班里形成严格的组织规范必须做好以下工作：

1. 入学教育

新生入校后，做好入学教育非常重要。入学教育的内容主要包括两方面：一是学校传统教育。例如可以邀请学校领导、大队辅导员做主题报告，讲述学校的历史，介绍学校优秀毕业生的成长历程等。通过学校传统教育，学生可在对学校优良传统的感受中，继承学校长期形成的良好规范。二是班级生活规范讲解。对于学生生活规范一无所知的新生来说,学校生活开始之际,对其进行专门的班级生活规范教育,促进新生对班级行为规范的明确认识,十分重要。新生教育的形式应当既严肃又活泼,能让学生真切地感受到规范对于集体生活的重要性。

2. 日常教育

在班级的日常生活中利用多种形式进行规范教育,可以利用课堂教学、班会、晨会、劳动等各种时机,重点根据《中小学学生行为规范》和校规校纪要求,有计划地对新生进行行为规范训练,组织新生参与班级规章制度的制定,利用班级墙报、板报等形式做好规范宣传,在班级内部形成遵守规范的舆论压力和良好风气,促进班级成员自觉养成遵守规范的习惯。

二、既有班级组织的建设

班主任往往并不是从一年级做起,班主任的更替每一年度都有。从别的班主任那里接下一个班级,是管理一个已经建设过的班级。管理这样的班级,建设这样的班级组织,同管理和建设一个新生的班级是不同的。既有班级的组织建设,包括准备工作、改进班级组织机构、确立班级组织新目标和改进班级组织规范四个环节。

(一)准备工作

对于学生来说,前任班主任的离去和接任班主任的到来,会在班级成员中产生波动:班级成员会留恋朝夕相处的老班主任,也会对新班主任有新的期冀。对于班级的新任班主任来说,需要考虑的首要问题就是怎样把新任班级带入适合现实需要的新环境。为此,需要做好以下工作:

(1)深入了解班级情况特别是班级学生情况。主要通过两种途径:一是通过原班主任了解班级情况,具体了解的内容包括关于原来班级的工作计划及实施情况、班级准备实施的工作、对班级发展的建议等内容;关于班级学生的基本情况和特殊情况,如是否有需要从心理上特殊照顾的同学等。二是向科任教师了解情况,与原科任教师交换意见,了解班级情况及班级每一成员的发展情况,听取他们对班级建设的意见,了解其学科教学情况和要求。接任班主任深入了解班级情况的目的在于保持班级管理工作的连续性。但是接任班主任向原任班主任和科任教师了解班级情况时需要注意,要防止受到"先入之见"的影响,在班级管理实践中要能以自己的认识对原班主任和科任教师的看法和建议做出理性判断。

(2)准备好"就职演说",树立良好的"第一印象"。学生对班主任的看法能够对班级管理工作产生重要影响。接任班主任对班级成员所做的第一次"讲演"——姑且称为"就职演说"极为重要。好的"就职演说",不仅在于语句的优美,更重要的在于它对学生能够产生很强的感染力,加快学生对班主任的心理认可。班主任准备好"就职演说",给学生树立良好的"第一印象",能为开展工作创造良好的心理氛围。如果学生对班主任的第一印象不佳,班主任要扭转这一印象则会费时费力,难以收效。

（3）做好对班级生活的新设计。要做好对一个既有班级组织的建设,就必须对这个班级生活有新的规划。学生在不断地追求着新的生活,一个新班主任的到来,自然会带来他们的新的期望。接任班主任应该根据班级情况,做好对班级管理进行适度改革,设计并营造新的班级生活氛围的准备。

(二)改进班级组织机构

学校是培养人的地方,班级是学生成长的场所。建立班级组织机构,一是班级组织运行的条件和要求,二是能为学生通过参与班级管理工作提供成长体验。班级组织机构不可能总是一成不变,而是需要根据班级所处环境与实际情况不断改进。班组组织的发展应该具有一定的延续性和稳定性,原任班主任建立的班级组织机构是新任班主任开展工作的基础。班级中的学生干部是学生班级生活中的重要角色,改进班级组织结构,不能只是简单地换掉学生干部。改进班级组织结构,应当构建一种民主氛围,先让学生对以往的班级管理工作进行总结。通过总结,提高学生对班级生活的认识,了解学生对班级管理的构想和期望。良好的班级组织应当是学生能够自治的组织,改进班级组织应当为学生尝试用新的方式实现班级生活自治创造条件,不断增强学生的自我管理能力。

(三)确立班级组织新目标

学生在班级中生活的过程,是不断成长的过程。学生要在班级生活中得到不断的成长,有赖于班级管理目标的不断更新。班级组织需要根据学生的成长状况及时完善和更新班级管理目标。确立新的班级管理目标是新任班主任给班级管理带来新气象的有效方式。随着学生年龄的增长,对班级生活经验的日渐丰富,学生在班级组织目标确立过程中的作用日益重要。确立新的班级组织目标应当做好以下几点:

第一,了解班级原有组织目标及其实现情况。制定班级组织新的目标要以调查研究班级的实际情况为基础,要体现发展观念,要能使学生经过努力可以达到。如果新接班级是先进班级,那么就应提出一个更高的奋斗目标,激励全班同学向自我教育、自我管理的更高水平努力。如果新接班级的班集体尚未形成,班级纪律松散,则要根据具体情况做出具体分析,着重加强班级的组织纪律,树立提升班级管理质量的自信心。

第二,班级新目标的制定要征求班级科任老师的意见。制定班级管理的新目标,应该集思广益,调动班级科任教师参与班级目标制定的积极性,发挥教师群体的聪明才智,让班级相关教师与班级成员共同参与制定班级的管理目标。

第三,加强组织成员对班级组织新目标的内化。班级管理目标的制定要适合班级成员身心发展的阶段特征,根据学生所在年级的情况和要求,动员班级所有成员制定个人的发展目标,实现个人目标与班级组织目标有机结合,使班级奋斗目标尽快内化为班级成员的个人目标,明确学生在实现班级管理目标中的具体责任。

(四) 改进班级组织规范

班级组织规范不是一成不变的,面对学校不同年龄阶段和不同发展阶段的学生,班级规范应随班级组织的发展变化,不断改进和完善。改进班级的组织规范需要依据以下几点:

首先,依据班级组织的新目标。班级规范是为实现组织目标服务的,班级组织目标的更新,对班级成员的行为会有新的要求,对班级组织规范也会提出新的要求。

其次,依据对教育思想的新认识。学校中的教育活动是一个不断发展的过程,对学校教育活动的认识也是一个不断发展的过程。这种实践与认识相伴的不断发展,就体现为教育思想的发展。班级管理要体现教育思想的不断发展,不断深化对教育思想的认识。

再次,依据班级组织活动的发展规律。班级组织的建设过程也是班级组织向不同阶段发展的过程,不同的发展阶段有不同的规范要求。班级组织发展的水平越高,对班级规范的要求也就越高。

第三节　班集体的建设

班级组织建设的动态过程就是教育者通过各种手段将班级这一学校最基层组织培养成班集体的过程。班集体建设是班主任的中心工作,是学校教育教学和管理工作的基础。

一、班集体是班级组织发展的高级阶段

(一) 班集体的形成

班级组织的建设可以分为班级组织形成的初始阶段、班级组织形成的稳定阶段和成为班集体的阶段。其中,形成班集体是班级组织建设所要达到的最高水平。组织的灵魂是组织目标,并具体化为班级愿景。但是,只有在班级组织发展到集体阶段,班级组织才有了真正的共同目标,因为班级共同目标是集体要求与个体要求的统一。在班集体阶段,班级组织的发展和班级成员个体的发展达到了和谐一致的状态,形成了独特的能促进学生积极发展的班级文化和心理氛围。

虽然我们认为班集体阶段是班级组织建设的最高阶段,但是不能认为班集体阶段与班级组织建设前面的发展阶段是截然区分的。一个班级组织达到了集体阶段,是说它具备了作为一个集体的特征,但是这个集体也是整个班级组织建设过程的结果,是班级组织建设的一个连续过程的结果。如果班级组织建设以班集体为组织建设的最高目标,那么班级组织建设的每一阶段也就成为班集体建设的不同发展阶段。当然,这是有前提的,那就是一个班级的组织建设,以班集体建设的实现为最高目标,并将这一目标贯穿整个班级

组织建设过程。由此看来,班集体也有一个形成和发展的阶段。

班集体形成的过程,大致要经过初建班集体阶段、班集体初步形成阶段、班集体建成阶段。

1. 初建班集体阶段

初建班集体,就是以班集体建设为目标,把一个根据一定的教育安排随机组合在一个班级里的学生群体建设成为向着实现集体建设目标前进的班级组织。"初建班集体"与"把班级建设成为一个组织"紧密相连。也就是说,班级组织的形成过程,也是初建班集体的过程。

把班级群体建设成为班集体的行动过程,必须具有明确的班集体建设的指导思想,例如操行评定方法、课堂常规、卫生公约、评优的程序和标准等,必须把满足学生积极发展的需要放在中心位置。从组织建设的方法上能够有效区分班集体建设的指导思想是否明确。指导思想明确的班集体建设,能够实现班级组织目标与班级全体成员个人发展需要的紧密结合。如果班集体建设的指导思想不够鲜明,则会忽视班级成员的个人发展需求,只会仅仅注重班级组织机构与班级纪律的形成,只会仅仅注重班级组织机构的日常运行和纪律维持。

2. 班集体初步形成阶段

班集体的初步形成与班级组织建设成为一个稳定的组织阶段相对应。把班级建设成为一个稳定的组织,并不意味着班集体的初步形成。只有把班级建设成为稳定组织的行动与建设班集体的行动内在统一起来,二者才能成为同一过程。班级成为稳定的组织,是指组织机构的运行进入了正常轨道,班干部熟悉了自己的工作并能胜任工作,班级组织规范为班级成员普遍接受,班主任对班级的领导能够顺利地实施。将班级组织建设成为稳定组织的过程,同时也是班集体初步形成的过程,在此过程中,必须加强班级组织目标与班级成员发展需要的融合,必须加强班级规范与班级成员自觉性的结合。

3. 班集体建成阶段

班集体的建成阶段是班级组织建设的最高阶段。班集体建成的重要标志是班集体有一个较稳定的、团结的领导核心;班干部能够各司其职,主动工作;班级中已经具有了坚强有力、团结和谐、能够独立开展工作的领导核心;班级管理目标已经内化为班级成员的个体目标;基本形成了班集体的正确舆论和优良班风;班级成员自我教育能力强,班集体已经成为一个教育主体;能够最大程度地满足班级成员的发展要求。

真 题 链 接

班集体形成的条件和前进的动力是( )。

A. 班主任的要求　　　　　　　　B. 共同的活动

C. 学校的竞赛活动　　　　　　　D. 共同的奋斗目标

答案:D。

（二）良好班集体的特征

建立良好的班集体对于促进学生的健康成长具有重要意义。良好的班集体应该具有以下特征：

1. 具有共同的奋斗目标

共同的奋斗目标是唤起集体内在发展动力和达成共识的重要手段，是良好班集体的重要特征。共同奋斗目标对集体发展具有激励和导向作用，能够把班级成员吸引到集体中来，充分发挥集体中每个成员的积极性，在逐步实现目标的过程中分享集体的欢乐和幸福，从而形成集体的荣誉感、责任感和强大的班级凝聚力。

2. 具有坚强的领导核心和健全的组织机构

班集体中组织设置健全、人员构成合理、岗位分工明确，构成了有层次的工作关系的网络系统，班集体的领导核心——班委会、少先队中队委员会或团支部委会，具有很强的工作能力，能够很好地履行工作职责、完成工作任务，且班干部之间形成分工合作、民主团结的关系，在同学中有威信，以身作则，能带动全班同学实践共同的奋斗目标。

3. 具有健康的班级舆论和优良的班风

班集体舆论，就是班级中占优势的，为多数人赞同的言论。它以议论、褒贬等形式肯定或否定集体的动向和集体成员的言行，成为个人和集体发展的一种力量，是学生自我教育的重要手段。马卡连柯说过："儿童集体里的舆论力量，完全是一种物质的，实际上可以感触到的教育因素。"正确舆论树立与否，是衡量班集体是否形成的重要标志之一，一个班级形成了正确舆论，能使班集体更加团结，更加富有朝气，更能帮助每一个成员健康成长。因此，必须重视集体舆论这一集体成员变化的"晴雨表"，保证正确的导向。正确的舆论能使正气发扬，是形成优秀班风的基础。

班风是班集体中长期形成的情绪上、言论上、行动上的共同倾向，是班级特有的一种风气。这种风气一旦被巩固和保持下来，就形成了传统。在优秀的班集体中总会有一种特别的空气，这种空气，就像雨后田野上的春风，清新、温暖、沁人肺腑、令人振奋。那些不守规矩的孩子，一走进那个教室就情不自禁地有所顾忌和收敛，时间久了，就会被教育和熏陶过来。这种能对集体中每个学生都产生强大影响的力量就是班风。优良的班风要靠正确的集体舆论来支持，正确的集体舆论和优良的班风不是自发产生的，而是相互强化、相互影响的，是班主任正确引导和全班师生共同努力的结果。

4. 具有和谐的人际关系

班级人际关系主要包括五个方面，即学生和学生之间的关系、学生和老师之间的关系、学生和家长之间的关系、班主任与科任教师之间的关系、教师与家长之间的关系。和谐丰富的人际关系是班集体建设的重要内容，是班集体凝聚力的黏合剂，也是良好班集体的重要特征。良好班集体的和谐人际关系，能够使班集体健康成长，也能使集体中的每个学生苗壮成长。

二、班集体建设的原则

在班集体建设的研究和实践中已经形成了关于班集体建设的重要认识,这些认识可作为班集体建设的原则,以确保正确建设班集体。这些原则有:促进学生积极发展的原则、以学生为主体的原则、民主性原则和开放性原则。

(1)促进学生积极发展的原则。这一原则体现的是"以生为本"的思想。学校教育活动的根本目的,是促进学生积极的发展。学生的发展是指素质教育所要求的个体的全面发展和全体学生的发展。只有在学生发展需要得到普遍满足的班级组织中,班集体的特征才会显现,班集体建设目标才会实现。

(2)以学生为主体的原则。班集体的重要特征是班级成员把这个组织看成是自己的组织,这个组织的目标是自己的目标,这个组织的规范反映的是班级组织成员自己的要求。集体是以成员的主体性为存在前提的,因此,在班集体建设中,必须把学生放在主体的地位。以满足学生发展需要为出发点,鼓励学生的自主性行动,调动所有班级成员的积极性,这就是"以学生为主体"。

(3)民主性原则。以生为本,以学生为主体,必然要求民主性。有民主性才能反映学生的发展需要,才能把学生放在主体的位置。民主性为以生为本思想的贯彻与保证学生在班级组织中的主体地位提供了条件。

(4)开放性原则。班集体不是一个封闭的集体,班集体的活力在于它同社会生活的紧密联系。班集体在生动的社会生活中汲取养料,又能自主应对复杂多样化的环境。在班集体建设中,要创造条件,让学生关心身边的事情,关心学校的发展,关心家庭的发展,关心社会的发展。让学生认识"大环境",从开放的环境中汲取营养,增强对自己、对他人、对班集体、对学校、对家庭、对社会的责任感。

三、班集体建设的基本途径和方法

班集体建设是通过班级的常规工作和各种班级教育活动实现的,班级常规管理和各种班级教育活动就是班集体建设的基本途径。班集体建设的方法包括目标管理法、系统教育活动法、规范管理法和自我教育法。

(一)班集体建设的基本途径

在班级管理中,并没有一个纯粹的班集体建设过程,班集体建设是在具体的班级管理活动中实现的。

1. 通过班级常规工作开展班集体建设

班级常规工作分为日常性班级工作和阶段性班级工作两大类。日常性班级工作是搞好班级管理必须常抓不懈、常抓常新的工作,日常性班级工作搞得好,有利于班风、学风的形成,使班级具有凝聚力和向心力。阶段性班级工作搞得好,才能促使日常性班级工作持续、全面、系统地开展。

2. 通过各种班级教育活动进行班集体建设

班级教育活动是班级管理的重要途径,也是班集体建设的重要途径。班级教育活动的主要形式有晨会、班会、队会和班级主题实践活动。如果说班级日常管理,并非一定以班级为单位进行,那么班级教育活动则主要以班级为单位开展,因而这些教育活动对班集体建设有着重要作用。

3. 进行班集体发展水平的评估

班级是一个动态的发展过程,在班集体形成、巩固和发展过程中适时进行评估,也可促进班集体建设。进行班集体发展水平评估要注意:第一,采用正确的评估方法,准确地判明班集体建设达到的水平;第二,评估的主体应是学生,通过评估使学生更自觉地参与到班集体建设中来。

(二)班集体建设的方法

做任何事情都涉及方法的问题,班集体建设当然也不例外。多年来,广大班主任积累了班集体建设的许多经验,总结出了一些班集体建设的方法,这里主要介绍以下几种方法:目标管理法、立体教育网络法、系统教育活动法、规范制度管理法、自我教育法。

1. 目标管理法

目标管理法是指在班级建设中,科学地确立集体奋斗目标和个人奋斗目标,以经过努力可以实现的目标推动班集体建设的方法。运用目标管理的方法建设好班集体,是把建设班集体的工作引向科学化的轨道。班集体的目标管理是一个完整的过程,它包括制定目标、制定实施措施、检查与评价、最终鉴定等内容。

目标管理法在班集体建设过程中是主导性的方法。通过确立切合实际的目标,可以吸引学生团结进步的凝聚力量。每一个具体目标的实现,都会使班级在前进的道路上发生小的质变,集若干小的质变就会引起班级发生根本性的变化,实现形成团结友爱、奋发向上的班集体总目标。

×××班级奋斗目标示例[①]

一、长期目标

1. 品德方面:学会做人,学会求知,学会生活,做一个爱自己,爱同学,爱班级,爱老师,爱父母,爱学校,爱家乡,爱祖国的人。

2. 学习方面:全班同学都要认真刻苦学习文化科学知识,不懂就问、不怕困难、乐于助人、积极良性竞争。

---

① 庞国彬,赵小青,陈莉欣. 小学班级管理[M]. 东北师范大学出版社,2013:123.

3. 生活方面:独立自主,自尊自重,互敬互爱,人人在班内有受人尊重的地位,也有尊重他人的义务,使人人在班级里都感到温暖和愉快。

4. 身体方面:人人爱清洁,人人讲卫生,不断提高自身身体素质,毕业时能让自己拥有一副强健体魄,全班同学都要达到体育锻炼标准。

二、中期目标(学年目标)

1. 品德方面

① 学会做人、学会求知,做一个爱学校、爱父母、爱老师、爱班级的人。

② 每一个少先队员心里飘着"队旗",做一名优秀的少先队员。

2. 学习方面

① 全班同学都要认真刻苦学习文化科学知识,不懂就问、不怕困难、乐于助人。

② 学年考试语文、数学、英语各科的考试成绩在本年级中名列前茅。

3. 生活方面

① 独立自主,自尊自重,互敬互爱。

② 人人都有为集体、为他人服务的意识,坚持为班级、为学校、为他人、为社会做好事。

4. 身体方面

人人爱清洁,人人讲卫生,不断提高自身身体素质,全班同学都要达到小学班级管理体育锻炼标准。

三、短期目标(学期目标)

1. 品德方面:遵守《小学生守则》和《小学生日常行为规范》,加强纪律教育,做一个遵守纪律的好学生。

2. 学习方面:培养学生良好的学习习惯,按时完成作业,在课堂上能认真听讲,做一个热爱学习的孩子。

3. 生活方面:加强劳动教育,热爱班级卫生,当好值日生、不乱丢纸屑、不乱涂乱写。纪律、卫生、学习三项评比,每周夺取一面红旗。争取获文明班流动红旗。

4. 身体方面:合理安排时间,多参加阳光运动,积极锻炼身体。

2. 立体教育网络法

立体教育网络法是现代系统思想在班集体建设中的一种体现。班集体是一个大系统,班集体的建设过程是各项教育力量的综合运动过程。各种教育力量的交织作用,就成为班集体文化教育网络。有没有教育网络,意味着有没有教育合力,这关系到班集体建设速度的快慢和质量的高低。班集体建设立体教育网络的基本构成因素包括班委会、科任老师、家长、少先队(共青团)、课外活动等,充分发挥各种构成因素的作用,对于班集体的建设具有重要的意义。

3. 系统教育活动法

系统教育活动法是指在班集体建设中,围绕班集体奋斗目标所开展的一系列教育活动,使班集体建设通过各种活动来实现的方法。从班级实际出发所开展的一系列互相衔接的有实效的教育活动,即系统教育活动。教育活动的根本目的是育人,让学生在活动过程中提高认识能力、实践能力,培养良好个性,学习做人。教育活动的实效性如何,取决于活动的内容、形式和学生参与的程度。要取得活动的高效果,活动的内容必须正确、科学、深刻,要符合班集体建设和学生个体发展的需要;符合学生的年龄特点、生理特点、心理特点、知识水平、品德水平、能力水平;活动的形式必须新颖、活泼,为学生所喜闻乐见。

4. 规范制度管理法

规范制度管理法是班主任以规范和制度去引导规正学生的言行,从而推动班集体的形成和发展的方法。规范制度管理法要求班集体根据《学生守则》和学校规章制度的要求,从本班实际出发,制定出切实可行的有关规章制度和常规,使班级进行的每项工作、开展的各项活动,都有相应的规范和制度标准。规章制度要简单明确,具体可行,多从积极方面鼓励,避免从消极方面限制防范;规章制度一经建立,要保持相对的稳定,不能朝令夕改;要坚决执行,不能流于形式。

5. 自我教育法

自我教育法是指在班集体建设过程中,班主任指导学生充分发挥自我教育的作用,从而使班集体健康发展的方法。自我教育,既包括个体的自我教育,也包括集体的自我教育,在班集体发展过程中,二者是辩证统一的。集体的自我教育,能够引发、促进每个成员的自我教育,而集体中个别成员的自我教育,也会促进集体其他成员的自我教育。学生的自我教育能力是其主体性发展的表现,教育者应注重挖掘学生自我教育的"潜能"。实施自我教育法,要尊重学生,相信学生;把握学生特点,给学生创造自我教育的机会。

真 题 链 接

1. 简述班主任培养班集体的主要方法。

答案:略。

2. 材料分析:

我刚接初二(3)班班主任时,班级风气较差,接手后的第一件事就是组织培养班集体。我是这么做的:

第一,和全班同学讨论确定班集体的发展方向,最终确定了近期(两个月)、中期(一学年)和远期(毕业前)班集体的目标。近期,主要搞好课堂纪律、抓好班级建设;中期,争取成为学校优秀班集体;远期,力求全面提高学习成绩和素质。我没有在第一次班会课上训话,而是对同学们表达了希望和信任,相信经过同学们的努力,一定能把班级建设成优秀班级。同时我深入学生中间,争取大多数同学的支持并制定了《班级管理常规》,严格实行德育考核,奖罚结合,并定期向家长通报,两个月下来,班级风气明显好转,近期目标基本实现了。

　　第二，在重新组建班委会过程中，学生反映，生活委员翁丽常常在自习课带头讲话，课间吵闹造成不良影响，我和班委会讨论后决定撤换她。当宣布这一决定时，看到她情绪低落，我没有批评她，而是关心她，告诉她我这样做，是为班级包括她在内的全体同学着想。经过几次推心置腹的谈话，她在各方面有了较大的提高，同时，在原班委会基础上，我根据各班委的特长进行了适当调整。

　　第三，组织了"学雷锋日""环保日""篮球赛""社会调查"等一系列活动，在活动组织和实施中，逐渐形成了正确的舆论和良好的班风，激发了学生的集体荣誉感，培养了他们明辨是非、善恶、美丑的能力。

　　第四，针对后进生，我分别采取了个别谈心、道德谈话、个别辅导方式，在促进学生转变中起了较好的作用，同时也壮大了班集体。比如，我班赖明同学脾气暴躁，常仗着大块头与同学打架，与老师顶撞，但他特别擅长体育运动，尤其是篮球打得好，当时恰逢学校组织班级间篮球赛，我意识到转化的机会来了。我找到他研究如何排兵布阵，并请他做班级篮球队队长，他很感动。赛场上，赖明奋力拼搏，表现出色，我班取得了第一的成绩。我趁热打铁，又推荐他做体育委员，得到全体同学同意。在此基础上，我又找赖明谈话，希望他珍惜大家对他的信任。从此，他从班级"反叛者"变成了"主人翁"，直到初三，以良好成绩毕业。

　　问题：结合材料说明该班主任老师培养班集体的主要方法。

　　参考答案：组织和培养班集体是班主任工作的中心环节，也是班主任的工作目的和主要任务。班主任进行班集体建设把握如下策略：

　　一是确立班级共同奋斗目标。和全班同学讨论确定班集体的发展方向，最终确定了近期（两个月）、中期（一学年）和远期（毕业前）班集体的目标。

　　二是选拔和培养班干部。在重新组建班委会过程中，在原班委会基础上，根据各班委的特长进行了适当调整。建立严明的班级纪律，班干部有错误也不姑息，形成了正确的集体舆论和良好的班风。

　　三是组织形式多样的教育活动。组织了"学雷锋日""环保日""篮球赛""社会调查"等一系列活动并耐心做个别教育工作。此外，针对后进生分别采取了个别谈心、道德谈话、个别辅导方式，在促进学生转变中起了较好的作用，也壮大了班集体。

本章小结

　　班级组织建设是班级管理的中心任务。班级组织架构建设，包括形成组织目标、建立组织机构和确立组织规范三个方面。其中，班级组织目标是一定的教育思想和培养目标的具体体现，是班级组织成员的共同期望和要求。班级中的正式组织机构主要有以下几种形式：班委会制度、值日班长制、班级学生会议制度、各种类型的小组等。班级组织规范就是班级成员在教育教学和日常行为活动中必须共同遵守的行为准则。

在讨论了班级组织建设的一般问题之后,根据班级组织建设实践的要求,从新建班级组织建设、既有班级组织建设和班集体建设三个方面讨论了班级组织建设的操作问题。班集体是班级组织建设的最高阶段,也是班级组织建设的目标所在。班集体建设不是一个孤立的过程,它必须贯穿在整个班级组织建设过程中。班集体建设是通过班级的常规工作和各种班级教育活动实现的。班集体建设的方法包括目标管理法、系统教育活动法、规范管理法和自我教育法等。

★ 思考与探究

一、理解概念

班级组织　班级组织目标　班级组织规范　班级组织机构　班集体

二、简答

1. 班级等同于班集体吗? 说说二者的联系和区别。
2. 谈谈你对班集体概念的认识,并说明一个优秀的班集体应具备哪些特征。

三、案例分析

阅读下面案例①,并思考问题。

网络,在多方面影响着初中学生的发展。在我们的一个实验中,曾尝试借助网络改造班级组织,利用网络为个人服务、为班级发展服务。

（一）直面问题

班级建设对学生的成长有着重要的作用。通过研究,我认识到当时自己负责的班级存在以下问题。

一是共性有余,个性不强。这个班虽说是有体育特色,但真正在男女棒垒球队里训练的学生也只占班级一小部分。我考虑的是,如果我们班没有体育这个特色,还有比人家强的地方吗? 我认为首先需要突破这个关口,创造出班级个性,提高综合实力。

二是就想法而言,全班同学还不能把班级当成自己的家。我一直在思考这样一个问题:如何让同学们更加积极地参与班级的活动,产生对班级的归属感?

三是以往的班级管理主要由班长管理,而班长的管理目标没有明确规定(其主要原因是目标没有写成文字,故无法按照被量化的条文行使),以至于做事条理不清晰,甚至不分急缓轻重。如此解决班中大事,既有独裁的倾向,也可能造成个人意见纷争的局面。

为了克服这些难题,我们准备借助网络载体更好地建设班级。

（二）以班级网站建设为起点

我们以班中八位比较熟练掌握电脑技术的同学为骨干,将全班分成两个制作小组,依照已定的栏目,如班级简介、作品展示、生活点滴、每日之星、难言之隐、友情链接等,再加上显示班级特色的班徽、班训、班旗,班级网页初具形态。许多栏目需要花一些工夫,比如作品展示,就要搜寻同学们平时所做的课件、小报等作品,还要合理排版,适当美化。网站

---

① 马海涛.网络介入班级组织建设的案例分析[J].思想理论教育,2007(10).

选取了同学们平时所制作的课件、美术作品及撰写的佳作等,从这些既有内涵又有个性的作品中,不仅能感受到我们班级其乐融融的学习与生活氛围,同时网站上对体育训练、学习进度详细而透彻的规划与安排,更能体现出我们班体育与学习共发展的优势与特色。

此刻,同学们也纷纷开始制作自己的个人网页,彰显出自己的个性与风采。不甚精通电脑的同学也在同伴的帮助下完成了自己的作品。每一位同学的责任心在这一过程中显露无遗,许多制作上的难题在老师的指导、同学的帮助和自己的钻研下迎刃而解。

待两个制作小组的网页完成之后,同学们通过浏览,看到了网页的闪光点,也看到了许多不足之处:网页排版清晰,内容却太枯燥;文章新颖,却没有动听的音效及精美的插图。于是,两个制作小组互相交换了意见,取长补短;还在网上浏览了其他学校的班级网页,从中汲取经验,产生了不少灵感。

(三)网络全面影响班级组织生活

在网站建设过程中,形成了一系列需要承担责任的网络岗位。岗位责任人身上都有了一份使命感,为完成自己的任务而努力着,对自己的作品力争精益求精,决不会半途而废。潜移默化中,同学们的责任心增强了,成就感也提升了。

现在,班级的发展目标、具体计划、实施方案、教育资料等,都可以在网站上展示,同学们能更有层次地了解班级的特色,体会班级生活。在利用网络建设班级的过程中,同学们懂得了如何正确利用信息科技为班级、集体服务,在掌握信息技术的同时,实现自己的健康成长。网络随着班级的建设而建设着,不断生成着学生的个性与班级的个性,同时也增强了同学间互助、合作的意识,形成了和谐向上的班级氛围。

班级主页面基本完善之后,全班每一位同学的个人网页也已制作完成,八位主管同学则将所有网页一一整合链接。一切准备就绪,我们举行了网站开通仪式,由同学们自己主持。男女生的网页各有特色,女生的漂亮可爱,男生的简约明了;女生给网站起名为"白e时代",而男生则起了个十分有气势的名字——"纵横校园"。再次浏览成型后的网站,同学们感觉到自己的心血没有白费,找到了一种家的感觉。

网站既然已经开通,就不能搁置在原地,应得到更好的维护,为此我们也形成了新的"网络岗位"。有的担任网站维护员;有的担任新栏目的制作员,比如英语课代表就为自己量身定做了"英语问答"栏目。每个同学都要为自己设定网络岗位,对其所负责的板块进行规划与制作,不仅培养了自己的兴趣,而且丰富了班级的课余生活。这些分工具体细致的网络岗位的形成,不仅完善了网站内容,也让同学们多了一份认真与敬业。

管理网络化。班级的长远计划和近期计划也公布在班级的网页上,从班长原先勾画的雏形,逐步加入同学们的建议或意见,在此过程中,网页内容日益丰富,同学们对这个班集体的关心程度也大大提高。开放、互动的管理模式,使班级管理进一步民主化。而且,班级网页的建成提高了班级的办事效率,也真实地记录着这个大集体和每一成员的成长。

问题:结合案例分析应该如何挖掘班级优势,你还能想到采用哪些创新手段或方式进行特色的班集体建设?

实践活动

为你的班级建立包括 4～6 人的班委会和若干个班小组。

任务 1：设定班委会成员的人数，拟为_____人。

任务 2：设定班委会成员的职位，班长、_____、_____、_____。

任务 3：如何选举班委会成员，写出 200 字的方案。

任务 4：设定每个职位的权力与责任，写出 100 字的说明。

任务 5：设定班级内小组的个数，拟为_____个。

任务 6：如何把班级成员分成小组，写出 100 字的方案。

任务 7：如何在组内产生小组组长，写出 100 字的方案。

任务 8：明确小组组长的权力与责任，写出 100 字的说明。

第五章
班级日常管理

学习导航

【学习目标】

    1. 掌握班级组织建设在日常管理中的内容。

    2. 理解班级环境管理的两个方面知识。

    3. 了解班级的教育性管理的内容和形式。

    4. 掌握班级日常管理中的学生评价形式。

【本章重难点】

    理解班级日常管理中学生评价功能和策略。

微信扫码

获取配套资源

班级日常管理是根据班级发展目标和规范对班级的日常工作进行管理。班级日常管理包括环境管理、教育性管理和评价管理。通过本章学习,我们将初步了解班级日常管理的内容、分类、含义和应注意的相关问题等,以期对班级组织的管理有一个整体的认识。班级组织建设,并不只是搭建一个组织机构,也不仅是提出集体建设的诱人前景。班级管理是班级管理者每一天的工作,即所谓"日常工作"。班级组织建设要在班级日常管理中实现。

第一节 班级日常管理概述

班级日常管理既是班级管理的内容和对象,又是班级管理实施的主要途径和手段。班主任通过日常管理能够建立稳定的班级秩序,实现班级的正常运转,为班级成员创造出良好的班级生活环境和学习氛围。

一、班级管理与日常管理

班级管理的核心任务是进行组织建设,但是班级组织建设是通过每日每时的班级管理活动进行的,班级组织的建设目标也是在班级日常管理中实现的。因而,班级日常管理是班级管理工作得以实施的重要形式,是班级管理工作的重要组成部分。

班级是一个组织,要把这个组织管理好,整体而言就是把班级组织建设好。进行班级管理就是要为班级组织确立建设目标,制定实现这一目标需要实施的班级管理工作计划,根据班级管理工作计划提出分阶段的班级建设任务。但是班级组织建设目标的确定,班级管理工作计划的实施,班级管理不同阶段任务的完成,以至班集体的建成,都是在班级日常管理工作中实现的。同时,班级日常管理也是班级组织日常运行的要求。班级管理需要通过日常管理建立良好的班级秩序,创设良好的班级环境,保证学校教育教学计划的顺利进行。

二、班级日常管理的内容

任何组织都是在日常生活中存在的,对组织的日常管理就是提供组织生活的条件,确保组织目标和活动任务能够得到开展,确保组织生活能够按照组织预定目标发展。从这个意义上说,管理能为组织的发展提供基本的条件性保障。班级组织属于教育组织。在教育组织中,组织成员的行为需要通过教育进行调控。据此,可将班级日常管理划分为三类管理:环境管理、教育性管理和评价管理。

(1)环境管理。班级日常生活环境包括班级生活的物质环境和班级生活的规范环境。据此,可将班级环境管理分成班级物质环境管理和班级规范环境管理。概括来讲,物质环境管理就是要使物质环境能够符合班级组织生活的条件。规范环境管理要能够确保班级规范的执行和落实,能在实践中不断完善班级的规范。

(2)教育性管理。班级组织是一种教育性组织,班级管理活动自然应该具有教育性。

控制和指导班级成员行为的管理就是教育性管理。教育性管理的目的就是要促进班级成员的全面发展,体现班级成员班级生活的完整性。教育性管理的实质就是对学生进行生活指导,这种指导包括两个层面:

一是对全班学生的生活指导。班主任负有教育班级全体成员的任务,针对全班成员开展教育性管理是班级生活指导的基本要求。班级指导的内容主要包括道德指导、学习指导、安全与法规指导、健康与卫生指导等。

二是对个别学生的生活指导。班级中每个成员,都具有不同的个性和发展特点,因而需要根据个体成员的实际情况开展具有针对性的个别指导。

(3)评价管理。评价是一种价值判断和行为引导。在班级管理中,评价既是管理手段,也是教育手段。在班级日常管理中,需要运用评价学的理论和方法,激发班级成员参与班级日常管理活动的积极性。根据班级组织建设的目标需要,对班级成员进行价值判断和行为引导,对班级成员予以否定的行为,给以否定评价,可以制止和纠正这些行为;对学生应予以鼓励的行为,给以肯定评价,可以支持和发展这些行为。

第二节　班级日常管理中的环境管理

一、班级规范环境管理

班级规范环境即班级的制度环境,主要指由班级日常管理和教学活动中必须遵守的各类行为规范成果所构成的总和。班级制度环境对于促进班级成员融入班级组织,开展班级活动具有重要影响。班级日常管理中的行为规范主要有以下形式:中小学生守则、学校作息制度、班级纪律、班级公约、课堂纪律、自修课纪律等。此外,班级日常管理中还存在一些非正式的、约定俗成的规范。班级规范环境能够以潜移默化的方式引导班级成员理解和接受班级规范所倡导的价值观念与行为方式,为其未来适应真实的社会生活进行准备。

班级规范环境管理主要包括以下内容:

(1)班级考勤管理。班级考勤制度是班主任为了维护班级日常管理的工作秩序,提高班级管理效率,督促班级成员遵守作息时间,严肃班级纪律,使班级成员自觉遵守学校时间和劳动纪律而制定的行为准则。班级考勤制度的基本内容包括考勤范围、考勤的标准、考勤的计算、考勤程序、考勤审批手续、考勤注意事项等。班级考勤制度是班级考勤管理的文本表征,能为班级教育教学以及班级管理创造良好有序的规范环境。

(2)班级课堂管理。课堂学习是学生在校学习的主要形式,建立良好的课堂学习秩序是班级课堂管理的重点,也是良好教学进行的规范保障。建立良好的课堂学习秩序,能够及时有效地处理学习在课堂学习过程中出现的不良行为,这些行为主要有中断教学行为、反抗行为、分心行为、攻击行为等。一堂课中,基本的课堂程序应该包括以下要求:上课预备铃声响后,学生应该迅速进入教室,准备好学习用品,静候上课;上课与下课时师生应该相互致敬和问好;上课要专心投入,积极思考;提问要先举手,回答问题应该起立,声音洪亮;遵从与配合老师的教学活动安排,课堂讨论与交流要积极踊跃,不谈与主题无关的话题等。

(3)班级考试管理。考试是教学过程的基本环节,它是教师了解和掌握学生学习情况的重要途径,有助于教师及时反思教学成败,调整教学策略,更好地完成教学任务。考试也是学生了解自己学习情况的重要途径,有助于学生对自己的学习进行自我评价。班主任进行班级考试管理,需要做好以下工作:重视对学生的考试教育,让学生真正认识到考试的目的和意义,从思想上重视考试的真正功能和价值,帮助学生确立正确的学习意识和考试观念,指导学生正确看待考试成绩,帮助学生通过考试结果正确评估自己学习状态和学业水平,找到适合自己的学习方法,充分发挥个体的学习潜力。这样也在一定程度上杜绝学生考试作弊的想法。

(4)偶发事件处理。偶发事件是指在某种过程中遇到的事先难以预料、出现频率较低,但必须迅速做出处理的事件。偶发事件的主要成因有天灾人祸、外来干扰、人际关系冲突、恶作剧、违法行为、感情障碍、性格异常等。偶发事件的发生具有偶然性、多样性、突发性和紧迫性。由于班级成员人数较多,很可能会有一些意想不到的事情突然发生,这类事件的发生往往出乎教师和学生的预料,对班级生活的秩序、学生心理等会产生影响。因而,班主任应该做好班级偶发事件的应急预案与应急处理,加强学生的危机意识与应对能力。一旦发生偶发事件,能够在紧急状态下正确应对,妥当处理。

二、班级物质环境管理

班级生活需要在一定的物质环境中开展,班级物质环境实际上指班级中以物质为载体的环境。班级生活要求物质环境要达到一定的标准,符合一定的要求。班级物质环境管理主要包括教室布置、座位安排等。班级生活环境并不是纯粹的物质环境,班级物质环境总是打上人的烙印,反映着人的倾向和状态。正因为如此,班级物质环境对班级成员有着重要影响。

(一)教室环境布置

教室是班级生活基本的和主要的场所,作为班级组织存在的物质条件,教师环境布置不仅是班级文化的组成部分,也是一定班级文化的反映。教室环境布置是加强班集体建设及班级文化建设的重要内容。教室应该具有一定的吸引力,创设一个优雅舒适并具有教育功能的教室环境,有利于学生的学习和生活,对促进学生发展具有重要意义。

创设教室环境从教室布置开始。教室环境布置应该充分发挥学生的主体作用,让学生积极参与,通过师生的共同创造把教室变成班级成员学习和生活的"乐园"。教师布置的方式与思路多种多样,但无论如何布置教室,都应该体现班级学生的兴趣,突出班级学生的特点。具体而言,在教室布置上,教师应遵循以下原则:

第一,教室布置应与教学目标和学生活动特点协调一致。教室布置既要体现教室环境的教育功能,又要符合学生的活动特点,把教室布置过程变为学生接受教育的过程,变成增强班集体凝聚力的过程,使学生在潜移默化中受到教育。

第二,教室布置应在教师指导下由学生自主进行。教室是学生在校生活和学习的主要场所,是学生自己的天地。教室环境的布置,应在教师的指导下,让学生参与设计,参与布置,这样更有利于学生主体性的发挥,真正体会到自己是班级的主人。

第三,教室布置必须符合学生的心理特点。教室布置设计要充分考虑不同年龄阶段学生的发展规律与个性特点,既要充分体现学生的认知特征和兴趣爱好,又要防止过度布置,造成学生学习注意力的分散现象。

第四,教室布置应坚持整体设计原则。教室是一个整体性的教育环境,教师布置要尽量做到整体设计,布局结构合理,空间利用恰当,形式丰富,色彩搭配自然,风格体现多样性和时代性。

(二)教室座位编排

教室座位编排是指学生日常座位次序的排列方式。座位的编排方式对学生的课常行为、学习态度、学习效果、社会交往、人际关系以及整个教育活动具有直接或间接影响。因此,班主任在教室座位的编排和管理上,不仅要符合教育原则,还要讲求科学安排,注意方式方法。

具体而言,班主任在教室座位的编排和管理上需要充分考虑以下两类因素:学生身心发展因素和学科内容特点。

1. 要充分考虑学生的身心发展因素

班主任在教室座位的编排和管理上,需要充分考虑学生的生理因素、心理因素、智力因素和非智力因素等不同因素。从生理因素考虑,一般应该将身材矮小学生的座位安排在距黑板相对较近的教室位置,将身材高大学生的座位安排在距黑板相对较远的位置。对有视力、听力障碍的学生,要根据实际情况进行专门考虑,做出特殊安排。从个性因素考虑,应该让性格、气质不同的学生互为同桌,让自我约束能力强与自我约束能力弱的学生互为同桌,这样利于学生之间的优势互补、互相制约和互相促进。从智力因素考虑,应将学业好、善思考的学生与成绩差、学习方法掌握不好的学生安排在一起,将注意力集中的学生与注意力较差的学生搭配安排,将兴趣爱好相异的学生合理安排,这样有利于同学之间互相学习、互相帮助,共同提高。但是对于以上因素的考虑,不能一概而论,而是要以生为本,根据特殊情况做出特殊处理,有效促进学生在班级生活中的成长。

2. 要充分考虑不同学科的内容特点

班主任在教室座位的编排和管理上,需要考虑不同类型学科知识对教学组织形式的影响,需要从学科内容特点出发,主动适应课程改革要求,从利于学生学习方式和教师教学方式改革的角度出发,恰当选用座位编排方式。常见的座位编排方式主要有:

(1)秧田式排列法。这是中小学班级最为常见的座位编排方式。这种方式的基本特点表现为:以横行纵列的方式排列桌椅,班级所有成员的座位朝向都面向教师讲台,师生能够面对面进行交流,便于教师进行课堂管理和开展教学活动,传授知识的效果比较理想。但这种座位排列方式,不便于学生间的合作交流。

（2）小组式排列法。近年来,这种座位编排方式正在被广泛接受。这种方式的基本特点是将桌椅排列分成若干小方阵,每个方阵4到6套桌椅,刚好构成一个学习小组。小组式排列有利于学生之间开展合作与交往活动,便于教师指导学生开展探究式、合作式学习。

（3）圆型排列和U型排列法。这两种座位编排方式常见于小班教学班级。这种方式的基本特点是将教室的课桌椅排成U型或圆型,所有学生座位构成一个开放式或封闭式的环形。这种座位编排方式利于学生之间的相互交流,给学生提供了展示个体才华的空间。

以上几种排列方式,要根据学科特点和学生人数等因素灵活运用,基本原则是要更加有利于满足学生有效的学习生活。

第三节 班级日常管理中的教育性管理

班级是一种教育组织,因此班级管理本身就有教育的性质。在这种管理中,管理与教育常常是统一的,当班主任直接面对学生进行管理的时候,常常就是对学生进行教育的时候。因为班级管理的根本目的在于促进学生的发展,所以,班主任在日常管理中就有促进学生发展的任务,这种管理就被称为教育性管理。

教育性管理有其独特内容和形式,常见的教育性管理主要有以下几类:

一、生活指导

学生作为一个完整的人,其发展不只是知识的获得,而是道德、知识、身体、个性品质等方面的全面发展。完整的人的发展只能在完整的生活中实现。学生在班级组织中的发展,也正是在班级生活中实现的。从这个意义上说,学生在班级组织中的发展,就是通过学习班级生活而实现的。帮助学生学习生活的工作就是"生活指导","生活指导"是班主任进行班级日常教育性管理的重要内容。生活指导主要包括思想品德指导、学习指导、安全与法规指导和卫生与健康指导。

（一）品德指导

1. 品德指导是学校德育的基本要求

品德教育是教育的重要组成部分,班级管理本身就负有进行品德教育的任务。品德教育需要通过学校教育的多种途径进行,这些途径主要包括品德与生活（社会）课、各科教学和班队工作。

班级管理中的品德教育与专门的品德课和各科教学活动中所进行的品德教育是不同的。在品德与生活、品德与社会课程中,学生能够接受系统的思想道德教育,包括提高道德认识、培养道德情感、增强道德意志和训练道德行为。在各科教学中,学生能够在相关学科的学习中,接受科学态度与价值观教育。

品德是人的生活本身的需要,从本质上讲具有实践性。品德的实践性决定了品德养成不能只是靠课常教学活动,也需要在现实生活中进行培养。这就是说,学生的品德发展,不能仅靠品德课和相关学科课程的教学,而必须要有生活的支持。学生品德的发展过程实际上是学生在生活中实践一定的道德认识,体验一定的道德情感,操练一定的道德行为的过程。

2. 品德指导的任务

在品德课和各科教学以外,学生践行道德活动,也需要班主任的指导。班主任对学生进行品德指导的任务主要包括:

(1) 巩固和加强学生在品德课上获得的认识

思想品德教育的基本原则就是"思想品德教育的一致性原则"。这个原则告诉我们,人的思想品德的形成,必须保证学生在生活中所受到的影响是一致的,而不能是相互矛盾的。如果学生在思想品德课上所接受的认识同他们在课外所接受的认识是矛盾的,就会使他们产生道德认识的冲突和怀疑,甚至放弃在思想品德课上获得的认识。因此,巩固和加强学生在思想品德课和其他学科课程中获得的道德认识,需要班主任在班级管理活动中的观念言说能够支持学生在课堂上获得的道德认识,在与学生的日常交流中能够引导学生提高道德认识。

现代道德教育的理论与实践证明,学生道德发展、道德学习是一个自主构建的过程,是一个与学生主体活动息息相关的过程。道德发展的过程实际上是学习者通过自己的道德澄清,不断建构关于道德生活的认识,从而达到自主、自觉的过程。因此,班主任需要在班级管理活动中创设提高学生道德认识能力的情境。在品德教育中,给学生以发展道德认识的机会,发展他们对道德的理解力,为学生提供丰富的社会道德经验。

(2) 丰富学生的道德情感体验

人的品德作为认识、情感与行为的综合体,情感在其中发挥着内在动力的作用。学生道德认识的发展是品德课程教学的主要任务,而学生道德情感的体验则更多有赖于在班级生活中获得。帮助学生体验道德情感,就要在班级中创造一种道德情感氛围。道德情感氛围应是由班级所有成员共同创造的,道德情感氛围的形成也是良好的班风、舆论形成的重要条件。

在丰富学生的道德情感体验中,班主任需要做到两点:第一,班主任自己要成为学生体验道德情感的对象。情感是在人与人的交往中产生的,班主任是班级中学生最重要的交往对象,因而班主任自己就应当是一个充满道德情感的人,让所有的班级成员在自己的身上体验到深刻的道德情感。第二,班主任要创设一个有着情意归属的班级。在班级中,学生的情感体验对象是所有的班级成员,在这个班级里,不仅班主任关爱学生,科任教师也关爱学生,学生之间也能够相互关爱。

(3) 引导学生养成良好的道德习惯

学生阶段是人进行道德行为学习的最重要阶段。道德行为不可能在课堂上养成,因此要在班级生活中指导学生践行道德行为,使学生的道德行为逐渐习惯化。

养成学生的道德行为,需要在班级生活中按照道德行为规范的要求,创造出一个规范的学生行为环境,要造成使学生遵从道德行为规范的团体"压力"。引导学生的道德行为,最为简单有效的方法就是榜样示范法。通过在班级日常管理中树立良好的道德榜样,让学生通过感受道德榜样的可敬、可信与可亲,体验道德榜样的权威性、真实性和感染力,培养学生向往榜样,仿效榜样的情感与行为,最终把榜样的言行准则内化为自己的言行准则,逐渐养成良好的道德习惯。

(二)学习指导

班级是一个学习型组织,学习是学生班级生活的中心任务。学生的学习包括课堂学习和课外学习,学生的学习活动包括课内活动与课外活动。课堂学习是学生在校学习的基本途径,课外学习是学生学习的重要途径和必要补充,在某种意义上甚至比课内学习更为重要。学生的课堂学习活动主要由科任教师负责,学生的课外学习活动则主要有赖于班主任的指导。

学校各种科目的教学活动是由各科任教师承担的,班主任没有必要也不可能去替代科任教师开展教学活动。影响学生发展的因素包括智力因素和非智力因素。如果说科任教师的任务主要是发展学生的智力,当然也不能忽略非智力因素的发展,那么班主任的学习指导任务主要就是发展学生的非智力因素,同时要着重对学生进行学习方法指导。

1. 促进学生非智力因素的发展

班主任促进学生非智力因素的发展,重点需要做好以下工作:

第一,培养学生形成积极的学习兴趣。从心理学角度看,学习兴趣是学生对学习活动或学习对象的一种积极认识。它是学生学习积极性中最现实、最活跃的心理成分,是学生把"要我学"变成"我要学"的强大动力。要培养学生的学习兴趣,班主任首先要重视学生学习兴趣的培养,其次要掌握培养学习兴趣的方法和技巧。

第二,帮助学生养成良好的学习习惯。"习惯"是人们后天获得的趋于稳定的动力定型。习惯一经形成,不易改变。学习习惯是学生在学习活动中形成的稳定的态度和行为。良好的学习习惯对学生的学习具有有效的促进作用,也是学生获得良好学业成就的重要因素。一般而言,班主任需要帮助学生养成的良好学习习惯,主要包括勤于思考的习惯、按时完成作业的习惯、预习和复习的习惯、良好的休息习惯等。

第三,培养学生形成坚强的意志品质。学生在日常学习中往往会遇到各种各样的挫折,在面对和克服挫折时,意志品质能够发挥重要作用。在学习活动中,学生需要学会坚持,面对学习中遇到的困难,能够做到坚韧不拔,具有迎难而上的精神和勇气。

2. 指导学生掌握科学的学习方法

学生的学习效率与学习方法具有密切的关系。良好的学习方法,能够有效提升学生的学习效率。在班级日常管理中,班主任应该高度重视学生的学习方法指导。

第一,指导学生理性选择学习方向。学生来自不同的家庭,有着各自的兴趣和爱好,对学习的认识水平也不相同,因而也就有着不同的学习选择。班主任要根据学生的特点,帮助学生选择适合自己的学习方向。在指导学生选择学习方向时主要依据以下四个方面:根据兴趣选择学习方向;依据能力优势选择学习方向;依据社会需求选择学习方向;依据自身发展的需要选择学习方向。

第二,指导学生掌握必要的方法方式。在学习过程中,学生需要掌握必要的学习方法和方式。班主任首先要指导学生掌握基本的学习方法,这些方法主要包括记忆的方法、听课的方法、复习的方法等;其次,班主任要帮助学生转变学习方式。在新课程理念下,自主学习、合作学习和探究学习成为主要的学习方式。每一种学习方式都包含不同的理念以及相应的操作策略。因此,班主任要帮助学生积极采用这些学习方式,促进学生学习方式的转变。

第三,指导学生学会阅读。阅读是学生获得广博信息、拓展知识视野的重要方式。学生的阅读包括阅读书籍、报纸、期刊以及浏览网页等。针对这些内容,班主任要教给学生读书的方法,比如读书要做读书笔记,要勤于思考,要养成积累资料的习惯等。学生从网络获得信息的主要方式就是浏览网页,因此班主任要指导学生掌握浏览网页的方法,指导学生绿色上网的方法等。

第四,指导学生参与社会实践。社会实践是学生了解社会、应用知识的过程。在社会实践过程中,学生不仅能够客观公正地了解社会,还能锻炼自己的能力。因此,班主任要有意识地指导学生养成主动参与社会实践活动的意识和习惯。

(三) 安全与法规指导

安全与法规指导,是班主任必须予以重视的班级日常管理工作。学生安全问题早已成为具有普遍意义的世界性议题。保护好每一个孩子,使发生在他们身上的意外事故减小到最低限度,是学校乃至整个社会共同的责任。虽然安全与法规教育会通过一定的课程来进行,但它也是班主任班级日常管理的内容。

班主任教师要把学生的安全与法规教育当成头等大事来抓,教育学生遵纪守法,增强学生安全意识和自防、自救及遇事处理的能力。班主任担负安全与法规指导的任务主要包括:班主任要在各种日常管理活动中,以自己的安全与法规意识潜移默化地影响学生,从潜意识层面促进学生形成安全意识与守法意识;结合思想品德教育进行安全与法规教育,将思想品德教育和安全与法规教育有机融合于学校各项规章制度的学习之中。

(四) 健康指导

一个全面发展的人首先应该是一个健康的人。1948 年世界卫生组织(WHO)成立时在宪章中把健康定义为:"健康乃是一种生理、心理和社会适应都臻于完满的状态,而不仅仅是没有疾病和虚弱的状态。"由此可以看出,人的健康不仅指生理健康,还包括心理健康。没有健康,知识的学习、能力的发展等,都可能会失去存在的现实意义。

健康指导是班主任的责任。健康并不能简单地通过教学获得,而是要在健康的生活中获得。班主任既要重视学生的生理健康,也要重视学生的心理健康。

（1）班主任生理健康指导的主要任务。首先,班主任自己要养成良好的生活习惯,以自己健康的生活习惯影响学生的生活习惯。其次,班主任要根据学生年龄阶段的特点,向学生传授基本的生理健康知识,对学生进行常识性的生理卫生教育与生活健康指导。

（2）班主任心理健康指导的主要任务。学生心理健康主要表现在能够正确地对待自己、他人和学习,在班级生活环境中具有良好的适应性。学生心理健康问题是一个极其复杂与重要的问题。正确地认识学生的心理健康,掌握有关心理健康的知识,并且能够进行心理健康指导,是很艰巨的任务。班主任要能够真正承担起对学生进行基本的心理健康指导任务,必须经过专门的心理健康指导知识与技能的系统学习和训练。班主任对学生进行心理健康指导,可以从两个方面着手:第一,帮助学生逐步认识自己、认识他人、认识环境、认识自己与环境的关系,从而使学生能够逐步主动地把握自己的心理健康。第二,心理健康是环境的产物,健康的心理需要健康的环境,班主任应在班级创设健康的心理氛围。

二、个别教育

通常情况下,班主任针对班级成员实施的教育性管理,会从促进班级成员全面发展的目标出发,对班级全体成员提出统一的发展要求,拟定统一的指导任务。但是,现实中由于青少年身心发展的规律在个体身上具有不同的表现方式,班级成员在智、情、意、行等方面的发展会表现出一定的差异性。因此,班主任除了对班级成员进行统一要求以外,也需要针对个别成员的具体情况开展个别教育,将统一教育和个别教育紧密结合起来。

（一）班级成员的发展存在个别差异

个别教育是班主任日常管理的内容之一。个别教育是班主任针对班级个别成员的个性特点对其进行的专门指导,旨在使班级每位成员都能获得具有针对性的发展指导。正确认识班级成员的差异是班主任开展个别教育的基础。通过对班级成员进行类型分析,可以发现班级成员的主要差异表现在以下方面:

一是发展差异。相对于班主任对班级发展提出的统一要求,班级组织中不同成员存在的差异表现会有所不同,如发展基础、发展欲求、发展方向等方面存在的差异。

二是个性差异。个性差异是一个中性概念。人们对个性的理解分歧较大,有人从心理学角度理解个性,有人从一般生活概念上理解个性。但无论如何认识个性概念,现实中对人与人的个性差异进行比较时,往往并不把这种差异归之于个人的主观努力,而是归之于人的非主观因素,譬如气质不同、性格不同,甚至兴趣爱好不同等。

三是家庭背景差异。家庭背景是导致班级成员发展差异的重要原因。导致班级成员个体发展差异的家庭类型主要有经济状况困难的家庭,有离异倾向的家庭或离异的家庭,父(母)亲违法犯罪的家庭,等等。

（二）班级成员的发展需要个别教育

班级成员的教育性要求通常具有统一性。班主任针对班级全体成员提出的指导要求,就是统一性要求的具体体现。但现实中班级成员在发展中存在的个别差异要求班主任要针对班级成员的个别情况对其实施个别教育,尤其是当班主任认为这种发展的差异是由主观努力问题造成时,更应该通过个别教育方式减小班级成员中的发展差异。

行为是人的表现方式、活动方式和存在方式。学生的行为问题指学生个体行为中与班级行为规范相冲突的行为,这些行为主要表现为破坏行为、不顺从行为、冲动、注意缺失、多动、攻击行为、抑郁、早恋等。班主任对个别学生进行行为指导的目的,就是要努力减少学生的"行为问题"。对班级成员进行个别教育也是一门学问,是班主任必备的基本功。班主任对个别学生进行行为指导,需要做好如下工作:掌握一定的行为学习理论和行为改善理论知识并能熟练运用这些理论解释现实中的行为问题,能够全面收集具有"行为问题"学生的相关信息,能够科学制定并坚决执行解决学生行为问题的方案。

班主任对学生进行个别教育首先需要能够准确把握学生的问题所在,了解学生的个性特点。其次,需要明确对学生进行个别教育的目的,明确解决问题的方法与思路;需要采取有差别的教育方法,用不同的方法教育不同的人。班主任对学生进行个别教育的方式类型多样,常用的个别教育方式主要有直接式、接近式、提问式、启发式、鼓励式、参照式、商谈式等。这些方式彼此相关,在运用中应该相互补充,避免孤立教条地运用。

个别教育不能仅仅理解为针对有行为问题的学生,尽管这类教育可能更会引起班级管理者的重视,从学生发展角度出发,个别教育实际上包括了班级的每位学生,因为个别教育的提出源自班级成员存在的发展差异。所谓的个别教育可以包括以下情况:

第一,根据学生已有的发展情况提出一个新的发展目标。对于发展较慢的学生,需要个别教育加快其发展;对于发展中等的学生,需要个别教育加快其发展;对于发展较快的学生,同样需要在已有基础上指导其实现更快发展。

第二,个别教育也不是简单地针对发展快、中、慢的学生提出笼统的指导意见,而是要针对学生的具体情况进行专门发展指导。如果品德发展不够,就针对品德问题进行发展指导;如果学习有问题,就针对学习问题进行发展指导;如果身体有问题,就针对身体问题提出发展指导。

总之,生活指导和个别教育是为了更好地挖掘学生的发展潜力。

三、集体指导与个别指导的统一

集体指导和个别指导都是班级日常管理工作。集体指导是班主任面对全班学生的指导,多数是对班级共性问题和普遍性问题的指导;个别指导则是针对学生个体的具体问题进行的专门指导。

集体指导与个别指导的统一充分体现了苏联教育家马卡连柯"在集体中教育每一个人"和"通过教育个人而教育集体"的教育思想。在班级组织中,集体指导与个别指导是统一的整体,集体是由个体组成的,每个个体组合构成了集体。对集体的统一要求,就是对集体中每一个体的要求;集体要求的实现,必须以个体各具特点的发展为条件。

在班级组织中每个学生由于生活环境的影响,形成了各自不同的特点和个性。班主任教师对每一个学生都应该根据学生各自的具体问题和个性特征,深入细致地做好个别指导工作,特别是对在学习和思想上存在障碍的学生,更要多做个别指导工作,使他们在班级集体中健康成长。

集体指导和个别指导的方法是多样的,途径是多元的,具有极大的灵活性和创造性,没有固定的模式。班主任要根据不同情况将集体指导和个别指导结合起来。

第四节 班级日常管理中的学生评价

评价是根据一定的价值观或目标,运用可行的科学手段,通过系统的收集信息资料和分析整理,对活动、过程和结果进行价值判断。评价是对组织成员的行为进行管理的重要手段。在班级日常管理中,需要对班级成员的行为进行管理,因而也需要对学生的行为进行评价。评价不仅可以控制班级成员的行为,还可以起到对班级成员的教育作用。班级日常管理工作中的学生评价可分为奖惩与学期操行评定。

一、班级日常管理中的奖惩

奖励与惩罚是指运用语言或其他方式对学生的行为给予肯定或否定的评价,它可以控制班级成员的行为,促进学生形成良好的行为,也可以激发班级成员形成良好的动机,促进学生的全面发展。

(一) 班级日常管理中奖励的类型与作用

奖励指向那些被认为是正确的、积极的、带来正价值的行为,以确保此种行为重复出现或得到加强。[1] 按照不同的标准,奖励可以划分为不同的类型。按照内容划分,奖励可以分为物质奖励和精神奖励;按照形式划分,奖励可以分为外部奖励和内部奖励。[2]

一般而言,中小学教师通常采用的奖励形式主要有赞许、表扬和奖赏。

赞许是班级管理中即时性的评价方式。它主要是借助管理者的口头语言、体态语言对学生行为给予的评价。

表扬是对人的思想品德行为给予积极的评价。表扬是班主任在班级日常管理中最为常用的工作方法,对促进学生心理健康发展、良好品德的形成具有重要作用。表扬的一般形式有授予荣誉,对某个方面比较突出的学生给予表扬;评价赞扬,充分肯定学生的进步,对学生进行积极鼓励;默许、赞同,利用种种暗示手段表示自己对学生行为的态度;图文表扬,班主任利用文字、数表、图像进行表扬,比如插小红旗等。[3]

奖赏是物质奖励的一种形式。奖赏往往会根据相关制度规定以物化的形式对学生的

---

① 申来津,赵鹏. 奖惩的学理解释及其有效性分析[J]. 理论探索,2004(10).

② 冯坤. 奖励和惩罚对儿童社会化功能的分析[J]. 青海师范大学学报(哲社版),2007(1).

③ 田恒平. 中小学班级常规管理[M]. 上海:华东师范大学出版社,2008.

行为给予肯定。奖赏比表扬的程度更高,价值更大,因此班主任非常重视这种奖励方式。一般而言,奖赏具有如下特点:奖赏一般都有明确的制度规定,是一种正式奖励方式;奖赏都会有相应的仪式,通过仪式活动发挥其影响力;奖赏都会有物化的形式,这种物化形式主要有奖状、证书,如果是比较重要的奖励还会有相关的物质奖励,如奖品、奖金等。

班级日常管理中奖励的作用主要表现在:奖励可以使学生强化符合规范要求的行为,也可以激发学生采取正确行为的动机。通过奖励,学生明确自己的优点和长处,并使自己的优点和长处得到进一步巩固和发扬。奖励也可激发学生的荣誉感、自豪感、自信心、上进心等,有助于学生良好行为习惯的形成和巩固。

(二)班级日常管理中惩罚的类型与作用

惩罚指向那些被认为是错误的、消极的、带来零价值或负价值的行为,以便使这种行为消除或降低其出现频率。班级管理中的惩罚一般是以教育为前提,以惩罚为手段,主要目的在于制止学生一些错误的思想和行为。惩罚包括批评、检讨、取消某种奖励以及斥责、体罚等各种能给孩子带来不愉快体验的形式。按照内容形式划分,惩罚可以分为物质性惩罚和精神性惩罚;按照方式划分,惩罚分为代偿式惩罚和剥夺式惩罚。在班级管理中常用的惩罚方式是批评和处分。

批评是用口头语言以及其他暗示行为对学生不正确的思想或行为给予制止的一种惩罚方式。批评主要针对情节比较轻微的行为,一般不会给学生带来太多的伤害。批评作为一种常用的教育手段,运用的效果如何主要取决于教师批评的方式、语言的选择和运用。批评可以分为直接批评和间接批评。直接批评是直截了当地指出学生的错误,进行教育敦促改正。间接批评是采用比较艺术的方式让学生改正错误。在班级管理中,班主任常用的批评方法如下。[①]

(1)榜样法。这是一种正面引导的方法。或者通过表扬那些做得好的同学,或者教师自己用行动来示范,为同学提供榜样,从而间接地批评错误的言行。

(2)肯定法。班主任对所要批评的事实进行分析,挖掘出其中值得肯定之处,激起学生自我批评的心理动机,从而使其获得重塑的内驱力,自觉地认识缺点和错误,并进行纠正。

(3)暗示法。班主任在不伤害当事人自尊和面子的情况下,把批评意见委婉地说出来。因为暗示是在无对抗的条件下互相影响的一种心理行为,不会引起被批评学生的反感和对立,从而能形成学生接受批评的最佳心理状态。

(4)幽默法。班主任也可以采用幽默的方式,避免直接针对错误而产生的负面影响,同时也可以使学生更加乐意接受老师对其错误言行的批评,更好地改正错误。

(5)宽容法。班主任采用宽大的方式,理解和原谅学生的缺点与错误,促使学生自觉改正的批评方式。

(6)启发法。事实证明,借助身边的寓言故事、轶闻传说等进行教育能够引起学生对

---

① 程培元. 教师口语教程[M].北京:高等教育出版社,2004.

照、联想和反省,从中受到启发从而自觉改正错误。

(7) 处分是根据政策、法律规章制度等对学生的严重错误行为进行处理的一种惩罚方式。按照处分的程度,可以把处分分为警告、记过、留校察看和开除等几种类型。在班级管理中,除非学生所犯错误造成的后果相当严重,一般情况下学校里面的处分情况是极少的。

班级日常管理中惩罚的作用主要有:惩罚使学生因为自己的行为受到否定,而回避已有的行为,改变行为的方向。通过惩罚,学生可以分清是非、善恶,对受惩罚的行为做出回避、退缩、改变的行为反应,同时削弱受惩罚的行为动机,以达到克服不良行为、形成良好的行为习惯的目的。

(三) 班级日常管理中实施奖惩应注意的问题

1. 实施奖励应注意的问题

奖励要做到实事求是,公正合理。班主任要深入了解具体情况,当学生确实表现好时,就给予恰如其分的表扬或奖励,特别是对于"有问题行为"或"有特殊需要"的学生更要注意发现他们身上的闪光点,及时表扬鼓励,一视同仁。

奖励要有教育性。奖励要恰如其分并体现教育意义。奖励是一种行为激励的手段而不是目的,不应使奖励本身成为学生追求的目标,同时过多地运用奖励不会使学生感到光荣,反而容易使学生对奖励产生满不在乎或无所谓的心态。

奖励要有群众基础,得到学生集体的支持。在奖励时,只有当教师对学生的评价与学生集体对个人的评价相符合,并得到学生集体舆论的支持时,才会产生既教育个人,又教育集体的作用。

奖励要着眼未来。在奖励的同时,要对被奖励的学生或集体提出更高的要求与建议,以利于学生今后的成长。

2. 实施惩罚应注意的问题

尊重学生的人格,不损害学生身心健康。学生是发展的人,独立的人,对于学生出现的缺点和错误,教师要在深入了解情况的基础上,用发展的观点进行科学分析,当确定学生有错误时,应及时给予适当的批评或惩罚。批评或惩罚学生时,不能全盘否定,既帮助学生找出错误的原因,又要耐心鼓励,指出其努力方向。

惩罚要公正合理。班主任在对班级学生中出现的问题,要用统一的标准去评价,但也要注意学生差异,因人而异进行教育。

惩罚要得到学生集体的支持。惩罚也要有群众基础。特别是重大的惩罚,最好教师先组织学生集体进行充分酝酿讨论,要集体认可,以达到教育个人的同时也教育全体的目的。

惩罚讲究艺术。惩罚是手段,而不是目的,因此惩罚要讲究艺术。譬如,惩罚时讲究适当的时机和场合;缜密考虑惩罚效果,做好惩罚后的引导教育工作;正确地选择不同的惩罚形式;惩罚应恰当地与家长联系,达成教育的共识,避免造成对学生生理和心理的伤害。

二、班级日常管理中对学生的操行评定

操行评定是对学生一个学期的思想品德等各方面发展情况进行全面的总体评价,以帮助学生正确地认识自己,促进学生进一步发展。

(一) 学生操行评定的意义

学生操行成绩评定,是根据预定的发展目标,在学期结束时对学生个体的思想品德及学习、劳动、个性发展等各方面的情况做出全面总体评价。其意义主要表现在以下几个方面:第一,有利于帮助学生正确认识自己。根据操行评语,学生可以正确认识自己在学习成绩、思想状况、劳动表现、在集体中的表现、个性发展等方面的情况,明确今后的努力方向。第二,有利于家长了解子女的综合表现。学生操行成绩的评定可使家长获得子女在校表现的总体情况,利于家长配合班主任开展教育工作。第三,有利于科任教师了解学生。各科科任教师通过学生操行评定,了解学生的全面情况,从而在自己的任教课程中采取正确的指导方法。

(二) 学生操行评定的内容与原则

1. 学生操行评定的主要内容

学生操行评定的主要内容包括:① 道德品行方面:主要考察学生的思想品德表现,如尊师爱校、团结互助、爱护公物;文明守纪和遵守社会公德;参与学校、班集体各项活动的情况;等等。② 学习方面:主要考察学生的学习态度、学习能力、思维能力、创新能力、学习兴趣、学习方法、知识运用等;学生在学习过程中的态度与行为表现;学生的个人能力倾向与职业性向;等等。③ 身心健康方面:身体健康方面着重考察学生的体育锻炼、卫生习惯等;心理健康方面着重考察学生的社会适应能力、耐挫能力、社会交往能力、自我控制能力等心理发展情况。

2. 学生操行评定的主要原则

学生操行评定的主要原则有:一是体现素质教育思想的原则。操行评定应以素质教育思想为指导,转变评价观念。二是坚持公正和客观的原则。操行评定时要从学生的实际出发,用全面和发展的观点看待学生,实事求是地分析学生的优缺点,防止片面性。三是促进学生全面发展的原则。操行评定本身不是目的,促进学生发展才是操行评定的根本目的,因此,操行评定必须以促进学生发展为出发点。

(三) 学生操行评语的基本写法

1. 素质教育与操行评语写法的变化

在我国推进素质教育的过程中,学生的期末成绩报告书(单)已经为素质发展报告书取代,操行评语的写法也发生了很大的变化。第一,操行评语表述的人称发生了变化。传统的操行评语的写法是以第三人称来写的,操行评语的撰写人是以评判者的语气来表述;

素质教育要求的操行评语是以第二人称来写的,即撰写者与被评价者是对话的关系。第二,操行评语表述的方式发生了变化。传统的操行评语是以概括、抽象的语言来表述的。如"遵守纪律""学习认真"等等;素质教育要求的操行评语是形象化的、富有情感和个性化的。

2. 素质教育操行评语的写作方法

(1) 谈心式。以第二人称称呼,以谈心式的话语,使彼此心理距离拉近,使双方能在愉悦宽松的气氛中"交谈",产生情感,心心交融。这样,学生就会对你产生一种亲近感,就会理解、接受你的建议。例如:"对于英语,你一直不敢松懈,花费了大量的时间与精力,但收效甚微,对此你多少有点泄气,老师真诚希望你找回自信,相信你的努力一定不会白费。"

(2) 描述性。描述性评价注重从学生日常表现中提取信息,通过收集学生日常学习情况和个人特点,帮助学生客观地了解自己,同时帮助老师了解学生。例如:"你的歌唱得真棒,大家都在为你喝彩!"

(3) 过程性。评语反映学生的成长过程,既看过去和现在,还要预示未来。例如:"你本学期积极参加数学兴趣小组活动,成绩明显提高,下学期你的数学学习一定会有更大的进步。"

(4) 情感性。评语要"有情",言辞恳切,体现对学生的"尊重"。例如:"自然课上你的发言那么有新意,老师欣赏你!"

······ 资料 ······

现代行为矫正方法

莫里斯(Morris,1985)将经典条件反射、操作性条件反射以及社会观察学习看成是构成现代行为矫正方法的最基础的理论。这三个理论的基本假设是人类的行为是一种可观察的机体反应,儿童大部分行为是后天习得的习惯反应;反应(R)是由特定的刺激(S)引起的,在不同的环境下会表现出不同的行为,也就是说儿童的某种行为只是在某个特定的环境下才会出现;正是因为大部分行为是习得的,所以可以传授、改变和塑造。

巴甫洛夫的经典条件反射和斯金纳的操作性条件反射都强调强化的作用。强化是指能维持或者增加某种行为的刺激。强化分为正强化和负强化。正强化是指在某一行为后通过呈现满意的刺激来维持或者加强该行为,负强化是指通过移除令人厌恶的刺激来维持或加强该行为。这里要与惩罚相区别,惩罚的目的在于减少行为,正惩罚是指通过不愉快的刺激来减少该行为,负惩罚是指移除令人愉快的刺激来减少该行为。

班杜拉的观察学习理论认为,通过对他人的行为及结果的观察,个体获得某些新的反应,或已有的行为反应特点得到修正。儿童通过对老师和其他同学行为及行为结果的观察,会倾向于表现出曾经受到强化的行为,而不会表现受到惩罚或没有得到强化的行为。

大部分学生的问题行为,其目的在于引起大家的注意,因此教师切不可压抑不住自己的怒火,一定要"忽视"他们的不良行为,然后表扬有正确行为的学生,告诉那些学生什么样的行为会得到注意,让他们进行观察学习,然后再在其表现出正确行为后立刻表扬,给予正强化,以此增加巩固正确行为。此外,班主任们一定要慎用负强化和惩罚手段,它们的副作用较大,会直接导致学生们的逃避情绪,连接受矫正的机会都不给老师。

本章小结

本章讨论了班级日常管理问题。班级日常管理是班主任每日每时在开展的工作,日常管理构成了班主任在班级中开展管理活动的最鲜活的行为。班级日常管理主要有三个方面:环境管理、教育性管理和学生评价。

班级日常环境管理包括规范环境管理和物质环境管理两个方面。规范环境管理的主要任务是建立、维持和完善班级的规范环境;物质环境管理的主要任务是为学生创造一个良好的教室氛围和空间活动方式。

班级日常管理中的教育性管理是指向学生全面发展的管理,包括面向全体的生活指导和根据学生差异开展的个别教育。生活指导主要包括品德指导、学习指导、安全和法规指导及健康指导。

班级日常管理的第三方面工作是学生评价,包括奖励和惩罚及学期操行评定。奖励和惩罚是学生日常行为管理的手段,也是学生日常行为教育的方法。学期操行评定,是班主任在每学期末必做的学生评价工作。素质教育对操行评定提出了新的要求,操行评语也采取了新的写作方法。

思考与探究

一、理解概念

班级日常管理　班级日常行为管理　班级环境管理　学生发展指导　个别教育　学生评价

二、简答

1. 班级日常管理的内容有哪些?

2. 座位编排应该注意哪些方面?

3. 奖励和惩罚应该注意哪些问题?

4. 如何撰写操行评语?

三、案例分析

把赞美送给学生

这首诗的内容是这样写的"天涯何处无芳草,何必要在五班找,本来数量就不多,况且质量也不高。"

事情的经过是这样的,本学期初的一个下午,同学们都在静静地认真自学,只有刘×
×同学将头抬得很高,注视着另一个同学,我轻轻地走到那位同学的身边,发现他正在聚精会神地看着一首诗,我轻声地说了句,可以给老师看看吗?这位同学很不情愿地将那首诗给了我,而后两位同学对视了一下,刘××同学趴到桌子上。用他自己的话说:"这下可完了,老师一定会在班级公开批评的。"

我走到讲桌前,看了一下诗的内容,沉思了片刻,便将它放到了衣兜里,继续观察同学们的自学情况。可刘××同学却坐不住了,他时而抬起头偷偷地看着我,好像在等待着老师的批评。看了几次后,发现我无动于衷,他便开始写作业了。下课的铃声响了,我把刘××请到了无人的办公室,他耷拉着脑袋,用余光看着我,我让他坐下,他却哭了,边哭边说:"老师,我错了,我不该写这首诗,不该在自习课上传纸条,求老师不要在班级批评我。"我说:"老师要想在同学中批评你,就不会把你请到这里来。"他会心地点了点头。我说你能不能实话告诉老师为什么要写这首诗。他想了想后,详细地叙述了他与我班一名女同学从友好相处到产生矛盾的经过,原来这首诗是他"失恋"后为了发泄内心的痛苦而写的。我因势利导,以诚相待,对他进行了耐心细致的教育引导。

最后我又将这首诗拿出来,对他说:"老师想和你一起将这首诗改动一下,你看怎么样?"他爽快地回答"行",我说:"老师改前两句,你改后两句。"他点头同意。我说第一句只需改动一个字,将"天涯何处无芳草"改为"天涯何时无芳草",第二句改为"何必非要现在找",紧接着他又改了后两句:"本来学业就很紧,况且年龄又很小。"读着这首诗他开心地笑了,笑得那样轻松,笑得那样自信。随后我又说:"十年之后,你找不到女朋友,老师帮你找,怎么样?"他连声说"谢谢老师"。

这次潜隐式教育的尝试,避免和消除了被教育者的对立情绪和戒备心理,平复了内心的波澜,学会了情感上的进退自如,从而使被教育者在潜移默化中接受教育,最终达到转化的目的。

阅读案例,并思考问题:

1. 依据班级日常管理的相关理论评析教师的行为。

2. 如果你是班主任,遇到这种情况,你会采取什么样的方式处理,为什么?

实践活动

任务 1:撰写一份班级环境建设方案。

任务 2:假设你是某年级的班主任,请选择班级一位同学,以班主任身份写一段对这位同学的评价语。

第六章
班级活动管理

【学习目标】

1. 理解班级活动管理的内容与特点。

2. 掌握班级活动的类型。

3. 掌握班级主题活动的内容和形式。

4. 开展一次班级主题活动，了解班主任组织工作的

四个阶段。

【本章重难点】

掌握班级活动管理的内容、特点。

微信扫码

获取配套资源

班级活动就是班级所有成员参与的活动,具体指班级管理者指导学生依据一定的教育目标所设计的,组织班级所有成员共同参与的教育活动。在本章中,你将认识班级活动管理在班级管理中的地位和作用,了解班级活动管理的内容和特点;了解班级活动中晨会、班会、中队会的基本内容和组织形式,重点掌握班级主题活动的组织原则和组织方法。

第一节　班级活动管理概述

班级活动是指在班主任的组织和领导下,为实现教育方针和培养目标,完成学校的教育工作计划,组织班集体成员参加的一系列活动。它包括思想品德教育活动、课外活动、劳动活动等。班级活动是班主任向学生进行政治、思想、道德、心理教育的基本形式,是班主任组织、建设学生集体,并通过学生集体来教育和影响学生个体的一种较为普遍采用的教育形式,也是学生个体进行自我教育的一种行之有效的方式。

一、班级活动管理的内涵

从广义上说,班级活动就是班级所有成员参与的活动,具体指班级管理者指导学生依据一定的教育目标所设计的,组织班级所有成员共同参与的教育活动。

班级管理分为班级外部管理(又称"班级宏观管理")与班级内部管理(又称"班级微观管理")两个层面。班级活动管理实际上也包括两个层面:学校行政层面和班级管理层面。学校行政层面的班级活动管理具有宏观性和原则性,主要是对班级学期或学年活动计划提出指导性意见,并对班级学期或学年活动计划及其中的某些重要活动予以审批,进行指导和检查。班级管理层面的活动管理具有具体性和全程性。本章讨论的班级活动管理即指班级管理者对班级活动的管理。

班级活动管理通常以学期或学年为单位安排活动计划,主要活动包括:根据学校学期或学年的教育目标与活动安排,结合班集体的实际,制定班级的学期或学年活动计划;组织实施班级活动计划,具体内容包括:确定班级活动计划的整体时间安排和活动主题,按计划组织实施班级活动,根据情况变化对班级活动计划进行补充、调整和修正;检查学期或学年班级活动计划的总体完成情况,总结经验,不断完善。

就一次班级活动而言,其管理过程主要包括以下环节:确定班级活动内容;进行班级活动的准备;组织开展班级活动;总结班级活动情况等。

二、班级活动管理的地位和作用

(一)班级活动管理的地位

班级活动管理是班级管理的基本任务之一,也是班主任进行班级组织建设的重要途径。在班级活动管理中,班级课堂教学活动的直接管理者就是承担该门课程教学任务的科任教师,作为班级管理者的班主任对课堂教学活动的管理具有间接性,其管理作用主要表现为协调作用;班级教育活动则由班主任直接负责和组织实施,班主任对班级教育活动负有直接管理责任。可见,在班级管理中,对班级活动进行管理是班主任承担班级管理工作的直接体现,也是班主任实施班级管理的主要内容。

(二) 班级活动管理的作用

班级活动管理的目标追求就是最大限度地发挥班级活动的教育功能。班级是一种教育组织,班级活动是对学生进行全面教育的载体,是对全体学生进行德育、智育、体育、美育和劳动教育的有效形式。例如:为了培养学生道德素质而开展的各种形式的道德教育活动;为了促进学生学科知识学习而举行的学科知识的竞赛和讲座活动;为了增强学生体质,磨炼他们意志而举行的体育活动;为了提高学生审美能力而组织的参观、文艺表演、艺术才能展示等活动;为了培养学生的劳动观念和动手能力而开展的义务劳动、小制作比赛;等等,都显示出班级活动的教育功能。通过开展各种内容和形式的班级活动,提高学生思想道德素养,丰富学生文化知识素养,促进学生个性健康发展,培养学生自我教育能力,已经成为班主任进行班级活动管理的目标共识和实践追求。

班级活动管理的过程就是班主任组织和开展各种班级活动的过程。班级活动承载着对学生全面教育的重任,但班级活动的教育功能并不能自然而然地产生,班级活动是否具有真正的教育功能,具有怎样的教育功能,能在多大程度上发挥其教育功能,这些均取决于班级活动管理水平的高下。这需要管理者积极为班级活动赋予精神内涵,需要通过班级成员的积极内化才能实现。只有当班级活动管理者能够依据教育目标和学生的实际,有针对性地选择活动内容,精心设计活动形式,组织学生充分准备,积极实施,并认真进行总结反馈,班级活动的教育功能才可能在最大程度上得以发挥。由此可见,班级活动管理在班级管理中最重要的作用就是能最大程度地发挥班级活动的教育功能。

三、班级活动管理的特点

班级活动管理的对象就是班级活动。只有明了班级活动的特点,才能明确认识班级活动管理的具体特点。

(一) 班级活动的特点

班级活动是对学生实行全面教育的重要途径,班级活动具有其自身的特点:

1. 自主性

班级活动要根据学生的需要和兴趣开展,或是学生依据自己的需要和兴趣自主选择。在班级活动过程中,学生自始至终是活动的主体,否则活动就不存在;活动成效,取决于学生个体或学生群体的主动、自觉、积极参与的程度;教师在活动中起指导作用而非主导作用,更非决定作用。

在班级活动管理中,管理者应当尽可能尊重学生在活动中的自主性和选择性,结合班级活动管理的目标追求,允许学生根据自身的爱好和特长对所参加活动的内容与方式进行自主选择,着重突出和激发学生在活动过程中的主动性、独立性和创造性,注重管理导向对学生个性发展、特长培养及自我教育目标实现的激发作用。

2. 实践性

班级活动的实施主要是通过学生在活动中动脑动手、实际操作、亲身体验,让学生在活动过程中通过切身体验获取更多的直接经验,让学生在活动中发现、培养、锻炼、提高自身的实践能力。

学科课程教学过于重视系统知识传授,将学习场所更多局限于教室,主要通过课堂教学实施教学活动,极易割裂知识的学习与运用、学习与生活的内在联系,严重忽视了学生在学习活动中的实践者角色。班级活动则侧重于突出学生对所学知识的运用,并在运用的过程中学习新的知识,强调在学中用,在用中学。它要求学生不仅仅在校内课堂上,而且还要在校外,都能将自己所学的知识、技能、技巧和生活经验,在与同学交往、参与集体或社会活动的过程中充分运用,并从中获得新的生活体验。

所以从某种角度说,学科课程更多的是追求认识价值,而班级活动则偏重于追求实践价值,其所追求的主要目标之一即实践的教育功能。因此,班级活动管理者在对班级活动进行管理的过程中,需要充分突出班级学生作为活动主体的主体性,充分发挥学生在活动过程中的实践作用。

3. 综合性

开展班级活动所需要的知识基础、能力要求、方式方法,都具有综合性。具体来说,这些综合性表现在许多方面:开展班级活动所需的知识支撑具有综合性,需要多门学科知识的共同支撑,需要对多门学科的知识进行综合运用,任何单一学科的知识,都难以满足班级活动开展的知识需求;学生从班级活动开展中受到的教育和锻炼具有综合性,班级活动的开展能够促进学生在德、智、体、美、劳诸方面得到发展,能够提升学生的沟通协调能力,增强学生的团队合作精神,加强学生对班级活动的责任意识和角色意识等。

例如,某班举办一个编辑家乡特产的知识小报竞赛活动,在活动的过程中,首先要求学生必须运用(或学习)有关的语文、历史、地理等多门学科的知识;其次,在活动开展中,学生同时受到了集体主义、合作精神、热爱家乡等教育。可见,班级活动从活动内容、活动所产生的教育影响来看都具有很强的综合性特征。

(二) 班级活动管理的基本特点

1. 目的性

班级活动是学校教育的重要形式,是思想教育的重要载体,班级管理者是为了促进全体同学德、智、体、美、劳诸方面的全面发展与健康成长组织班级活动的,这是班级活动的教育目的。因而,目的性就是班级活动管理的首要特点。没有明确教育目的的班级活动,便失去了意义。

不管是制定一个学期的活动计划,还是安排组织一次班级活动,都应当有明确的目的。活动的目的应切合学生实际,这样班级活动的教育功能才能实现。这就需要班主任深入学生生活,多和学生进行心与心的交流,把握学生的思想脉搏,了解学生的所作所为。

从一次班级活动到一学期的班级活动计划,直至所有的班级活动,班主任都要能从"班情"和"生情"的实际出发确定教育目标,有的放矢、抓住教育契机开展班级活动,学生才会感兴趣,才能解决学生的实际问题,班级活动的教育功能才能实现,班级管理也才能发挥最优效益。

班级活动对学生的教育培养,是一个持续并不断深化的过程,围绕着某一个教育目标,开展一系列的教育活动。例如,班主任要开展增强学生劳动观念的班级活动,针对高年级学生可以组织他们参加公益性劳动,比如参加义务植树、到福利院打扫卫生等活动;针对低年级学生更适合组织他们进行自理性劳动,比如开展穿衣服、扣纽扣、系鞋带、整理书包等比赛活动。

2. 系统性

班级活动的组织,需要围绕一定的教育目标。其组织过程通常包括活动设计、活动准备、活动实施、活动评价四个阶段,这四个阶段构成一个完整的班级活动系统。

学校的教育教学活动是以学期为单位组织的,围绕着教育总目标,一个班级在不同年级段的每一个学期都有并不相同的阶段性的教育目标。班级管理者围绕着阶段性教育目标制定学期班级活动计划,开展班级活动。每一次班级活动都是实现阶段性教育目标的一个环节。一个学期的班级活动构成一个相对独立而完整的教育阶段。

以小学为例,目前我国小学学制以六年制为主,一个班级从它组成到结束的这六年是一个完整的阶段。对于一个小学生来说,在这个集体中生活的六年就是他的小学生涯。从班级组建的那一天起,班级管理者对于学生的培养就应当有一个总的教育目标,也应当对班集体的建设有一个总的建设目标。尽管在这六年中,学生将从一个六七岁的儿童成长为一个十二三岁的少年,身心将会有很大发展,尽管作为班级管理者的班主任也可能会有变化,但班级管理者不管是组织一次班级活动还是制定一个学期的班级活动计划,都应当围绕这个教育总目标而开展,最终使得小学六个学年总计十二个学期的班级活动构成一个目标明确的活动系统。

3. 计划性

既然班级活动有明确的目的,那么班级活动管理就要有较强的计划性。班级活动管理的计划性体现在两个方面:一是班级活动应制定具体的活动计划,二是实施计划的过程有细致周密的安排。

不管是一学期的班级活动,还是一次班级活动,都要制定详细周密的计划。就一个学期的班级活动而言,首先需要根据本学期学校教育的总体要求,根据班级学生状况,确定学期活动的教育目标;然后围绕这个教育目标,统筹考虑安排哪些活动,这些活动分别安排在什么时候。就设计一次具体的班级活动而言,首先需要明确这一活动在本学期班级活动中,是从什么方面来为实现学期教育目标服务的;然后据此确定具体的活动内容,选择合适的活动形式,安排由哪些同学做什么准备工作,需要进行哪方面的指导,活动什么时候举行,等等。

4. 阶段性

班级活动是以学生为主体开展的具有自我教育特征的活动,学生是活动的主体,班主任是活动的指导者,因而在班级活动管理中,教师的指导作用和学生的自主作用始终是融合并存的。学生作为未成年人,正处于人生快速成长的阶段,身心发展迅速,个人的主观能动性和主体意识随着年龄不断增强,因而在不同年级段的班级活动管理中,教师的指导作用与学生的自主作用所处的主次位置会因学生的身心发育特点而有所不同,班级活动管理呈现出阶段性的特征。这就要求对于不同的年级要采用不同的活动管理模式。

在低学段的年级,学生年龄小,知识面窄,主体意识与自主能力还不够强,班级活动主要由班主任设计并组织实施,学生在老师的指导下参与活动。这一阶段班级活动管理的特点是以班主任的指导为主,以学生的自主为辅。到了中学段的年级,学生的知识与能力都得到了一定的发展,同时也有了参与班级活动的体验与实践,因而班级活动就逐渐过渡到在班主任的指导下,班主任与班干部和活动骨干共同设计、组织、实施的阶段。这个阶段班级活动管理的特点是班主任的指导与学生的自主并重。进入高学段的年级后,学生的知识与能力进一步得到发展,同时有了一定的组织班级活动的经验,因而班级活动就逐渐过渡到在班主任的指导下,主要由学生干部和活动骨干设计和组织实施,全体同学参与的阶段。这个阶段班级活动管理的特点是以学生自主为主,教师的指导为辅。由此可见,班级活动管理,始终是在班主任的指导下进行的,同时学生在活动中的自主性和自我管理作用逐渐加强。

第二节　班级活动类型

班级活动可以从不同角度或依据划分为多种类型。按内容分,有科技活动、文艺活动、体育活动、劳动活动、社会调查活动、社会公益活动、晨会、班会等。按组织形式划分,有全班活动、小组活动等。按活动空间可分为校内的班级活动、校外的班级活动等。

一、晨会活动

晨会活动是班级在晨会时间开展的教育活动。晨会活动的特点是简短、及时。班主任组织晨会活动一般有三种形式:组织学生参加全校性的晨会活动,按照学校的项目安排(栏目)组织晨会活动,完全自主地组织晨会活动。

(一)晨会活动的特点

晨会活动有两个特点:一是简短;二是及时。一次晨会通常只有十分钟左右,这就决定了晨会活动的容量不大,活动内容集中单一。晨会活动每天进行,这就使晨会活动具有迅速传递信息、及时解决问题的功能。

晨会的特点决定了晨会活动的基本内容是:解决前一天遗留问题,安排布置当天的学习工作任务,提出学习生活要求,及时针对近几天班级中出现的具有普遍性的问题,依据教育目标对学生进行教育。有这样一个例子:早晨,老师走进教室,看见一把躺在墙角边的笤帚,这显然是前一天的值日生打扫完教室后没有放进工具箱,遗弃在那儿的。这是班级生活中一个很不起眼的小事,也没引起学生的注意。这位老师就以此设计了当天的晨会活动"笤帚的自述",及时进行启发性谈话,引导学生通过想象笤帚被遗忘的遭遇,进行换位思考,体验笤帚被遗忘的难过心情,唤起了学生集体的主人公意识和爱护公共财物的责任感。这个例子体现了晨会活动通过一事一议,能及时进行教育并尽快解决问题的特点。

(二)晨会活动的组织

学校一般在开学初就会根据本校的实际情况和本学期的工作重点制定出晨会活动的计划,安排好每周的活动内容和形式。班主任组织晨会活动一般有三种形式:

第一种,组织学生参加全校性的晨会活动。如参加学校的升旗仪式,收听学校的广播等。在这类晨会活动中,班主任的管理任务主要是保证参加活动的人数,维持本班在活动过程中的纪律。

第二种,班级按照学校规定的晨会活动栏目自行组织的晨会活动。在这类晨会活动中,班主任的管理任务主要是根据栏目要求,结合本班实际,选择有针对性的活动内容,组织学生开展活动。如围绕"道德文典"栏目,班主任就要选择关于道德教育的内容,对学生进行道德教育活动;围绕"心理健康"栏目,班主任就要选择有关心理健康知识的内容,在班级开展心理健康教育活动。

第三种,完全自主安排的班级晨会活动。在这类晨会活动中,班主任自主管理的空间最大,管理作用表现得更为明显和直接。班主任的管理任务主要是依据班级教育目标和工作计划,结合班级特点,联系学生实际,安排活动内容,开展晨会活动。有些班主任也会在本班的晨会活动中设计一些相对固定的栏目,如新闻发布会、一分钟演讲、一周评述等。

二、班会活动

班会活动有班级例会和主题班会两种形式。班级例会的特点是常规性、事务性和民主性。主题班会的特点是主题鲜明、形式多样。

(一)班会活动的类型

1. 班级例会

班级例会是指在班主任的指导下,在班会课时间里,由班主任或班级干部主持,讨论、处理班级日常事务,进行班集体建设的班会活动。班级例会有以下特点:

首先,班级例会具有常规性。班级例会基本上是每周开一次,能针对班级和学生的实际,及时总结通报情况,开展表扬和批评,对学生进行常规教育。班级例会还能开展师生之间、学生干部与普通同学之间、学生与学生之间的思想交流,形成班集体正确的舆论导向,树立良好的班风,形成班集体的凝聚力。

其次,班级例会具有事务性。班级例会主要是处理班级日常事务,如:布置一周班级工作,讨论制定班级学期工作计划,讨论制定班级规章制度,选举班级优秀学生、优秀班干部等先进典型,表扬班级中的好人好事,批评班级同学的错误,通过具体事例对班级同学进行教育。

再次,班级例会具有民主性。班级例会是实现班级民主化管理的重要途径。班级的规章制度的决议决定是在班级例会上,由全体同学通过讨论、表决的方式形成的;班级例会是同学对班级工作、班集体建设提出意见和建议的场合,也是同学之间、同学和班主任之间进行表扬和批评的场合。

2. 主题班会

一般来讲,主题班会是指在一定的阶段围绕某个主题开展,对学生进行思想品德教育的班会。其主要功能是道德教育,即通过主题班会对学生进行思想品德的教育。

(1)从活动类型划分,主题班会具有以下类型:

体验型:这是最常见的一种类型,也就是我们在主题班会中通过对一个主题进行比较深入的体验,来使学生达到对这个主题的深入理解,从而达到学生进行自我教育的目的。

讨论型:即对一个问题进行深入的讨论。可以适当选择一个题目,限定一定的范围,组织学生进行准备;也可以分成几个小组进行准备,形成相对统一的认识后,再与其他小组交流。

表演型:这种类型现在在很多班级活动里面经常被老师采用,比如心理剧和道德情景剧等。道德情景剧就是要让学生在班级活动——这个主题班会过程当中,通过角色的扮演去体验当时的道德情景。

叙事型:通过一个事件、故事的讲述调动大家对这个故事的体验,唤起大家的共鸣,引导学生去学习故事中的经验,避免故事中的错误,或对故事中有教育意义的人和事进行学习,使学生树立正确的人生观。

以上介绍的几种活动,实质上都是一种理论上的划分,在真正的主题班会中往往采用的是一种综合型方式。比如做一个感恩主题的班会,在这个过程当中会用到叙事、讨论、体验等方式。

(2)从活动主题划分,主题班会具有以下类型:

日常主题班会:这是最常见的。日常生活中的很多主题都可以作为主题班会的主题来使用。

政治主题班会:如以"社会主义核心价值观"为主题所进行的主题班会,就属于政治主题。

阶段性主题班会:比如在初中这个阶段,学生在面临中考的时候会有很大的心理压力,而且很多学生在中考以前也会有很多需要解决的心理问题。在这个阶段,老师组织的"怎样以正确的心态去应对中考?"就属于一个比较典型的阶段性主题班会。

节日性主题班会:在我们的生活中很多节日适合作为主题班会的主题,像禁毒日、学雷锋纪念日、植树节,等等。

"做有责任感的人"主题班会活动设计

一、指导思想

针对学生中存在的不良现象：有的变得懒惰、自私、冷漠，缺乏对自己、对社会的责任感，盲目认为他人为自己做的一切都是理所当然的，特设计本次主题班会活动。这次班会旨在帮助同学们认识到自己的不足并改正，增加责任感，同时也让同学们更好、更深入地了解"有责任感的人"的内涵，让"做有责任感的人"这一信念永植心中，从而让人生璀璨生光。

二、活动目标

1. 让学生懂得什么是责任，感受责任心的重要性。

2. 教育学生增强责任意识，做一个对自己、对他人、对集体负责的人。

三、活动准备

1. 搜集有关责任的故事。

2. 一名主持人，准备组织活动。

3. 一名学生，准备演讲。

四、活动进程

1. 主持人导入：

台湾诚信学校校长高震东在那次震撼国人的演讲中，开场把"天下兴亡，匹夫有责"改为"天下兴亡，我的责任"。他认为"人人都能主动负责，天下哪有不兴盛的国家？哪有不团结的团体？"可见，责任对我们每个人的重要性。本次班会，我们就一起探讨责任的内涵，增强我们的责任意识，做一个有责任感的人。

那么，什么是责任，首先让我们从故事中解读。

2. 学生交流有关责任的故事，从中领悟责任的内涵。

主持人总结：美国总统里根小时候打碎邻居的玻璃，父亲让他赔偿，为自己的过失行为负责；大连公交车驾驶员黄志全在生命的最后一分钟里，他做了三件事，对别人负责。

一名平凡的公共汽车驾驶员，为什么能让人们知道并记住他的名字？这是因为他有一颗闪光的责任心！在生命的最后一分钟，他没有忘记自己的责任！就是这份责任心，挽救了多少人的生命！同样，富有责任心才使里根拥有了至高无上的灵魂和坚不可摧的力量。人最宝贵的品质非责任心莫属，这也是我们每个人都应该具有的最起码的品质。那么，你是一个有责任心的人吗？

3. 怎样才能做一个有责任心的人？

（1）对自己负责

主持人：做有责任感的人，是社会对我们新世纪的中学生提出的要求，而在责任众多的内涵之中，最基本的就是对自己负责，试想，一个对自己都不能负责的人，怎么可能对其他负责呢？请你说一说，什么样的行为是对自己负责的？什么样的行为是对自己不负责的？

小组内交流，然后班内小组长汇报。

主持人总结：责任就是分内应做的事，责任感就是要自觉地把分内的事做好的使命感。我们分内的事是什么？那就是认真学习，做个有用的人，将来能自立于社会，能为国家献上自己的一分力量。

（2）对家庭负责

主持人：高尔基说过"责任并不是一种由外部强加在人身上的义务，而是我需要对我所关心的事件做出反应"。同学们想一想，在家中你是个有责任心的人吗？你如何做的？

学生交流。

主持人总结：在家中，我们满眼是父母的微笑；走出门，我们满耳是父母的叮咛；我们住的是洁净温馨的居室，吃的是可口美味的饭菜。也许你觉得这是你理所应得的，不！作为家庭的一员，作为父母的子女，我们在分享家庭欢乐，感受家庭温暖的同时，也需要对家庭有所付出。不是干轰轰烈烈的大事，而是点点滴滴的小事，尊重父母、理解父母是对家庭的付出，学会自律、承担力所能及的事就是对家庭的负责。

（3）对他人负责

主持人：在我们班级中，你觉得哪些言行是对班级负责的？哪些言行是对班级不负责任的？

小组内交流，小组中一号同学代表发言，班内交流。

主持人明确：看来微不足道的小事，却能体现出一个人那份可贵的责任心，折射出一个人闪光的心灵！让我们从点滴做起，每个人都对班级负责，相信我们班定会成为一个团结胜利的集体。

4. 名言导行。

主持人：名言，那是大师们的经典语言，是他们人生的浓缩、思想的精华，让我们用他们的警言指导我们的言行，浸染我们的灵魂。

（附名言，大屏幕展示）

高尚、伟大的代价就是责任。——丘吉尔

每一个人都应该有这样的信心：人所能负的责任，我必能负；人所不能负的责任，我亦能负。如此，你才能磨炼自己，求得更高的知识而进入更高的境界。——林肯

这个社会尊重那些为它尽到责任的人。——梁启超

一个人若是没有热情，他将一事无成，而热情的基点正是责任心。——托尔斯泰

要使一个人显示他的本质，叫他承担一种责任是最有效的办法。——毛姆

责任就是对自己要求去做的事情有一种爱。——歌德

先生不应该专教书，他的责任是教人做人；学生不应该专读书，他的责任是学习人生之道。——陶行知

5. 学生演讲。

现在让我们同学的代表，发表演讲传达我们的心声。

附《青春，我承担责任》演讲稿

青春，一个多么美好而又令人神圣的字眼。有的人对自己的青春毫不负责，白白蹉跎了岁月，葬送了自己的前程；而有的人则对自己的青春负责，忙碌于学习的他们，其实是在为自己的未来铺路。这就是对自己的一种交代，对父母的一种报恩，对青春的一种责任。

作为中学生的我们,正处在青春期,因此我们有很多想法,不想再依赖父母,不想再依赖老师,我们开始主张"个性"。这时的我们以为自己长大了,懂事了,其实并不是的。在我们面前是一条漫长、艰苦、未知却充满希望和理想的路。而我们在座的每个人,不都在为这条路奋斗、努力吗? 不都为了使这条路更顺利、更平坦吗? 我们每做一次选择,每往前走一步,都决定着我们的未来,所以我们必须对自己负责,对父母负责,对社会负责。

青春是一笔巨大财富,但是,有的人却对自己的青春毫不负责,花季年华,沉迷网络,荒废学业,他们是否知道:浪费别人的时间是谋财害命,浪费自己的时间则是慢性自杀。他们不担当起青春的责任,白白蹉跎了岁月,葬送了自己的前途! 时间是不停留的,是不等我们的。每当我们虚度时间时,是否该想想自己正在一滴一点地走出社会,自己将被世界一滴一点地淘汰呢?

21世纪的世界是一个竞争激烈的世界,是一个优胜劣汰的世界。当我们都长大了,都成年了,我们将走出父母怀抱,将走向社会,将走进工作的舞台。当你拿着一张初中文凭去面试,而别人却拿着一张博士的文凭,这时的你做何感想? 你是否在后悔,在抱怨,在哭泣……无论你如何后悔,如何抱怨,这都没用了。因为你虚度了年华,虚度了青春,虚度了你的未来。

生命不只属于自己,它更属于父母,属于祖国,属于民族。"为中华崛起而读书",简简单单的一句话却在我们心里滚动着,在我们心里沸腾着。我们是祖国的希望,世界需要我们,中华需要我们,父母需要我们,同学们,莫叹息,莫停留,要思考,要奋斗,珍惜青春的责任。让我们带上"责任",充实,勇敢,无悔地走好"青春"这一程,让青春与责任同伴,折射出你人生的璀璨光彩。

6. 班主任总结:

责任是一个人最重要的品质,是一个人立足社会的基础,只有具有强烈的责任感,才有可能获得最大的成功。

那么,现在我们应该怎么做? 我想:我们每一个同学的心中都会有自己的答案,对自己、对别人、对家庭、对社会,让我们怀揣对责任的敬畏,踏实走好我们的每一步!

(资料来源:府前中学耿美芬 https://www.is97.com/doc-293-1.html)

(二)班会活动的管理

班会活动是班级活动的重要组成部分,是班主任和班级成员实现班级管理目标的重要形式。班会活动的管理主要包括以下内容:

1. 根据班级建设的需要安排班会内容

班会活动是班级管理的一条重要途径,班级管理的事务性内容,一般被安排在班级例会中。如:开学初,听取同学对学期班级工作计划制定的意见,讨论制定学期班级工作计划;制定班级规章制度;民主选举任命班级干部;布置班级近期工作;处理班级日常事务;对班级干部和同学的状况开展表扬和批评;学期结束时总结班级工作,评选先进;等等。

2. 根据会议主题确定主持人与工作人员

班级例会如果是布置工作或进行常规教育,一般由班主任主持。如果是进行干部、三好学生的选举,制定班级规章制度,由班主任或班干部主持均可。主持人对制定计划、规章制度的目的和要求应十分明确,并在发动同学讨论前向全班同学宣传;要善于调动同学们发言的积极性,能够听取并善于及时归纳同学们的意见。如讨论计划或制定规章制度,要事先指定好会议记录人,以便在讨论时能及时准确地记下同学们提出的意见和建议。如果是民主选举活动,要事先安排好统计人员。

3. 做好班会活动的相关准备工作

如果是制定工作计划与讨论规章制度,一般事先应拟好初稿,以便在例会上提请全体同学讨论,提出修改意见。如选举班干部、评选三好学生,事先要确定参与选举或评选的候选人的条件,以及候选人产生的方法,在正式选举或评选前,将候选人推举出来。要考虑好便于操作的选举和评选方法及步骤,确定何时公布选举和评选的结果。

4. 民主、高效地组织活动

班级例会要坚持民主。学生生活是学生接触社会的第一课堂,也是启迪、培养民主精神的最初课堂。班级例会进行讨论选举时,要坚持民主,老师不能"一言堂";要充分尊重学生的意见,尤其对少数人的意见要认真听取,做好解释和说服工作。班级例会要追求高效。班级例会内容一般比较琐碎,因此必须安排好会议议程,认真进行组织。活动时要讲究效率,保证完成预定活动议程。

三、少先队中队活动

少先队中队活动是以少先队中队为单位,在辅导员的指导和帮助下,由少先队员当主人,自己组织的活动。少先队中队活动主要有一般性队会、主题队会和即兴队会三种形式。

(一) 少先队中队活动的特点

相对于少先队大队活动和少先队小队活动而言,少先队中队活动开展得最普遍。《中国少年先锋队章程》第十二条明确指出:"我们的活动:举行队会,组织参观、访问、野营、旅行、故事会,开展文化科学、娱乐游戏、军事体育等各种有意义有趣味的活动,以及参加力所能及的公益劳动和社会工作。"

同班级活动相比,少先队中队活动是按中队的组织系统,以中队的组织形式开展的,在开展活动时要配合使用中队所特有的组织形式:少先队中队队会仪式。举行队会仪式的过程实际上是对全体队员进行有序的队组织教育的过程。它使少先队员处于队组织的特定教育氛围,更加尊重和热爱自己的队组织,增强队员的荣誉感和责任感。非正规的一般性少先队活动,如临时集会、组织自愿参加的活动等,可以不举行少先队中队队会仪式。中队集会时,可按小队列成横队。整队时,中队长站在队伍的前面,中队辅导员一般在中队长的左后方。

少先队中队活动是在中队队委会的组织领导、中队长的指挥、辅导员的指导下进行的,是以少先队员的主体精神为基础的。少先队作为一个相对独立的社会组织,有相对的独立性。少先队活动需要辅导员的指导,但不能由辅导员包办代替。

【少先队中队活动示例一】

少先队中队队会仪式在举行中队会仪式前,要集合队伍、整理队伍、报告人数。先由小队长向中队长报告人数。报告人数前,小队长向本小队队员发出"立正"口令,然后跑步到中队长面前,敬礼,报告:"报告中队长,第＊队有队员＊名,实到＊名,报告完毕。"

中队长回答:"接受你的报告!"小队长返回原位,全小队稍息。

各小队报告完毕后,各由中队长向辅导员报告。报告前,中队长向全中队发出"立正"口令,然后跑步到辅导员面前,敬礼,报告:"报告辅导员,本中队有队员＊名,实到＊名,中队活动一切工作准备就绪,请辅导员给我们讲话,报告完毕。"

辅导员回答:"接受你的报告!"随后,辅导员根据实际情况提出祝词、要求和希望。辅导员讲话完毕,中队长和辅导员互相敬队礼,中队长返回原位,全中队稍息。

报告人数之后,应进行以下程序:(一) 全体立正;(二) 出旗(鼓号齐奏,全体队员敬礼);(三) 唱少年先锋队队歌;(四) 中队长讲话;(五) 活动开始。

活动结束前,应进行以下程序:(一) 辅导员讲话;(二) 呼号;(三) 退旗(鼓号齐奏,全体队员敬礼);(四) 结束。

若受场地、天气或时间等条件限制,队会举行时可从实际出发,省略部分次要程序。但出旗、唱队歌、呼号、退旗等程序不能省略。[①]

(二) 少先队中队活动的类型及组织

少先队中队活动根据活动内容和形式,一般分为以下三种:

1. 一般性队会

一般性队会是以中队形式进行的,以处理中队队务和进行少先队的常规教育为主要内容的少先队活动。一般性队会又称组织管理队会或队务队会,是少先队特有的组织事务管理的形式。如队前教育、入队、建(编)队、选举队长(队委)、推选参加少先队代表大会的代表、评选优秀少先队员、创建"优秀中、小队"、品德评定、民主生活、奖励与处分、离队等。

一般性队会是少先队员在辅导员的指导和帮助下,在中队组织中进行自我管理和自我教育的重要形式。它对于健全队员组织、培养队员组织观念和荣誉感,对于加强少先队的组织建设和思想建设都有着重大作用。

【少先队中队活动示例二】

中国少年先锋队队员入队仪式

仪式开始,程序如下:

(一) 全体立正。

(二) 出旗(鼓号齐奏,全体队员敬礼)。

(三) 唱队歌。

---

① 中国少年先锋队全国工作委员会.少先队活动[M].北京:中国少年儿童新闻出版总社,2018.

（四）宣布批准新队员名单。辅导员：经少先队大队审核决定，×××等＊名同学被正式批准加入中国少年先锋队！

（五）授予队员标志（授予者双手托红领巾授予新队员，新队员双手接过，放在颈上，授予者给新队员打上领结，接着互相敬礼）。

（六）宣誓。辅导员：全体立正，请新队员举起右手跟我宣誓——我是中国少年先锋队队员。我在队旗下宣誓：我决心遵照中国共产党的教导，好好学习，好好工作，好好劳动，准备着：为共产主义事业，贡献出一切力量！

（七）共青团组织的代表或辅导员讲话。

（八）呼号。领呼：准备着，为共产主义事业而奋斗！全体队员回答：时刻准备着！

（九）退旗（鼓号齐奏，全体队员敬礼）。

（十）仪式结束。

说明：

1. 仪式前要派出"小辅导员"帮助新队员学会佩带红领巾中，学敬队礼、学唱队歌等。

2. 入队仪式会场布置：悬挂中国共产党党旗、中国共产主义青年团团旗、中国少年先锋队队旗，挂上会标或在黑板上书写"新队员入队仪式"标题。

3. 入队仪式由共青团组织的代表或少年先锋队大、中队长主持。

4. 入队仪式可以与中队或大队的其他活动合并举行。

5. 如果是新建的中队，第二项"出旗"改为"授旗"。由共青团组织授予队旗，中队长接受队旗后，交给旗手，旗手持旗站在队伍之前。少先队入队仪式要求庄严生动，简单朴素。

2. 主题队会

主题队会是以中队为单位开展的有教育主题的少先队活动。同其他中队活动形式相比，其特点是活动主题鲜明，教育内容集中，能使队员在某一方面集中受到教育。现实中，少先队中队活动，通常都是以系列主题活动的形式开展。系列性主题活动就是指中队或小队依据全国或区域性少先队活动主题，确定一个自己活动的主题，在一段时间里，运用多种形式，围绕这个主题开展一系列活动。

（1）系列主题活动的特点

同主题队会一样，少先队系列主题活动具有明确的主题和鲜明的特点。

一是系列性。少先队系列主题活动是指围绕活动主题开展一系列相关联的活动，活动内容更加丰富，活动容量更大。主题队会是用班会课时间举行的，一般只有四十分钟，而系列主题活动则主要利用课余时间开展，而且要持续一段时间，活动时间长。

二是实践性。少先队系列主题活动内容与社会生活联系得更为紧密，具有社会实践的特色。少先队员们走出了教室和校园，走向了社会，开展各种形式的主题活动，这对培养和提高少先队员的社会实践能力效果更为显著。

三是自主性。少先队系列主题活动是以中队或小队为单位的，主要由少先队员自己组织和设计活动。利用课余时间开展活动，队员们自主选择活动内容，自主设计、策划活动，自主安排活动时间，其自主性得到了充分的发挥，创造精神得到了很好的培养。该活动产生了许多生动活泼、丰富多彩的活动案例，受到广大少先队员的欢迎。

（2）系列主题活动的组织

少先队主题活动的管理和其他形式的少先队中队活动管理相比，最大的不同是辅导员更放手让队员设计活动，而且一般不全程参与主题活动，这就给少先队员们的自主性的发挥提供了更大的空间。但这并不意味放弃管理，而是管理采取了新方式。

在设计少先队主题活动时，辅导员要对活动内容和活动方式的选择提出建议。辅导员应关注主题活动的准备过程，并在少先队员遇到困难时，给予帮助。在主题活动开展的过程中，辅导员应随时了解活动开展的情况，并给予指导；在活动结束后，辅导员应及时组织少先队员对活动进行总结。

3. 即兴式队会

即兴式队会是由活动的观摩者、上级领导或科研工作者当场给出主题，由中队队员当场设计，稍做准备后，组织开展的少先队活动。[1]

（1）即兴式队会的特点

一是临时性。和主题少先队会相比，即兴队会也要围绕主题开展活动，但主题是由测试者当场提供的，活动开展的过程中要根据命题要求临时设计组织，事前无法进行准备。

二是测试性。即兴队会又称"测试式"队会，是用来测查少先队集体及队员个体的发展水平的一种队会形式，因为它不能事先准备，所以能比较真实客观地反映中队建设和队员思想素质、能力水平的实际状况。

三是创造性。由于测试者规定了即兴队会的主题，但对如何表现主题并未加以限定，同时又是当场设计组织，所以在活动创意方面给队员提供了很大的发挥主动性、创造性的空间，能有效激发他们的创造能力、应变能力和组织能力。

（2）即兴式队会的组织

即兴式队会的组织按照队会活动的过程分为以下三个阶段：

第一阶段：准备。这是从公布活动命题到活动正式开始前的阶段，一般给予的准备时间很短。在短短的准备时间里，辅导员要指导队员做好三项工作：第一步，指导队员审清题意，做到不偏题走题。在此基础上进入第二步，集中队员智慧，群策群力设计出活动方案，尽量做到紧扣主题，形式新颖。第三步，根据拟定出的活动方案进行任务分工，如谁做活动主持人、谁发言回答、谁表演节目等，让队员们抓紧时间分头准备。

第二阶段：活动。活动开始后，辅导员一方面要关注活动的进展，指导活动组织者根据活动情况随时灵活地对原设计方案进行调整修改，对出现的问题设法弥补，以达到最佳效果；另一方面要督促队员继续做好下一步的准备工作。

第三阶段：总结。即兴队会的总结一般是由测试者来做，应指导队员们做到受到表扬不得意扬扬，受到批评不垂头丧气，防止听到批评意见就表现出不服气的现象出现。在即兴活动结束后，辅导员应安排时间，同中队全体队员一起进行自我总结。对即兴队会活动及测试者的评价进行反思，总结经验，找出问题，再接再厉。即兴队会的成功与否，取决于

---

[1]　乔键. 少先队活动课程教师指导手册[M]. 北京：北京师范大学出版社，2016.

平时中队主题活动的基础水平如何。少先队活动后,要将活动情况用文字及时、真实地记述下来,作为少先队工作资料档案加以保存,供队员、辅导员及有关领导查阅。活动纪录应列有活动目的、要求、内容、日期、主持者、活动概况、效果和存在问题、辅导员意见等。记录一般用表格形式。

【少先队中队活动示例三】

少先队活动记录表

班级		时间		地点	
参加人数				主持人	
活动主题					
活动目的					
活动内容					
效果及存在问题					
辅导员意见					

第三节　班级主题活动

班级主题活动是班级活动的主要类型,最能体现班级管理者的教育理念和教育艺术。由于主题活动是围绕一个明确的主题开展活动,内容集中,教育目标明确,针对性强,所以它是班主任对学生进行集体教育以及学生进行自我教育的有效形式,也是创建良好班集体,营造团结进取的班集体氛围的重要途径。

一、班级主题活动的内容

班级主题活动的内容丰富,按教育目标可以分为德、智、体、美、劳五种活动类型。

(一)德育活动

德育活动是对学生进行思想道德教育,形成良好道德品质的活动。

德育的基本内容和要求是对学生进行理想信念、社会公德教育和有关的社会常识教育(包括必要的生活常识、浅显的政治常识以及与学生有关的法律常识),着重培养和训练学生良好的道德品质和文明行为习惯。

2004 年 2 月 26 日颁布的《中共中央国务院关于进一步加强和改进未成年人思想道德建设的若干意见》中明确指出了未成年人思想道德建设的主要任务是:从增强爱国情感做起,弘扬和培育以爱国主义为核心的伟大民族精神;从确立远大志向做起,树立和培育正确的理想信念;从规范行为习惯做起,培养良好道德品质和文明行为;从提高基本素质做起,促进未成年人的全面发展。

爱国主义是中华民族的优良传统,进行爱国主义教育是学校德育教育的重点,也是班级德育活动的主题。运用班级主题活动进行爱国主义的教育,可以用文艺表演的形式歌颂党和祖国;运用展览的形式回顾历史,表现祖国、家乡的新面貌;进行国情知识竞赛;举办"畅想祖国的明天"主题班会……还可以走出学校,开展参观、访问、社会调查活动,在社会实践中了解祖国的飞速发展和变化。

进行革命传统教育,可以利用一些纪念日,如清明节、"五一"国际劳动节、"五四"青年节、"七一"党的生日、"八一"建军节、"十一"国庆节等开展祭扫革命烈士墓、参观革命纪念地和纪念馆、访问革命前辈、慰问军烈属、讲革命故事、唱革命传统歌曲比赛等活动。

今天,生态道德已作为一种新的世界道德进入人类现实生活,环境保护自然而然地纳入道德范畴,成为学校德育教育不容忽视的一个方面。对学生进行"环境保护"的教育和引导,让学生懂得爱护自然、热爱生命、珍惜资源,也成为班级活动的主题。

利用班级主题活动进行德育,活动设计一定要避免成人化,摒弃空洞、抽象的说教,要将纲要和若干意见的思想渗透在具体的、直观的事物中,融入生动活泼的形象里,这样才能使学生容易理解,乐于接受。

(二) 智育活动

智育活动是帮助学生树立正确的学习目的,促进学生智力发展,培养他们的学习能力,激发创新思维和创造精神的活动。

学习是学生学校生活的主要内容,也是他们这一阶段生活的主要任务。智育是德育、体育、美育和劳动教育的基础,对促进学生全面发展起着重要的作用。

利用班级主题活动进行智育教育,要对学生进行明确学习目的、端正学习态度的教育,使他们"爱学";要通过充满趣味性的活动,激发学生学习文化科学知识的兴趣,培养求知欲,使他们"乐学";要帮助学生掌握学习的规律,学会科学的学习方法,挖掘学习潜能,培养学习能力和创新能力,使他们"善学"。常见的智育活动有举行学习方法介绍会、学习经验交流会、各科知识竞赛等。

智育可以通过开展课外读书活动进行,组织班级读书周、读书月,结合读书活动举办诗文朗诵会、化装故事会、读书讨论会、读书心得交流会;举办读书笔记展、读书竞赛;有条件的还可以请作家、编辑参加活动,与同学见面、交流。

科技活动是智育活动一个重要的内容。可以对学生进行热爱科学的教育,使他们从小崇尚科学,在班集体中形成"爱科学、学科学、用科学"的良好氛围;可以组织学生开展各种形式的科技活动,帮助他们加深对学科基础知识的理解,巩固课堂学习的成果,同时使他们开阔眼界,活跃思维,发展兴趣,培养科学态度和科学精神。

(三) 体育活动

体育活动是增强少年儿童体质,培养活泼勇敢性格的活动。

科学研究证明,体育活动是少年儿童生长发育必不可少的刺激因素,可以强身健体,促进少年儿童身体正常发育,机能协调发展。在教育活动中,体育活动是进行德育、智育、美育等其他教育的手段。通过体育活动,可以培养少年儿童的爱国主义情感、集体主义观念以及团结友爱、互帮互助的良好作风,培养勇敢、机敏、顽强等精神素质,培养胜不骄、败不馁、顽强拼搏的意志品质和高度的组织性、纪律性;通过体育活动,可以使少年儿童获得基本的体育理论知识和必要的体育技能技巧,还能促进少年儿童智力的发展,这一点在棋类活动中表现得尤为明显;许多体育活动项目,如艺术体操、健美操、花样滑冰等,具有较高的审美价值,学生参加或观赏这些活动,都能获得美的享受。

班级主题活动中的体育活动主要有三方面的内容:一是丰富扩大体育知识的主题活动。如介绍基本的卫生保健知识、体育知识和体育技能,介绍科学的锻炼方法,以及最新的体育动态等,或根据本班级同学的兴趣举行奥运知识竞赛。二是进行体育道德思想教育活动。如举行为国争光的运动员优秀事迹报告会;针对学生在体育锻炼中出现的怕苦、缺乏毅力等情况,举行"生命在于运动"或"健美、活跃、力量"主题班队会;开展宣传体育道德,提倡文明行为举止的主题班会。三是体育锻炼和竞赛活动。如根据班级同学的体育爱好和兴趣组织的棋赛、球赛;结合季节开展的各种时令性体育活动:春天的远足,夏天的游泳,秋天的登山,冬天的长跑等。还可以把思想教育与体育锻炼结合起来,如徒步旅行看家乡变化的春游、远足活动等。

(四)美育活动

美育活动是引导学生树立正确的审美观,形成高尚的审美情趣,培养审美能力和创造美的才能的活动。

在学生的生活中,自然美、生活美、社会美、艺术美无处不在。班级活动可以通过春游、秋游、到农村采风等活动,带领学生走进大自然,让他们在日月星辰、湖光山色中发现自然美;可以通过参观、访问、座谈、服务等各种社会实践活动,引导他们细心地感受家庭生活的变化、学校生活的多彩、社会发展的日新月异,从一个个感人的事迹、动人的场景、巨大的变化中,感受生活美、人情美、社会美;可以通过艺术欣赏活动,如参观美术、摄影、书法展览,听音乐会、诗歌朗诵会,看电影、歌舞表演、戏曲表演等,在一幅幅书画摄影作品、一个个舞蹈的欣赏中,从一首首歌曲、一篇篇优美诗文的聆听中,体会艺术美;还应当积极创造条件,举办班级绘画、书法、自制贺卡、自制手工艺品展览或比赛,举行诗歌朗诵会、儿歌创作比赛、演讲比赛、歌曲比赛、课本剧表演、化装舞会等活动,通过活动培养学生创造美的能力。这样,美的形象、美的情感就融合渗透于学生的学习和生活中,他们就能从中获得基本的审美知识,并培养一定的审美能力;他们的情操就能得到陶冶,正确的审美观就能得以树立。

(五)劳动教育活动

劳动包括脑力劳动和体力劳动。劳动教育活动,是指引导学生树立正确的劳动观念,培养最基本的劳动技能和动手能力的活动。

现在学生中独生子女已占绝大多数,在人民生活水平普遍提高的情况下,一些家长对子女过于宠爱,不愿让孩子吃苦;一些家长望子成龙心切,认为劳动占用学习时间,种种原因导致学生不爱劳动、不会劳动的现象比较普遍,甚至出现家长到学校帮助学生完成值日等现象。这表明劳动教育应当受到重视,成为班级活动的一项重要内容。班级劳动教育的内容有两个方面,一是关于热爱劳动的思想教育,二是参加力所能及的劳动实践。班级主题活动应围绕这两方面开展。

劳动教育是德育的一项重要内容。应当针对学生中存在的不爱劳动、轻视体力劳动、不愿成为普通劳动者、不珍惜劳动成果的思想和行为,开展劳动观念教育活动,使学生认识劳动的意义和价值,树立劳动光荣的价值观,培养热爱劳动、尊敬劳动人民、珍惜劳动成果的思想感情。同时,开展劳动教育活动不能只停留在思想教育上,一定要和日常学习和生活中的劳动实践相联系,要组织学生开展力所能及的劳动实践活动,让学生在劳动的过程中体验劳动的艰辛,感受劳动的光荣和快乐,逐步树立劳动光荣的价值观,养成良好的劳动习惯。

开展劳动实践活动,可以组织学生参加服务性劳动、社会公益劳动、生产劳动等。服务性劳动,包括自我服务和为他人服务。服务性劳动可以和勤工俭学劳动、手拉手活动结合起来。社会公益劳动是学生参加社会实践的一种良好形式,可以开展"给孤寡老人送温暖""义务植树造林""慰问革命前辈"等活动,使同学在公益劳动中养成为社会、为大家做好事、谋利益,关心他人,热爱集体,热爱劳动的好品质、好习惯,培养为他人服务的技术和本领。要让学生通过劳动实践,学习一些基本的劳动知识并掌握与自身生活学习相关的基本劳动技能。应要求学生把热爱劳动落实到行动上,在学校能认真积极地参加值日劳动,在家庭学做力所能及的家务事,养成良好的劳动习惯。

二、班级主题活动的设计

(一) 班级主题活动的设计理念

第一,坚持学生的自主选择和主动探究。主题活动设计要以学生的直接经验或体验为基础,将学生的需要、动机和兴趣置于核心地位,通过活动充分发挥学生的主动性和积极性,鼓励学生自主选择活动主题,积极开展活动,引导学生主动发展。

第二,面向学生完整的生活世界,为学生提供开放的个性发展空间。主题活动设计要面向学生完整的生活世界,强调学生的动手操作和亲身体验,引领学生走向现实的社会生活,强化学生与生活的联系,引导学生热爱学习、热爱学校,并学会健康愉悦地、自由而负责任地,智慧而富有创意地生活,促进道德规范内化,为学生的个性发展提供开放的空间。

第三,关注教师的价值体现。主题活动设计要体现教师的引导者、组织者、参与者、协调者、评价者和管理者身份。教师要创设问题情境,激发学生参与实践的内在动机。在活动主题或项目的提出、活动方案的设计、活动的具体实施、活动的总结与评价等环节,学生应成为全过程的主体,教师必须给予适度的指导,体现"教学相长"的教育思想。

(二) 班级主题活动的设计原则

开展班级主题活动,需要进行精心设计,细心策划。设计班级主题活动应当坚持以下原则：

第一，童趣性原则。体现以生为本，在充满童趣的理念引领下设计充满童趣的主题活动，以满足儿童互动、体验的需求，达成适应成长的目标。

第二，生活性原则。陶行知提倡"生活即教育"。生活化的主题活动，让学生感到亲切、可接受，易于学生快速适应班级生活。所以，活动设计也应遵循生活化的原则，贴近儿童的生活，让他们在学习中生活，在生活中学习。

第三，活动性原则。对新生来说，只有具体的活动才是真实的学习，只有在活动中，儿童才能理解学习的内容，直接获得学习经验，才能与他人交往、与环境互动，才能获得真正意义上的全面发展。因此，我们所设计的主题活动必须是具有可操作性的、能与学生产生互动的，要有效地发挥学生的积极性、主动性，提高学生的参与水平。活动设计的目的就是促进每一位儿童身心健康和谐地发展。

第四，整合性原则。主题活动设计可借助多种载体开展，激发儿童参与的兴趣。可以结合游戏、民俗和其他活动进行综合教育。内容的安排还应有层次性、整合性及针对性。

三、班级主题活动的常用形式

班级主题活动的开展主要有以下形式：讨论式、报告式、竞赛式、表演式、游戏式、参观式、课题式，等等。班级主题活动形式选择的原则要坚持以下原则：适合性、创造性、趣味性和多样性。

（一）班级主题活动的形式

1. 讨论式

讨论式班级主题活动是指在主持人的引导下，全体师生围绕一个话题或几个问题展开讨论，并各抒己见，以期形成共识的班级活动形式。

班级主题活动采用讨论式时，常常是因为有一个大家都关心的话题，但又存在不同看法；有一个需要做出决定的事情，但大家有分歧。这种形式创设了一种民主平等的氛围，给同学提供了一个既能自由表达自己的想法，又需要认真倾听别人的意见的场景，无疑可以培养学生的民主意识，提高学生的参与能力。

班级主题活动采用讨论式时，有两点是要注意的：一是讨论内容一定是大家都关心的，并且确实存在不同的看法和想法，这样大家才有参与讨论的兴趣和热情。二是对持有不同意见的各方，一定要平等对待，要允许持不同意见的同学充分说明自己的理由，要允许争论；当不同意见争执不下，不能统一时，要允许暂时保留不同意见，不能强求统一。

2. 报告式

报告式活动因报告人的身份不同而又分为两种形式，一种是请革命前辈、模范先进人物、知名人士做讲演的报告会；一种是由学生自己充当报告人，以自己的成绩或参加某项活动的情况为基本内容。

用报告的形式开展班级活动，其好处是主题明确、内容集中、信息量大。上述第一种形式往往因报告人的身份和报告内容而产生一种震撼力,让学生终生难忘;第二种形式则因为报告内容来自身边的同学,针对性和说服力强,对做报告的学生也是极大的锻炼。

班级主题活动采用报告式时,一定要对报告内容进行认真的推敲,使之切合学生的思想实际和接受能力。同时报告会的时间不宜太长,因为学生的注意力不能长久集中。

3. 竞赛式

争强好胜、不甘落后是少年儿童共有的心理特点。班级活动采用竞赛的形式,就是通过满足学生的心理需求,调动他们参加集体活动的积极性,激发他们自我发展的上进心,从小培养他们的竞争意识和团队精神。

竞赛式适用于各种内容的班级主题活动:体育艺术的竞技、各科知识的竞赛等。班级活动中采用竞赛式有两种方式,一种是以竞赛形式组织班级主题活动,一种是在主题班级活动中的某一环节采用竞赛方式。

要保证竞赛活动顺利进行,组织时要做到:竞赛活动内容是大多数同学感兴趣的,竞赛的难易适合学生水平;知识竞赛出题严密,答案准确科学;竞赛规则细致,评判公正。

4. 表演式

表演是"寓教于乐"的一种好形式,它摒弃抽象的说教,让同学们在直观生动的形象和具体的故事情节中明白道理,受到教育;表演也使孩子们快乐的天性得以释放,既可以展示自己的艺术才能,又可促进他们发展自己的艺术才能。

班级主题活动的表演内容有文艺性表演,如歌、舞、器乐表演;有各种技能技巧表演,如写字表演、手工制作表演、绘画表演、体育表演等。班级活动中采用表演式也有两种方式,一种是以表演形式组织班级主题活动,如庆祝"六一"文艺表演、联欢会;一种是在主题班级活动中的某一环节表演。

班级主题活动运用表演式时,应在表演中寄寓教育思想,让学生通过直观的艺术形象明辨是非、领悟道理。

5. 游戏式

游戏是少年儿童对现实生活的一种反映活动。好的游戏可以发展孩子们的观察力、判断力、想象力、记忆力,对锻炼少年儿童的机智、灵敏、速度、耐力,培养勇敢、顽强的品格和纪律性、集体主义精神都有很大作用。

游戏是孩子们最喜爱的活动,也是"寓教于乐"的一种好形式。在班级活动中运用游戏的形式,可以激发同学们参加活动的兴趣,同时由于游戏活动的参与面广,也可以调动全体同学参与活动的积极性,培养集体主义精神。

游戏的种类很多,在开展班级活动时采用游戏的方式,一种是借用现成的游戏形式,另一种是根据主题活动的需要编排新的游戏。班级主题活动采用游戏形式,一定要因地制宜,为了保证游戏活动的顺利开展,要充分考虑到游戏对活动时间和场地的要求。

6. 参观式

俗话说"百闻不如一见"。在有条件的情况下,组织学生开展参观活动,是带领他们走向生活、走向社会的一种好形式,也是利用生活资源、社会资源对学生进行教育的一种好方法。参观可以使学生开阔眼界,更好地感知生活、接触社会,学习书本上学不到的知识。

参观式主要运用在德育和美育活动中。如参观革命纪念地,参观改革开放建设中的新成就,参观博物馆、纪念馆、美术馆,参观各种文化艺术展览等。

组织参观活动时要注意:班主任要了解参观内容,能够指导学生参观;要有明确的参观目的和要求;参观前一定要对学生进行指导,让他们知道参观什么、为什么参观、怎么参观;参观时要安排好讲解;参观后应当安排总结交流活动,或当场交流参观体会和感受,或事后组织讨论会,或写一篇体会作文等。

7. 课题式

在班级主题活动中,课题研究活动是一种新的形式。当今学生的自主性强了,探究性强了,创造性强了。他们已不愿局限于课堂教材内容的学习,也不满足于仅靠学校老师传授知识,他们对感兴趣的问题,愿意自己寻找解决问题的途径:上网、进图书馆、调查访问、做实验,发现问题,找出问题存在的原因,探索解决问题的办法。

在课题式活动中,选择研究性课题要注意以下几点:选题要有价值;选题的难度适合学生的研究水平和研究能力;问题的解决有可行性。

(二)选择班级主题活动形式的基本原则

班级主题活动,除了要选择内容外,还需要选择形式。一个好的活动形式能够使活动主题更加鲜明突出,也能够激发学生参与的热情,从而使教育功能得到最大的发挥。

选择主题活动的形式需要坚持以下原则:

1. 适合性

形式是为内容服务的,必须服从内容的需要。班级活动的形式适合活动内容,这是选择活动形式最基本的要求。

班级主题活动形式应当与当地环境和条件相适合。我国地域辽阔,各地自然环境和人文环境各不相同;我国经济发展存在不平衡的现象,东部地区与西部地区、城市与农村的学校活动条件存在差异。班级活动形式的选择必须充分考虑到这些。比如进行爱国主义教育活动,当地有爱国主义教育基地的,就可以组织实地参观活动,有条件的还可以借助现代传媒手段,通过观看电视、录像、影碟等形式进行;开展体育活动,南方可以游泳,北方可以滑雪;组织春游活动,有山的地方可以登山,有湖的地方可以赏湖。

班级活动的形式要适合班级实际和学生的特点。组织劳动教育活动,城市的学生可以学习生活自理,参加公益性劳动,收集废品卖钱支援希望小学,而农村的学生可以学习科学技术,帮助家庭脱贫致富等。正所谓合适的就是最好的。反之,如果一个班上没有什么同学喜爱和擅长书法绘画,却要组织书法绘画比赛活动,肯定不会有多少同学主动参加,活动也难以取得成功。

2. 创造性

创新教育不断呼唤教育创新,班级主题活动就是一种创造性的教育活动。班级活动形式没有现成的固定模式,给师生发挥自己的聪明才智,进行创造提供了广阔的空间。

例如,有的老师针对现实生活中人们滥捕滥杀有益动物而使害虫乘机作乱的现状,在"爱鸟周"举行了"动物审判会"主题队会。队会上表演者戴上动物头饰,表演法庭审判动物情景:益鸟"啄木鸟"担任审判长,被告猫头鹰、老鼠、青蛙、乌鸦、天牛逐一被带上法庭,原告起诉它们的犯罪事实,律师则进行辩护,审判长宣布审判结果:无罪释放猫头鹰;判处老鼠死刑,立即执行;宣布青蛙无罪,给青蛙记特等功一次,放回田里继续捉害虫,坚决禁止捕杀青蛙;鉴于乌鸦功过各半,宣布对它宽大处理,判它监外执行。[①] 这个主题队会采用拟人化的表演、法庭审判的形式,富有创造性,特别适于学生的欣赏习惯,满足了他们的好奇心理,动物保护教育的内容就易为他们接受。

3. 趣味性

增强活动的趣味性是增强班级主题活动效果的一个重要手段。班级主题活动的形式必须丰富多彩、生动活泼、富有情趣、寓教于乐。在有利于表现主题的前提下选取班级活动形式,顺应学生爱玩的天性,"投其所好",采用学生喜闻乐见的、能激发学生参与兴趣的形式,如游戏、表演、竞赛等,使他们在饶有趣味的活动中愉悦身心,学习知识,增长能力,健康成长。只有这样,学生才能"动"起来,而活动才会"活"起来。

4. 多样性

班级活动的形式很多,每一种活动形式都有它的特点和长处,但是再好的形式如果反复采用也会使学生厌倦,所以班级主题活动形式的选择应体现出多样性;尤其是同一主题的班级活动,每次举行时要考虑变换活动形式,以唤起同学们参与的热情和积极性。多样性还表现为在一个班级主题活动中采用多种形式。

四、班级主题活动的组织

班级主题活动是很富有创意的班级活动形式。班级主题活动的组织,最能体现班级管理者的班级活动管理能力。开展一次班级主题活动,班主任的组织工作可以分为四个阶段。

(一)第一阶段:活动设计

活动设计是指对班级主题活动进行策划并撰写活动方案,它是开展班级主题活动的基础。活动设计是否有新意,关系到班级主题活动质量的高低。活动策划包括选择活动主题,选择活动内容,选择活动形式,设计活动名称。活动方案有简案和详案两种,前者规划性较强,后者操作性较强。

1. 活动策划

(1)选择活动主题。班级主题活动与班级例会活动的最大差别在于它有明确的主题。主题的选择有两个依据:其一,从学生的学习生活中选择,班主任在班集体建设和学生的学习生活中发现可以运用的活动内容,据此提炼出活动主题;其二,从教育目标和教育计划中选择,班级主题活动是对学生进行教育的一条重要途径,根据教育目标和教育计

---

① 林志超.从班会课程到成长课程[M].上海:华东师范大学出版社,2017.

划确定活动主题,有利于教育目标的实现。

（2）选择活动内容。活动主题要靠活动内容体现,所以活动主题确定后,关键是要选择能够表现主题的内容。在能够表现活动主题的前提下,选择活动内容应当尽量符合以下三点:首先是求"近",即活动内容贴近学生的思想和生活,尽量选择学生身边的人和事,这样易于引起他们的共鸣,教育功能能得到有效的发挥;其次是求"新",即活动内容新颖有创意,避免陈旧俗套的内容,这样易于激起学生的兴趣,调动他们参与的积极性;再次是求"小",即活动内容切入主题的角度小,使活动内容集中,主题更加突出,这样易于"小题大做",还可以将一个个小选题组成系列,使活动的内容更为丰富。

（3）选择活动形式。学生的年龄特点和接受心理,决定了他们更喜欢"寓教于乐"式的活动形式,比如游戏、表演、竞赛等。所以在选择活动形式时,首先要充分考虑他们的这一特点,在为活动内容服务的前提下,尽量选择他们所喜欢的新颖、多样、多变的活动形式;其次要力求选择的活动形式能够发挥班级同学特长,便于全体同学参与到活动当中;最后还要考虑活动形式应便于操作,充分考虑活动形式对时间和场所的要求。

（4）设计活动名称。每一个班级主题活动都有自己的名称。一个好的活动名称,应当文字简洁、语言形象,能鲜明揭示活动主题,能给人留下深刻印象,能激发学生参与活动的热情。为主题活动命名,不只是班主任和少数班干部的事,而应当发动全班同学,集中大家的智慧。

2. 撰写方案

演戏要有剧本,班级主题活动也要有文本,这个文本就是活动方案。活动的策划常常是对班级主题活动提出原则性的意见,而将策划内容撰写成活动方案,就是将活动进一步具体化、细节化的过程,所以撰写活动方案就是对班级主题活动进行进一步设计的过程。

活动方案有简案和详案两种,前者规划性较强,后者操作性较强。目前班级活动采用较多的是撰写详案,因为它对活动内容、活动步骤和活动过程的介绍具体而详细,操作性强,便于活动准备工作的开展和活动实施过程的顺利组织。班级主题活动设计详案常见的类型有:

教案式:用写教案的方式来撰写,有明确的活动意义、活动目的、活动内容、活动安排、活动过程以及活动提示等,简明扼要,是班主任掌握活动进度,安排整个活动的最好办法。

串联式:用串联词的方式把活动内容有序地连接起来,注意起承转合,一气呵成。写串联式活动方案时,班主任和学生要充分发挥想象力,对活动的方方面面进行通盘考虑,这种活动方案在某种程度上容易束缚学生的手脚,因为一切都是事先策划好的。

散文式:以散文的笔调把多种活动形式或多方面活动内容有机地贯穿起来,也称"点子式",有形散而神聚的特点。

不管是哪种类型的活动方案,都应当包括以下要素:活动名称、活动目标、活动时间和地点、活动主持人、参加的人员、活动内容和形式、活动步骤和过程。

（二）第二阶段:活动准备

有了一个详细的活动方案文本,便为班级主题活动打下了一个坚实的基础,但要把文本变为一次成功的班级活动实践,这其中需要做许多的准备工作。从制定出活动方案到班级主题活动举行之前,可以看作开展主题班级活动的第二阶段,这一阶段的任务,就是在班主任的组织指导下,依靠学生做好活动的各项准备工作。主题活动的准备过程,就是培养学生学习能力、交际能力、自我管理能力和活动能力的过程,也是培养他们集体主义精神的过程。准备工作的组织要做到:统筹安排,各显其能;分工明确,各尽其职;指导认真,检查到位。

1. 准备工作的组织

充分的准备工作是班级主题活动成功的保证。而准备工作量大、头绪多,需要班主任的精心组织、积极指导。组织准备工作应当做到下面三点:

(1)统筹安排,各显其能。班主任必须紧紧依靠全体同学完成。班主任要善于根据各个同学的特点,运用他的长处安排工作任务:如安排写作水平好的同学写文本,学习好的同学搜集资料,交际能力强的同学送请柬、借物品,能歌善舞的同学表演节目,手巧的同学布置美化教室,有体育特长的同学带领大家运动,等等。尽量使每个同学都能参与到准备工作中来,并得到锻炼和提高。

(2)分工明确,各尽其职。调动同学参与到班级主题活动的准备工作中来,班主任需将工作任务进行明确的分工,保证每一项准备工作都能落实到人。如果一项工作是由几个同学合作完成的,也应当明确负责人。只有这样才能保证准备工作落到实处,也才能使参与准备的同学各尽其职。

(3)指导认真,检查到位。低年级的学生能力相对较弱,所以班主任将准备工作的任务布置下去后,进行认真具体细致的指导是不可缺少的,很多时候需要手把手地教。同时,班主任还要对完成任务的时间做明确规定,随时掌握准备工作的进展情况,及时帮助学生解决在准备过程中遇到的问题和困难。

2. 准备工作的内容

主题班级活动因活动地点的不同可分为校内活动和校外活动两类,准备工作也因此有所不同。

(1)班内班级主题活动的准备。在校内开展的班级主题活动,班主任一般应组织同学完成以下准备工作:

第一,查找整理活动所需资料。班级主题活动往往是融知识性于其中的,如知识竞赛活动、爱国主义教育活动、环境保护教育活动等,都涉及科学、历史、文学等方面的知识。所以,准备主题活动一个很重要的工作,就是查找整理活动所需资料。班主任要教给学生找资料的途径和方法,不能仅仅让少数同学做这项工作,而是要发动全班同学去做,让这一准备工作成为激发学生求知欲望、培养学习能力的途径。对学生搜集来的资料,班主任要带领学生一起整理筛选,使所选资料能为活动内容服务,并确保所引用的资料正确无误。

第二,培训活动主持人。班级主题活动的主持人是活动的灵魂,班主任要有意识地通过活动来培养学生的主持能力。学生可塑性强,参与活动的积极性也高,但由于知识水平和能力水平有限,加之实践机会少,主持能力普遍不高,因此班主任要对他们进行培训工作。活动主持人的培训,可以从以下几个方面入手:一是训练主持人的普通话,做到语音标准、声音响亮;二是训练主持人的仪态和胆量,做到大方自然地主持;三是帮助主持人熟悉活动内容和活动程序,熟悉主持词;四是训练主持人的组织能力和应变能力,例如,如何调动全体同学的积极性,如何活跃现场的气氛,如何处理活动中的偶发问题等。

第三,准备活动用品及设备。班级主题活动中,经常要运用多媒体设备,还有表演用的乐器和服装、运动器材等。班主任要明确活动中需要哪些器材设备,什么时间向学校借用,器材设备借来后由哪位学生保管使用,有些器材还要教学生使用。

第四,邀请来宾。班级主题活动有时会邀请学生家长、学校领导、社会人士参加。邀请来宾,比较正式的活动应当准备好请柬,一般,来宾可由班干部带上请柬去邀请,特别重要的来宾应当由班主任带领同学代表前去邀请。在邀请时,一要明确告知被邀请人活动举行的时间、地点;二要向被邀请人说明他在活动中的任务,如发言、讲话、活动点评、宣布名单、颁发证书奖品、参加游戏、表演节目等,使被邀请人能够事先做好相关准备;三要确定被邀请人能否参加活动;四要对被邀请人表示感谢(不论被邀请人是否接受邀请)。如果被邀请人不在本校,还应当留下联系方式,以便及时联络。

第五,排练文艺节目,准备服装与道具。学生在班级活动中比较喜欢表演和游戏的方式,为了保证表演和游戏的效果,需要进行排练。文艺节目的排练,例如,歌舞类的节目,班主任要帮助挑选音乐、准备伴奏带和录音机,安排排练场地;小品等语言类节目,班主任要指导学生编写剧本、修改剧本,确定角色扮演者。此外,要指定学生中的文艺骨干专人负责排练工作,当节目表演难度大、要求高时,班主任还应请高年级的学生,或者学校的音乐舞蹈教师来指导排练。文艺表演常常要准备表演服装道具,班主任要统筹考虑,有些道具可以组织学生自己动手制作。服装的准备要明确是由学生自己准备,还是向学校或外单位租借,如果是外借,由谁何时去借要安排好。班级主题活动中安排游戏项目的,班主任要仔细考虑到游戏活动对场地、时间的要求,以防与其他活动发生矛盾和冲突,在此基础上制定出游戏活动具体可操作的规则,设计好游戏活动的组织方式。

第六,布置美化活动场地。对于班级主题活动开展的场地,应当进行必要的布置和美化。班主任首先要安排同学根据活动方案中的美化要求,将美化需要的材料购买好,然后在活动开始前落实专人完成布置美化工作。

第七,做好活动预案。有些班级主题活动或活动中的某些环节会受到各种因素的影响,如来宾因事不能参加等。对于不确定因素会影响活动方案执行的情况,在准备活动的过程中要考虑备用方案。

(2)校外班级主题活动的准备。带领学生走出校门接触社会是培养学生社会实践能力的一条重要途径,如今有越来越多的班级主题活动以社会为课堂。由于活动地点在校外,所以活动的准备工作除了收集整理活动所需资料,准备活动用品及设备等外,还有以下一些内容:

第一,安全教育。组织学生外出活动,学生的安全是第一位的,班主任应安排专门时间对学生进行安全教育和纪律教育,确保学生在活动过程中的人身安全。

第二,对外联络。① 组织参观活动,首先要与参观单位进行联络,问清楚参观场馆的开放时间,进行预约;其次要了解是否收费,如何收费,事先将费用准备好;再次要交代同学准备好参观活动的用具;最后,如果教师对参观活动地点不熟悉,应事先了解行走路线。② 组织访问活动,首先应与访问对象联系,说明活动的目的和意义,提出访问的请求,征得对方的同意;其次要向访问对象提出协助请求,说明需请对方做哪些准备和提供什么条件;再次要与访问对象商定双方都适宜的访问时间和地点。外出活动前,班主任一般应准备好单位介绍信,用来对外联系和购买团体票。

第三,安排交通饮食。外出活动,在活动地点较远的情况下,除有计划的远足锻炼活动外,应安排好交通工具,还要注意交通工具的安全性能,切忌超载;活动时间长时应安排好用餐方式,一定要注意用餐环境的卫生和饮食的卫生。

第四,租借器材用品。组织户外的春游、秋游及远足活动,班主任要安排同学带上活动中所需要的游戏、体育用品,要事先让同学缴上活动经费,还应准备好常用的急救药品。组织公益性劳动应通知学生准备好劳动工具。

第五,做好活动预案。组织校外班级主题活动,如组织参观、访问、野营、旅行、公益劳动等活动,天气变化可能使活动不能如期进行,因此也要做好备用方案。一般的处理是将活动顺延到下一周,同时将班级活动计划中不受天气影响的活动提前举行。

(三) 第三阶段:开展活动

经过第二阶段的工作,班级主题活动应当是"万事俱备,只欠东风"了,一切准备就绪,在活动正式开始前,班主任一定要做最后的检查。如果邀请来宾,要有专人接待,要安排好座位。在预定的时间和地点,班级主题活动正式开始了,这是将活动设计的蓝图变为活动实践的现实的过程。在这个过程中,班主任主要起指导和保障的作用。

1. 指导

班主任要帮助班干部维持好活动现场的秩序和纪律。班主任要指导主持人主持。如活动现场气氛不热烈甚至出现冷场,或活动现场太热闹,主持人控制不了现场,或主持人和参与的同学因紧张出了差错,这时班主任一定要沉得住气,不要埋怨学生,而是要帮助主持人采取相应的对策。

2. 保障

班主任要保证班级主题活动准时开始和结束;保证活动按照活动方案顺利执行;要及时处理活动中出现的一些技术性的问题。

(四) 第四阶段:总结工作

班级主题活动结束后,就进入最后一个阶段——总结提升。

1. 总结的意义

班级活动开展后,应当及时总结,这既是对本次活动的一个回顾评价,也是巩固和提升活动效果的方法,更是在为今后的活动积累经验。让学生在活动中学会活动,让他们在一次次活动中体验成功，提高自信，得到成长。

2. 总结的原则

总结应当充分肯定成绩，以鼓励为主。同时，总结也应实事求是，一分为二。班级主题活动虽然经过了设计方案、准备活动两个阶段，但难免会出现在设计时未能预料的情况和问题，难免存在不足。在总结评价时应实事求是地分析这些不足和问题，找出原因所在，总结教训。对于存在的问题，班主任应当主动承担责任，切忌指责、批评学生。

3. 总结评价的形式

在班级主题活动结束时，班主任做总结发言，对活动做一个简单扼要的评价，这应当说是最基本的总结方式。学生是主题活动的主体，活动的成功与否他们最有发言权，因而活动总结时也应当请学生对活动进行总结评价。

除了口头总结外，在参观、访问、报告以及劳动、服务等活动后，让学生记日记、写作文、出墙报交流体会和收获，也是很好的活动总结评价方式。学生通过回顾自己在活动中的所闻所见，总结收获和体会，可以促进情感和认识的升华，也是巩固和提升活动效果的有效途径。

一些主题系列活动内容更丰富、活动周期也较长，总结评价就更有必要了。既可以通过让学生写总结报告、写课题研究论文的方式进行总结，也可以用举办展览、举行评比的形式进行总结，这些形式便于学生展示活动成果，进行经验交流。

五、开展班级主题活动应注意的问题

班级主题活动是进行班级组织建设和开展班级教育活动的重要形式。对于班级主题活动开展的实际情况，有三个需要注意的问题。

第一，以促进班集体建设为出发点。所有从班级管理目标出发的班级主题活动，都应当注意活动与班级管理的关系，特别是同班集体建设的关系。当然，从班级管理出发、从班集体建设出发，并非必须从班级生活本身找问题。主题活动的特点也许就在于它超越了本班的具体问题，从学生的德、智、体、美、劳诸方面发展出发，以更深刻的主题、更丰富的内容，教育班级、凝聚班级，从而引导班集体向着共同目标迈进。

第二，避免形式化。主题活动是对班级形象有着重要影响的活动，班主任自然应高度重视。主题活动常常也是学校或班级向社会开放的形式，其影响会扩大到社会。主题活动的这种特点，也使得一些主题活动组织者"为主题活动而主题活动"，使得主题活动表面上热热闹闹，但是对班级组织建设和学校发展并没有什么作用，甚至起到相反的作用。

第三，避免成为少数人的活动。主题活动是全班的活动，是全班锻炼、成长的舞台，而不是表演性的活动。有时，主题活动的组织者为了追求"精美"，只让有特殊才华的学生表现，这就不能达到组织建设的目的了，甚至还会削弱班级组织的才能。

本章小结

班主任开展班级管理，比较正式的活动方式有晨会、班会、队会。晨会是日常性的，特点是短小、及时。班会有班级例会和主题班会。班级例会主要解决班级组织的日常问题，主题班会则是根据组织目标的需要，选择重要的课题，精心准备，悉心实施活动。队会是少先队组织建设的专门形式。队会有少先队特有的礼仪和活动形式，无论是班队会、主题队会还是即兴队会，都是从少先队组织建设出发。但是，少先队组织与班级组织建设是统一的。

　　班级主题活动是班级活动的主要类型，活动内容丰富，活动形式多样，最能体现班级管理者的教育理念和教育艺术。班级主题活动的内容主要有五大类：德育活动、智育活动、体育活动、美育活动和劳动教育活动。班级主题活动常用的七种形式：讨论式、报告式、竞赛式、表演式、游戏式、参观式、课题式。开展一次班级主题活动，班主任的组织工作可以分为四个阶段：活动设计、活动准备、开展活动、活动总结。

思考与探究

一、理解概念

班级活动　班级晨会活动　班级例会活动　主题班会

二、简答

1. 班级活动的意义是什么？

2. 组织班级活动的原则有哪些？

3. 如何开展主题班会？

三、案例分析

阅读下面案例①并思考问题。

一天，在学校午休的时候，美代同学对大家说："今天晚上，有一辆新电车要来啦！"大家高兴极了，有人建议说："今天晚上咱们不回家，干脆都在这里等着看电车来吧！"

于是，美代同学作为代表，去问她那当校长的爸爸：大家是否可以在学校里待到晚上？不一会工夫，美代回来了，她说："爸爸说，电车要在夜里才能来，因为要等到上班的电车全部回厂以后。不过，特别想看的人要先回家一趟，征求一下家里人的意见，如果家里人同意了，就在家里吃完晚饭，然后再带上睡衣和毯子到学校来！"

"啊！！""啊！！"大家更加兴奋了。

妈妈把小豆豆的睡衣和毯子准备好，吃过晚饭就送小豆豆到学校去了。

到学校集合的还有几名听到消息的高年级学生，总共有十多个人。除小豆豆妈妈之外，还有两位送孩子来的母亲，他们都显出"很想看看"的样子，但最后还是把孩子托付给校长，回家去了。

"电车来了，我会叫醒你们的。"

听到校长这样一说，大家就到礼堂里起毛毯睡觉去了。

"那电车究竟是怎么运来的呢？一想到这儿，夜里连觉都睡不着！"

---

① 黑柳彻子.窗边的小豆豆[M].赵玉皎，译.海口：南海出版公司，2003.

135

大家的心情也确实如此，但因为脑子一直很兴奋，这会儿疲乏劲上来了，尽管嘴里还在说："一定要叫醒我啊！"

渐渐地却都睁不开眼睛了，最后终于都睡着了。

"来啦！来啦！"

听到一阵吵吵嚷嚷的声音，小豆豆连忙跳起来，穿过校园跑出了大门口。刚好在淡淡的晨雾之中出现了电车那庞大的身影。简直就像做梦一样。因为那电车顺着没有铁轨的平平常常的马路，无声无息地开过来了！

这辆电车是从大井町调车场用拖拉机运来的。小豆豆和同学们知道了世界上还有一种比拖车还大的拖拉机，而这是她们过去从没听说过的，因此都感到特别激动。

电车就是用这台大拖拉机在清晨还没有一个人影的街道上慢吞吞地运来的。

不过，接下来就热闹了。由于当时还没有大型吊车，所以要把电车从拖拉机上卸下来，然后再挪到校园里固定的角落处，这可是一项非常困难的工作。运电车来的那些大哥哥们把好几根又粗又圆的木棒垫在电车下面，再一点一点地滚动木棒，就这样把电车从拖拉机上搬到校园里去了。

"同学们看仔细了！那些木头叫滚木，应用了它们的滚动力，才把那么大的电车挪动起来的！"校长这样给孩子们解释道，孩子们都十分认真地参观着。

仿佛给大哥哥们用"嘿哟""嘿哟"的号子声伴奏似的，早晨的阳光升起来了。

这辆曾经满载乘客、辛勤工作过的电车，已经和来到这所学校的其他六辆电车一样被卸掉了车轮，不必再去奔波劳碌，从此以后只消满载着孩子们的欢声笑语便可以悠闲度日了。

孩子们身穿睡衣沐浴着早晨的阳光。他们对于能够身临其境目睹这生动的场面，打心眼里感到幸福。并且还因为过分高兴的缘故，一个挨一个地抓住校长的肩头和手臂又打秋千又扑到怀里地玩了一通。

校长摇摇晃晃地高兴得笑了起来。看到校长的满面笑容，孩子们马上又笑声四起，显得更快活了。在场的人，无论谁脸上都挂满了笑容。而且，此刻欢笑的场面，大家都把它永远铭刻在记忆里了。

问题：

1. 分析校长这样安排的理由。结合案例讨论班级活动组织的原则。

2. 列举你最喜欢的班级活动，并分析原因。

实践活动

针对某个年级，设计一个完整的主题活动方案（注意在具体方案前写出设计理念）。

第七章
班级文化管理

【学习目标】

  1. 了解班级文化的内涵。

  2. 理解班级文化的特点和功能。

  3. 理解班级文化管理的原则。

  4. 思考班级精神文化的教育价值。

【本章重难点】

  班级文化教育价值的体现。

微信扫码

获取配套资源

班级文化不仅具备了文化现象的内涵,还具有作为管理手段的内容,因此可以从文化现象和管理手段两个方面来理解班级文化的内涵。班级文化管理以尊重人、发展人为宗旨,以提高学生的素质为核心,全面体现了现代教育的特征。班级物质文化是基础,班级制度文化是保证,班级精神文化是核心和灵魂。三种文化相互作用与影响,共同构成一个有机联系的整体结构。班级文化管理是真正实现班级"追求个人与班级共同发展"目标的最佳选择。

第一节　班级文化管理概述

班级作为一种社会组织,班级文化在班级管理中十分重要。班级文化管理一方面传承着文化,蕴含着文化现象,同时还充当管理手段,彰显文化的管理作用。班级文化不仅是班级特色的重要体现,更关系到每一位学生的健康成长。只有优秀的班级文化才能培养学生的健康人格和健康心理,只有合理的班级文化管理才能有条不紊地提升学生的整体素质。

一、班级文化与班级文化管理的内涵

《中国大百科全书·社会学卷》中将文化定义为:"文化是指人类一切物质产品和精神产品的总和。"广义的文化是指人类有意识地作用于自然界、人类社会及人自身的一切活动及其结果的总和。文化分为三个层面的内容,即器物层、制度层和精神层。其中,器物与制度层面的文化是指可见之于形、闻之于声的外显的文化现象,其主体是物,也称之为"硬文化"。精神层面的文化是不可称量、无形的、内隐的文化现象,如人的价值观念、审美取向、精神风貌等心理层面的内容,其主体是人,因此称之为"软文化"。狭义的文化通常被看成是"生活于一定的文化共同体中的人们长期积淀而成的一套文化系统,包括价值观、思维模式、审美趣味、道德情操、宗教情绪、民族性格等,而价值观念系统是其核心"。

关于班级文化的内涵,我国学者提出了许多观点,众说纷纭。有的学者认为班级文化就是班级的环境,包括物质环境和精神环境;有的学者认为班级文化就是班级精神;有的学者认为,班级文化就是潜在课程。由于班级文化不仅具备了文化现象的内涵,还具有作为管理手段的内容,所以我们从文化现象和管理手段两个方面来理解班级文化的内涵。

作为文化现象的班级文化也具有广义和狭义之分。广义的班级文化是班级成员在班主任引导下,为实现班级目标而创造的物质财富和精神财富的总和,它是客观存在的。由于隶属于文化的范畴,所以广义的班级文化的内容也可以分为三个层面:精神层,如班级道德、班级风气、人际关系等;制度层,如课堂常规、奖罚制度等;物质层,如出板报、贴墙报、挂班训等教室内部环境的布置。狭义的班级文化特指班级全体成员创造出来的独特的精神文化,它是班级文化建设的核心与灵魂。

美国麻省理工学院教授爱德加·沙因(Edgar Schein)通过研究发现:狭义的班级文

化是指在班级同学相互作用的过程中形成的,为大多数同学所认同的,并用来教育和影响同学的一套价值体系,也就是班级成员在学习、生活以及日常活动中,努力贯彻并实际体现出来的一种大家共有的行为,这包括价值观念、道德信仰、精神追求、生活习俗、思维方式等。即在一个班级的核心价值体系的基础上形成了具有延续性的、共同的、习惯性的认知系统和行为方式。这种共同的认知系统和习惯性的行为方式使班级同学彼此之间能达成共识,形成心理契约。因此,狭义的班级文化是用来组织班级同学思想与行为的心理依据。

作为管理手段的班级文化,其本质内涵是指以一种价值、心理等精神文化为导向,对班级特定的教书育人目标产生匹配作用的战略管理手段。此时作为一种价值的、心理的管理手段的班级文化,其对班级目标的匹配作用主要是通过班级精神的形成来实现的。班级精神是整个班级文化的基因,一切班级文化的要素都是由其衍生出来的,判断某种班级文化是否成熟的标准就是看它是否有一种比较明确的班级精神。因此,班级文化建设的操作模式要以班级精神的形成和发展为线索来考察问题。只有将班级精神落到实处,班级文化的目标匹配作用才能真正发生。

因此,班级文化管理是为实现班级管理的目标,借助于既以传承文化为目的,又以文化约束力为手段的班级文化来组织和管理班级同学的思想和行为,促进班级整体进步的一种文化管理。

二、班级文化的内容与特点

班级文化管理是中小学班主任组建班集体的核心工作之一。班主任要抓住这个核心,有效进行班级文化建设,不仅要弄清楚班级文化的内涵、发展历程,还要知道它包括哪些主要内容,它的特点是什么,才能不断丰富和充实本班班级文化管理的内容,不断提高班主任班级文化管理的水平。

(一) 班级文化的内容

班级文化不是一种刚性的、强制性的、说教的固定模式,而是一种充满柔性的、温和的、人文的精神、制度、关系和环境的综合存在体。班级文化是一种文化现象,因此可以把班级文化分为三个层面的内容:外层是指班级的物质文化,中层是指班级的制度文化,内层是指班级的精神文化。

所谓班级物质文化,是指班级文化的表层,是看得见、摸得着的东西,属于班级文化的"硬件"。班级物质文化是凝聚、体现、寄托班级成员的生存方式、生存状态、思想感情的物质过程和物质产品。班级物质文化包含教室环境的布置、寝室内环境的布置、班级管理目标、班级口号及师生的仪表等,它具有"桃李不言,下自成蹊"的隐性教育功效。因此,我们应当赋予班级物质环境以一定的文化色彩和教育意识,"让教室的每一面墙都会说话(苏霍姆林斯基)"。换言之,通过强化外显文化的视觉冲击力和感染力,使学生在潜移默化的健康、文明、上进的氛围中受到熏陶,在思想上、情感上、行为上"如入云烟之中而为其所烘,如近墨朱之处而为其所染"。

所谓班级制度文化,是指班级成员在实现班级管理目标的过程中所达成的人与人之间的各种关系准则的总和。班级制度文化包括班级领导班子岗位责任制（常务班长职责、团支部职责、班委会委员职责、值周班长职责、值日班长职责、科代表职责等）、班级各项运转机制（包括各项监督机制与激励机制）、班级各种行为规范的常规制度（包括一日常规、一周常规、学期常规和学年常规）。班级制度文化的建设，不仅为学生提供了评定品格行为的内在尺度，而且使每个学生时时都在一定的准则规范下自觉地约束自己的言行，使之朝着符合班级群体利益、符合教育培养目标的方向发展。正所谓"没有规矩，不成方圆"。因此，在班级文化管理中，班主任应该努力建构活而有序的班级制度文化。

班级精神文化是班级文化管理的核心内容和精髓所在。所谓班级精神文化，主要是指班级全体成员在长期的交往过程中习得的，共同认同的思想观念、心理倾向或情绪反应方式的体现。班级精神文化包括价值取向、行为规范、伦理道德、审美倾向等多种内容。班级精神文化必须回答这样几个至关重要的问题：如何看待班集体？如何看待班级同学及其关系？如何思考和定位学习及其目标？如何担负起对班级、国家和社会的责任？等等。班级精神文化是班级文化建设的深层次要求，是浸润在物质文化和制度文化中的一种隐性文化，在班级整个文化系统中占据核心地位。搞好班级精神文化建设，有利于巩固物质文化、制度文化建设的成果，对促进学生和谐健康地发展起着重要的激励和感染作用。

苏联教育家马卡连柯的"前景教育"思想认为：要激励一个集体，首先必须形成大家共同拥有的希望和追求，正是这种追求和希望，能团结大家、激励大家，使大家心往一处想、劲往一处使。当这种层面形成时，这个团体就有高昂的斗志、饱满的精神和勇往直前的毅力。因此，构建和谐的班级文化，班主任要将学生的情感发展作为班级文化管理的重要目标之一，使班级成为培养健康内在文化的场所，使班级形成良好的班风，进而使班级全体成员都有正确、健康的发展，共同为实现班级的目标而努力奋斗。

班级文化三个层面的内容是相辅相成、缺一不可的。班级物质文化是基础，班级制度文化是保证，班级精神文化是核心和灵魂。三种文化相互作用与影响，共同构成一个有机联系的整体结构。在一个组织中，人们对待物质的态度和方式、对待制度的态度和方式以及对待精神的态度和方式是一致的。在一所学校中，物质、制度与人的精神亲和程度和对待态度和方式也应该保持一致。

因此，在建设班级文化时，要充分考虑到各层次结构之间的内在联系，充分发挥出最大的功能。当各部分以有序、合理、优化的结构形成整体时，班级文化的整体功能会大于班级物质文化、班级制度文化、班级精神文化各部分功能之和。因此，班主任带领着班级学生既要搞好局部文化管理，又要搞好班级整体文化管理，更要注重局部与整体之间的协调，切实做好全面、有效、合理的班级文化管理。

班级里坚持以学生为本，促进学生的全面和谐发展，满足学生各方面的发展要求，不断提升学生的思想高度、提高学生整体的精神面貌，是现代班级文化管理的目标，也是班级文化建设的归宿。所以无论是物质层面、制度层面，还是精神层面的管理都要充分体现出关心人、尊重人、理解人和信任人，充分发挥人的主动性，激励人的创造性，挖掘人的潜在能力的根本思想。要将这些价值观念内化于班级所有成员的意识中，使之认同并自觉地遵守，从而形成有序的班级管理。

（二）班级文化的特点

在班级文化管理,尤其是在班级精神文化的建设和管理过程中,最重要的因素是人的因素,也就是学生的因素。坚持以人为本,促进人的全面和谐发展,是现代社会科学发展观的要求。班级文化作为一种特殊的文化现象,具有以下几个特点:

1. 主体性

学生是班级的主体,也是班级管理的主体,班级文化管理更应该如此。所以,班级文化管理要尊重学生的主体地位,尊重学生的独特性,满足大多数学生个性发展的要求,调动班级集体参与的积极性,使学生认同班级文化,接受班级文化。

2. 多元性

班级是一个多元的集体,是由教师和几十个有着不同家庭文化背景、不同性格、不同气质、不同成绩的学生结合而成的"文化生态圈"。单一的班级文化形式必然引起学生的不满和反感。所以,班级文化要满足每位学生的发展需要,其内容和形式必须丰富多样。

3. 动态性

班级文化是一个动态、不断发展的系统。班级文化必须顺应时代要求而有所变化,只有不断丰富其内涵,班级文化才能在新的时代下充满生机与活力,才能引领和团结班级成员共同进步、协同发展。所以,班主任必须懂得班级理念的时代性特征,提出符合时代要求、体现时代精神的班级理念。

4. 导向性

班级文化必须体现现代教育的要求,符合学校教育发展要求。因此,作为直接与学生接触的班级文化必须有正确的导向,必须以学生为主体,培养学生健康向上的观念和行为,引导学生树立正确的价值观、人生观和世界观。

5. 独特性

班级文化体现着本班级的特色,是区别于其他班级的重要特征。班级文化的独特性源于班主任的教育管理理念与学生的智慧和个性。优秀的班级文化是班主任和学生个性、意志的体现。一味地模仿他人,不适合本班级学生特点的班级文化是不科学、不能长久的。

6. 整体性

班级是一个整体。班级文化在满足每一位学生发展要求的同时,还要考虑到班级整体的精神面貌。班级文化应该起到把不同家庭文化背景、不同性格、不同成绩等的多元化的学生融合在一起的作用。班级文化也要重视班级整体的进步和发展。

三、班级文化的功能

苏霍姆林斯基在其名著《帕夫雷什中学》中写道:"我们应努力做到,使学校的每一面墙壁说话。"美国教育学家杜威也认为:成年人有意识地控制未成熟者所受的教育,唯一的方法是控制他们的环境,让他们在这个环境中行动、思考和感受。人的生长与成熟受到其所处的环境的影响。班级文化是学生直接接触的环境,对学生的发展有着至关重要的作用。

(一) 教育功能

学生在班级中的学习分为显性学习和隐性学习。显性学习是指学生在老师的引导下,以教育目的为指导,按照规定好的教学计划,有组织地开展教学活动。隐性学习也叫潜在学习,即学生在班级正式教育教学活动之外的学习。这种潜在的学习实际上就是通过班级文化来体现的。班级文化是学生形成健全人格的直接的文化环境。中学生正处在自我认识的重要转变时期,他们的自我意识不可能通过自身来完成,而是需要借助于他人的参照,只有在与他人的相处中才会最终完成这一过程。在一个班级文化浓郁的班级中,全体学生共同创造出来的班级文化能够给予学生最好的发展条件,使学生各方面的需求得到最大的满足,最有利于学生的全面发展。

(二) 导向功能

班级文化必须体现现代教育的要求,符合学校教育发展要求。班级文化要对班主任的教育理念和学生的思想态度进行正确的引导,要贯彻党的教育方针和教育要求,引导学生树立正确的价值观、人生观和世界观。

(三) 规范功能

文化是约束人们言行的软实力。班级文化也应起着约束学生言行、规范学生态度的作用。优秀的班级文化一旦形成,班级成员就会自觉地约束自己,遵守各种规定,使自己的行为与其他班级成员和班级整体要求保持一致。

(四) 激励功能

激励理论认为,最出色的激励手段是让被激励者觉得自己确实做得不错,能发挥出自身的特长。事实也证明,人越认识到自己行为的意义,行为的社会意义就越明显,也就越能产生行为的强大推动力。在一种"人人受重视、个个被尊敬"的班级文化气氛下,学生的表现就会得到及时肯定、赞赏和奖励,学生时时受到鼓舞,处处感到满意,就会产生极大的荣誉感和责任心,便会自觉地向更高目标努力。班级文化所倡导的观念和宗旨,为学生提供了良好的激励的标尺。班级文化着眼于整体的文化建设和人的不断完善,在建立一种人创造文化、文化塑造人的良性循环机制中发挥其巨大的激励作用。

(五) 文化传承功能

班级文化作为文化的一种也应该具有传承的功能。优良的品德、高尚的节操等都需要通过班级文化来继承和发扬下去。这些不仅体现在学生以后的行为和发展上,还体现在对后代的教育和影响上。

班级文化作为班级管理的主要内容,具有非常丰富的内涵和鲜明的特点。班级文化不仅仅是为了管理整个班级的秩序,还是根据班级学生的特点而形成的特色文化。班级文化只有符合班级学生的发展要求时才能发挥其教育、导向、规范、激励和传承文化的功能。

四、班级文化管理的发展历程

班级管理的目的是促进学生健康成长,实现班级更好的发展。良好的班级管理能有效促使教师、学生、学校甚至教育的和谐发展。然而,事物发展过程都有一定的阶段性。班级管理也是一个在不断探索中发展和完善的过程,有其特定的阶段性和层次性。以往的研究发现,班级管理主要经历了经验管理和制度管理两大阶段,正步入现今的文化管理阶段。

(一)第一阶段:经验管理阶段

这一阶段具有能人管理的意义,也就是具有丰富经验的班主任来统筹管理整个班级的活动。它的特征是"能人治班",凭经验和个人威信管理班级,靠个人的能力、素质、经验、风格等在班级管理中发挥巨大的作用,这阶段的班级管理倚重的是管理者(特指班主任)的能力水平和人格特征。在班级教学活动、班级管理活动中,我们总是会强调"老教师"或"老班主任"的作用,这是有一定的道理的,因为老教师在长时间的教学工作和班级管理活动过程中积累了大量的实践经验,能够应对班级管理中出现的种种问题。但是,在这个阶段,班级管理者容易陷入大量的繁杂事务之中,导致力不从心。若班级管理者中途易人,班级管理容易出现异常波动,这会使学生承受较大的心理"挫折",又将面临重新适应"新的班主任"的状况。新"班主任"与学生之间的磨合又要花费一段时间,无形中增加了班级管理成本。

(二)第二阶段:制度管理阶段

这一阶段属于科学管理,主要是指利用制度来约束班级行为。"以制度为行动指南"的计划、组织、领导、调控等各个方面都有科学、规范的程序与方法。它的特征是科学的、规范的、制度化的管理。班级各项工作,各个班级岗位,个体与集体的行为准则等均实现了规范化、科学化和制度化,班级中的人、事都有章可循。规章制度的合理构建、适时调整、严格执行是这个阶段管理的关键。然而,规章制度太多有可能造成班级成员掌握不了的情况,同时在制度管理阶段,强调班级管理规章制度的制定和实施,在一定程度上忽视了人的主体性和人文性,也对人的创造性与积极性造成一定程度的限制和压抑。但是我们也应该看到,正是有了科学管理阶段,在班级科学规范的管理制度的约束下,师生逐步养成了一种良好的习惯与作风,形成了一种主动学习、自主管理、默契合作的氛围。这就为班级管理运用班级文化管理奠定了必不可缺的坚实基础。

(三)第三阶段:文化管理阶段

班级文化管理强调文化理念在班级管理中的重要作用。它注重班级管理中的硬文化和软文化。这样的管理模式能够不断地超越班级现有的规章制度的影响力，主要依靠班级文化来实现班级管理预期实现的目的和效果。

班级文化是在师生共同交往、交流与融合中形成的价值观、社会舆论、群体意识、团队精神和行为规范的总和。班级文化营造了一个非常和谐的学习、生活氛围和共同奋斗的愿望，有着强大的凝聚力。在文化管理这个阶段，班级不太关注基础制度和规范的"物化"管理，而是重在实施高层次的战略规划与战略管理。班级管理只有进入这个阶段，管理者们（班主任和学生）才会真正享受到管理的乐趣。因为在这个阶段，每个人都自觉主动地做好每一件事，真正实现同心同德、齐心协力、同步发展，进而使班级成为有思想、有灵魂的有机生命体，教师、学生、班级都能持续进步、和谐发展。

在传统的班级管理中，大多数班主任采用的是经验管理和制度管理，或是二者兼具。经验管理和制度管理多强调技术层面，只要多加注意和掌控就可以渐臻佳境。而对班级实行"文化"管理，是一种现代的管理方式，讲究的是无法量化和不可复制的分寸感。从经验管理到制度管理，再到文化管理，这是班级管理变革的必然历程。从能人管理到科学管理阶段，再到现代管理阶段是班级管理的逐步深化。各个班级管理阶段的发展并不是相互割裂而独立的，相反，它们是兼顾彼此地前进的。

班级文化管理是高层次的班级管理艺术。如同学校教师的教学艺术一样，班级文化管理也是一门"艺术"，做好班级文化管理是需要"大学问""大智慧"的。实施班级文化管理，需要更新管理理念，要从经验型管理向学习型、智慧型管理转变，与时俱进。班级文化管理，要以人为本，关注学生，增强师生间的平等交流互动，从而营造一个非常和谐的氛围。现在许多班集体提倡的口号是"加强班级的文化管理，建设文化型班集体"，当然也收到了事半功倍的效果。

第二节　班级文化管理的原则与方法

班级文化是根据班级学生的特点而形成的特色文化，有非常丰富的内容和鲜明特点。班级文化管理好似一个小型的社会组织的管理。它需要把具有不同家庭文化背景、不同性格、不同气质的学生组合成一个集体，形成一个"文化生态圈"。因此，在实施班级文化管理时，必须遵循一定的管理原则并且采用一些具体的管理方法，才能把具有不同文化背景的班集体成员有机协调起来，才能满足每位学生的健康发展，保障班级正常有序的发展。

一、班级文化管理的原则

班级文化是由班级物质文化、制度文化与精神文化构成的相互联系的有机整体。马克思辩证唯物主义哲学认为：整体和部分是普遍联系的一种形式，二者既相互区别，又相互联系、不可分割。因此，我们既要着眼于整体发展，又要关注部分存在的问题。班级文化管理既要遵循一定的整体原则，同时班级文化各组成部分又要遵循特定的原则，这样才能有助于获得良好的班级文化管理效果。

（一）班级文化管理整体原则

班级文化管理要坚持整体规划,使班级文化的各个部分相辅相成,相互补充,进而发挥综合功能和整体育人效应。班级文化管理不仅是为了促进优秀学生的发展,还要保证班级全体都有积极向上的思想和态度。班级文化管理应遵循以下原则:

一是育人性原则。班级文化必须体现教育最根本的目的——育人。班级文化管理要利用好现有的物质文化、制度文化、精神文化等资源对学生进行教育和影响,培养学生高尚的思想品质和良好的道德操守,引导学生树立正确的世界观、人生观、价值观。

二是方向性原则。班级文化管理必须坚持社会主义方向,以科学发展观为指导,努力营造积极向上、健康活泼的育人氛围,争取把每位学生都培养成社会主义的建设者和接班人。

三是学习性原则。班级文化管理要以促进学生的学习为目标,为建设学习型班级服务。班级物质建设、制度建设和精神建设都要做到为了利于学习、方便学习而建设。

四是人本化原则。班级文化管理在体现时代精神和学校办学理念的同时,还要尊重学生的主体地位。班级文化管理要针对班级学生的实际,体现学生的个性,满足学生的发展要求。

五是创新性原则。班级文化管理必须充分调动广大师生的工作主动性、积极性和创造性,在满足国家教育方针政策的要求的前提下,结合班级与学校实际及学生生理、心理和认知特点,组织各种教育活动,主动变革,促使班级文化与学校、社会文化进行互动,使学生在学习中体验,在体验中提高,努力培养学生的创新精神和实践能力。

（二）班级物质文化管理原则

班级物质文化是指班级活动环境、设备设施、绿化美化等班级硬件以及表现班级精神文化的雕塑、标语、橱窗、板报、班徽与对联等。这些物质形式是班级价值的客观反映。静态的班级物质文化是一首无声的诗歌,无论是班级的橱窗,还是板报与标语,都应以反映现实为目的,同时绘上时代色彩。

班级物质文化管理必须通过载体实现。第一,环境载体。主要指班级物质环境设计。第二,理念载体。体现班级的育人价值取向,是班主任教育哲学思想的结晶,它表现在班训、班歌、班徽、班级目标等层面。第三,活动载体。它是动态的班级文化,包括班级纪念日、班会、升旗仪式、运动会、兴趣小组、活动小组等层面。

班级物质文化管理应遵循以下原则:

一是隐形性原则。班级物质文化属于班级文化的硬件,是看得见、摸得着的东西。班级物质文化包含教室内的环境布置及师生的仪表等,是班级文化的基础及其水平的外显标志,体现着班级的育人价值取向,具有隐性教育功能与教育效果。

二是主体性原则。在班级物质文化建设中,要充分发挥学生的主体性。学生是班级的主人,班级是学生的班级,班主任应带领全班同学,用自己的智慧和双手来布置教室,身体力行地投入其中，使学生们在班级文化建设中得到锻炼和提高。

（三）班级制度文化管理原则

班级制度文化是指班级各种规章、条令、程序所织成的条文及其执行系统、行为模式。它为班级成员提供了行为框架，使所有人在这个架构内有序地工作与生活，与其他人和谐相处，从而保证班级工作卓有成效地运转。制度文化的实质，是强调以人为本的思想与科学管理手段的结合，以发展人的主体性、促进人的全面和谐发展、提升人的生命价值为根本目的。制度文化是培育优良班风、学风的前提，是创建优秀班集体的重要举措，是促进学生身心健康发展和良好人格品质形成不可缺少的手段。不良的班级制度管理，会成为学生精神的枷锁，束缚学生个性的发展。

班级制度文化管理应遵循以下原则：

一是全员参与原则。任何一项班级制度的制定，不能只由班主任说了算，也不能由几个班干部说了算，应由全体成员共同商量。这样的制度才更为全面、合理，才能令人信服，才能对全体成员产生真正的约束力。

二是循序渐进原则。每接到一个新班，班主任都要确立符合学生个性发展需要的、充满人性的班级制度。起初的制度应该是低起点、低要求的，是多数学生容易达到的。在经历半个学期或者更长时间的适应期后，要对原有班级制度进行必要的修改，以保证制度的时效性、全面性。

（四）班级精神文化管理原则

精神文化是指学校在教育教学过程中，受一定的社会文化背景、意识形态影响而长期形成的一种精神成果和文化观念，它是更深层次的文化。班级文化中处于核心地位的班级精神文化由班级的历史、传统、文化和班级领导者的管理哲学共同孕育，集中体现着班级独特的、鲜明的经营思想和个性风格，是班级信念和追求的集中体现。精神文化包括班级哲学、班级精神、班级道德、班级价值观念等。

班级精神文化管理应遵循以下原则：

一是生活性原则。精神文化是意识形态的产物，它来源于生活，却高于生活。所以，加强班级精神文化管理既要有高于生活的理念支撑，又要有基于日常生活的实践指导。

二是知、情、意、行相统一原则。精神文化的形成过程是培养学生知、情、意、行的过程。明确精神文化的内涵是前提；认识、理解、内化是关键；持之以恒是保证；导之以行是精神文化管理有成效的标志。

二、班级文化管理的方法

班级文化管理的根本目标在于通过有形的班级物质与制度文化建设以及无形的班级精神文化建设实现班级中的学生全面、自由、和谐的发展，同时促进班级组织不断发展。因此，在管理方法上，应尽量杜绝对学生使用命令性的方式，并且切忌空洞教条的理论说教。要真正做到管理与教育并重，感性与理性并存，指导和引导相结合，做到以理服人、以情动人。具体来说，可以采取以下几种方法。

(一) 主题班会法

主题班会法是组织全班学生根据特定的主题积极讨论的方法。主题班会是班级学生与班主任交流沟通的有效方式。定期开设主题鲜明的班会，共同参与讨论某种行为的处理方法，制定班级规章制度，或者是讨论学习方法等是提高班级凝聚力、协作力的好办法。主题班会一定要避免班主任压迫式的说教，不要流于形式。

(二) 文化讲座法

文化讲座法是指定期、限时地结合学生不同年龄阶段的生理心理成长需要进行系列的文化讲座。例如：高二年级第一学期开设"儒家文化"讲座，第二学期开设"日本企业文化"讲座。每一门课都是由一系列相关的专题组成。文化讲座法是一种可以将破碎的文化信息重新整合构造、系统列出，用以说明一个整体概念的有效的班级文化管理策略。这种讲座可给学生提供各种在课本上看不到的丰富的知识，并促使他们逐步地将知识内化为人格精神。

(三) 自我教育法

自我教育法是指在教师和家长的启发引导下，青少年按一定的道德原则和规范自觉地进行自我教育，克服不良思想行为，以养成良好思想品德的方法。它包括建立在自我意识基础上的自我鼓励、自我指导、自我锻炼、自我评价等方法。自我教育的关键是激发、调动学生的主体意识。

所谓主体意识是一种觉醒水平，是人的自主性的心理机制。当人们的主体意识得到调动以后，就能够自觉地唤起自我的情感、兴趣，从而激励自我自觉地进行创造性活动，推动自我积极地实践，进而发展自己，完善自己。在班级管理中，主体意识有着特殊的作用。人只有在主体意识被激活后，才能够自觉地调节和控制自我，成为一个有所作为、有所成就的人。

自我教育包括设问法、诊断法、自我纪实评价法等。班级文化管理中进行教育的主旋律，就是让学生自我设计、自我管理、自我评价以至最终实现自我教育。

(四) 活动渗透法

活动渗透法即采用"寓教于乐"形式，把教育渗透在愉悦身心的丰富多彩的活动之中。在这里，寓教于乐是整体；乐是形式，是载体；教是目的。活动的指导思想在于通过"乐"达到"教"的效果。

班主任应充分利用学生课外活动时间，组织开展各种生动有趣的文娱活动，如设立书画、摄影、集邮、演讲、音乐、影评、球迷等兴趣小组，这不仅可以丰富学生的文化精神生活，调节学习生活的节奏,使学生在紧张的学习之余享受到更多的生活乐趣,而且能使班级始终充满活力并对学生具有一种魅力,使学生潜移默化地受到集体主义精神的感染,取得单纯说教所达不到的教育效果。但是应该注意的是:"乐"只是"教"的辅助手段,过分夸大"乐"的作用就会出现"娱乐至上"的错误倾向,这是必须注意防止的。

(五)典型激励法

典型激励法指班主任应重视榜样学习的作用。班级文化管理中的典型人物的激励教育,更容易引起学生强烈共鸣。典型人物具有号召效应,能影响人们产生"做"的行为。一方面,班主任应该充分发掘班级和学校中典型人物的现实意义,利用学校网络、班级报栏、多媒体报告厅等,收听收看典型人物事迹、电影或邀请典型人物做报告,领略典型人物的风采,了解典型人物的成长与经历。在感性认识的基础上,引导师生进行讨论交流,达成共识,形成争先创优、弘扬正气的正确导向。另一方面,班主任应该注重树立学生身边的典型人物、典型事迹,使他们看得见、摸得着,这会让学生感觉到更亲切,由此,发挥更大的激励效应。社会学习理论家班杜拉认为:道德行为是通过学习获得的,也可以通过学习改变或重塑,环境因素决定了人们的道德行为,可以通过社会文化、榜样、强化等外部因素对道德行为进行影响、干预。他将个体在观察学习中的对象称为楷模,榜样是楷模的一种,是教育者为学习者树立的模仿对象,通常是家长、教师、伙伴等。他认为榜样学习会对青少年的道德行为产生深远的影响,学习和模仿榜样的态度、行为、品质可以帮助青少年获得正确的道德观念,对社会现象产生正确的道德认识,并形成正确的道德行为。[①]

第三节 班级文化管理的实施

班级文化管理的实施是要建立在明确班级文化管理的内容的基础之上的,班级文化的内容是班级文化管理实施的对象,没有班级文化内容,管理的实施也就无从谈起。针对不同的班级文化内容,我们可以制定不同的实施策略,这样才能实现班级合理管理的长效目标。

一、班级文化管理的实施内容

(一)班级物质文化管理

班级物质文化建设尤其是教室内的环境布置及师生仪表等,是班级文化的基础及其水平的外显标志。因此,搞好班级物质文化建设便成为班级管理的一个重要环节。教室

---

① 傅建明.班级管理案例[M].广州:广东教育出版社,2009:119.

是学生学习、生活、交际的主要场所，是教师授业、育人的阵地，是师生情感交流的空间。整洁、明丽、温馨的教室环境可以激发学生兴趣，陶冶他们的情操，从而达到启迪教育的目的。班级物质文化环境，集中表现在教室环境布置上。布置教室环境，应注意以下几点：

1. 悬挂精美鲜活的图片标语

对于教育者来说，教室空间便成了有力的教育资源，首要的便是四周墙壁上悬挂着的标语，这也许只是学生偶尔一次抬头所能捕捉到的信息，而正是这种"偶尔"的捕捉，使学生得以自我认识，自我教育。那么，标语主题的选择和设计就"不应当随便安排"了。

在选择标语的时候，应当遵循以下几点：首先，要遵循教育性原则。一般可以选择名人语录，例如，"生活没有理想的人是可悲的。——H. C. 屠格涅夫"，这条名言可以使学生认识到理想的意义，以便促进学生反省自己，认识自己，激发其继续奋斗的劲头。其次，标语的选择应该适应于美育，让美育时时刻刻都渗透到学生的日常生活当中，加强学生对于美的意识和认识。比如，我们可以选择悬挂《蒙娜丽莎》等世界名作等。再次，条幅内容必须简约。墙壁的空间是有限的，那么要想在有限的空间里实现最有效的教育，必须选择语言凝练简约但易懂的名言，这样不至于太枯燥。最后，还要注意选择的标语需要贴近生活，学生都应该对其有所了解。

2. 设计温馨简约的墙报

教室里还有一个更具魅力的空间可以给学生带来乐趣和知识并为学生提供自我展现的舞台，这便是墙报。墙报是一个班级展示给他者的最直接的面孔，也是源自学生内心深处的声音。很多时候，我们可能会忽视了班级墙报的设计和制作，其实这是教育资源的严重损失。学生大部分的时间是在教室里度过的，而对于学生来说除了课堂上的发言和主题班会上的交流，很少有展示自己的时间和空间，那么墙报正好可以弥补这一缺憾。

墙报的设计和制作应该是由学生自己整理和完成的，教师如果参与会更好，但是教师的参与绝对不应该是以"指挥者"的身份加入，教师在这个过程中也只是一个和他们一样天真、充满好奇和希望的学生。墙报的设计形式可以根据情况而定，或者以主题举办系列墙板，或者是由学生分组分期举办，也可以是大家就某一热点问题而专门设计墙报，形式多样，不拘一格。但是，墙报的主题必须是明确的和鲜活的，在这个方面班主任就要发挥其积极的引导作用了，以建议的方式给学生正确的提示和指导，不宜过多地干涉学生如何进一步制作。学生在这个过程中完全实现自主创作，大家集思广益，积极发挥个人的主动性，激发其潜在的创造力，更重要的是，在这个过程中，学生之间进行合作和交流，互相学习，共同进步，使学生学会合作，静悄悄地实现着班级凝聚力的提升。

墙报的设计需要遵循简而充盈原则，做到清晰醒目。很多时候我们为了追求"多"，往往在客观上忽视了墙报内容的"精"，导致墙报的繁杂，难免失去了墙报的美育效果。

墙报内容可以从学生日常生活中发生的种种实例当中选取，也可以从各种媒体反映的焦点问题里筛选。学生自主选择，从中学生可以对自己常态化的生活予以反思和认识，或取长补短，或发扬光大；班主任及其他科任教师可以通过学生自己选择的"新闻事件"来关注学生的兴趣点和心路历程，教师如果能很成功地把握这一点的话，在教学和管理上将获得很大裨益。

3. 建设好有班级特色的"图书角"

书籍是人类的精神食粮，对于正在长知识的中小学生来说，更是如此。我们知道在有限的课堂教学中，学生只能接受有限的科学知识。班级的"图书角"便可以很好地满足学生的求知兴趣。班主任可以通过各种可行有效的方式方法来收集丰富的图书、报纸、杂志等，然后由特定的同学进行管理和监督，学生可以自由地阅读到自己感兴趣的图书资料。还可以定期举行各种读书心得交流活动，促进学生的知识交流，充分调动学生的积极性，使图书充分发挥其应有的文化资源作用。

4. 设计有条不紊的布局，呈现整洁明丽的教室

整洁、明丽、温馨的教室环境可以激发学生性情，陶冶学生情操，从而达到启迪教育的目的。教室可以毫不夸张地被认为是学生的第二个"家"，学生在这里学习、课间休息、举行各种主题活动等，学校的活动都离不开教室这个小小的空间。那么，保持教室整洁、温馨便成为一种必然的诉求。班主任老师要在日常生活教育当中注意学生的卫生教育，培养他们讲究卫生的良好习惯。认真安排学生做好打扫、清洁工作，勤于洒扫地板，定期擦玻璃和窗户。教师可以适当利用打扫的过程来对学生进行适度的劳动教育和美德教育，培养学生热爱劳动、勤于劳动的品德。此外，学生清洁工作也是一个协作的过程，可以进一步培养学生的团队合作意识。

整洁、明丽的环境有利于学生的身心健康成长，温馨可以使学生有更强烈的"家"的感受，也就是班级归属感。因此，教室的布局也要合理、美观。在这个方面，需要注意给教室增添一些"柔和"，比如在教室的窗台上养几盆淡雅的花，可以把窗帘的颜色设计成柔和、清爽的色调，这样可使学生更舒适地享受学习生活。学生座次要依据他们的生理情况予以适当安排，兼顾学生的视力、听力、身高等客观条件。学生桌椅摆放必须保持整齐，卫生工具须井然有序；过道要畅通，便于学生能与老师有足够的空间进行交流和互动。

清新有序的室内布局不仅利于学生的学习和成长，对于教师也是一种感染。只有在一个干净的、有条不紊的、明丽的教室里，教师才能保持其高度的兴奋，展现其无尽的才华。只有教师热情洋溢，才能更好地带动学生学习的积极性，激发学生的创造力。注重教室物理空间的布置和应用，使其达到教化学生的目的，更好地实现教育的生活化，是班主任的职责所在。

5. 展现得体、鲜活、青春的师生仪表

心灵美是我们对教师和学生的最基本的道德要求，但是，我们不能因此而忽视了外表美，教师和学生的仪表在一定程度上代表了本班级的形象。教师首先必须以身作则，课上、课间都应该穿着整洁，从发型到服装，直至鞋袜，每一个细节都需要注意到；学生也要保持整洁大方、青春的仪表，每天安排学生检查大家的卫生情况，并教育同学之间相互监督。

对班级物质文化资源的开发和利用需要班主任带领同学们积极探索,深入挖掘。

(二)班级制度文化管理

"没有规矩,不成方圆"。因此,班级文化建设应该根据校纪校规,根据本班的实际情况制定一系列利于班集体健康发展的制度。合理有效的班级制度文化管理可以促进班级良好局面的形成,提高班级学生的综合素质。一个完整健康的班集体除了一般性的"守则"与"行为规范"外,还需要有相应的奖励先进、表扬后进等制度,有鼓励全班学生竞争的制度、班干部的工作制度等。

首先,从班级制度的制定来看,应该是教师和学生全员参与制定班级制度。班级制度的存在是为了更好地服务于学生的发展,而不是一味地约束和限制学生的行动。那么,学生是班集体鲜活的主人,应该是最具发言权的制度制定者和修订者。学生集体商议,确定最适合班级发展的各项规章制度,教师予以指正,充分展现学生的主人翁身份,这样,有利于加强学生对班级及班级制度的认同感,在制度实施过程中会更积极地遵守"规则",班级管理的顺利进行便有了有力的保障。

其次,班级制度的内容可以是丰富的,形式也是多样的,但是切忌过分庞杂冗繁。班干部制度应该是班级的骨干制度,班级可以通过民主选举和推荐的方式建立责任心强的班委会,各干部之间职责明确、互相监督,共同促进集体的成长;明细卫生轮流制度,保证教室整洁有序;考勤制度也是班级管理过程当中不可或缺的有力途径,有效的考勤制度可以全面督促学生完成分内职责;课堂纪律制度必须保证学生能自觉保持安静,不扰乱课堂秩序;同时,评优制度、批评制度以及学习上的互助制度都可以为班级实现学生自主管理搭建理想的平台。

再次,必须落实好班级规章制度的执行情况。有很多班级"只打雷不下雨",班级管理往往无法顺利进行下去,其根本原因是没有认真执行班级制度。一个制度制定出来之后,其正确性还要经过时间的检验,规章制度在执行过程当中被认同后就要强化落实情况。通过定期检查评比,营造出鼓励学生自觉执行规章制度的氛围,既可以强化制度的落实,又能使学生形成良好的习惯。例如,对于学校检查的各项常规,我们可以自查,大力表扬和鼓励先进,积极改造落后思想,惩戒不当行为。经过一段时间的强化落实,促进学生良好行为习惯的形成。

(三)班级精神文化管理

班级精神文化是班级文化的核心,主要通过班级舆论、人际关系、班名、班歌、班级口号(班训)、班风等来呈现。它影响、制约、规范着每个学生的行为,能对学生产生潜移默化的教育作用。班主任应重视班级精神文化在班级管理中的作用,以良好的班级精神文化来教育学生。

1. 班级舆论与班级精神文化管理

班级舆论是班级精神文化的核心,指班级中多数人赞同的观念、态度和意见,能影响、制约每个学生的心理,规范每个学生的行为。马卡连柯指出:"集体舆论的监督,能够锻炼学生的性格、培养学生的意志,能够培养学生好的个人行为习惯,能够培养学生对集体的自豪感和责任感。"

在班级精神文化建设中,班主任应注重培育积极的班级舆论,用正确的价值观念引导学生。培养积极的班级舆论,关键是要让学生形成正确的世界观、人生观和价值观。

班主任要经常通过晨会、班会、主题队会等形式,对学生进行行为习惯养成教育,提高学生的思想道德水平,树立正确的是非观、荣辱观和美丑观,为建立正确的班级舆论打下坚实的思想认识基础。要经常组织学生学习国家的法律法规、学校的规章制度和青少年道德修养等,逐步培养学生形成正确的世界观、人生观和价值观。榜样具有很强的说服力、号召力,引导学生向先进人物学习是形成积极班级舆论的有效途径。榜样可以是来自班级以外的先进人物,也可以是本班中的优秀分子。

班主任要实事求是地树立班级中的先进学生典型,引导学生向先进看齐。对取得优异成绩、表现突出的学生授予各种荣誉,如"学习标兵""进步最快奖""运动健将""小能手""最佳行为模范"等,在班级中形成一种崇尚先进的良好风气。

2. 人际关系与班级精神文明建设

师生关系是班级生活中重要的人际关系,只有建立良好和谐的师生关系,才能取得最佳的教育效果。要创造和谐的师生关系,关键在于教师。教师要做到公平对待每一个学生,要一视同仁,不能厚此薄彼。教师对学生要怀有真诚的感情,尊重学生,关心、体贴学生,学生才会自觉愉快地接受教师的教诲。教师要具有较高的师德修养、良好的外表形象、精湛的教学技术。

学生间的人际关系,既影响着学生的健康成长,也影响优秀班级的形成。如今的学生大多是独生子女,个性较强,以自我为中心的倾向严重,这不利于他们形成良好的人际关系。班主任要加以引导,强调学生之间的交往遵循守纪、理解、团结、互助的基本原则,促进和谐同学关系的形成。多组织学生参加集体活动,如学校运动会、拔河比赛、广播操比赛、歌咏比赛等,培养学生共事、合作的能力。总之,班级精神文化是渗透在师生心灵中的一种精神动力,是班级健康发展的强大动力,是影响学生成长的重要因素。在当前新课改的背景下,文化已经被定义为学生的生存方式和生命活动的过程与结果。因此,班主任要精心建设,努力营造良好的班级精神文化,促进学生健康成长。

3. 班名、班歌、班训与班级精神文化管理

班名、班歌、班训(班级口号)能以听觉的形式传达班级文化,是班级精神文化的外显形式。

我国班级的名称通常是依据年级和班级的序号来命名的,如一年级一班、五年级三班、初三(2)班等,这样的班级名称只是一个数字代码,没有文化个性和特色。班主任应和学生一起给自己的班级起一个既能体现班级特色和时代精神,又通俗易懂、具有激励意义的班名。如高年级的班级可用"扬帆班""雄鹰班""启慧班""晨曦班""金钥匙班"等;低年级的班级可用"精灵班""智慧乐园班""蓓蕾班"等。

班歌是班级精神风貌和班级特色文化的标志,它的思想内容代表着班集体的精神,会给班级每一位成员以力量、勇气、责任感、荣誉感和自豪感的体验。这种体验会激励每一位成员为建设好的班级而更加努力。班歌的创作要根据班级的具体情况而定,有条件的班级可以由班主任或学生作词作曲,旋律应该是活泼、奋进、欢快的,歌词应能集中表达班级成员整体的精神风貌、理想和追求,并得到班级成员的一致认可。没有条件的班级可以选择学生耳熟能详的、特别喜欢唱的歌曲作为蓝本,让学生来创编歌词;也可以直接选用现成的能反映班级成员心声的、积极向上的歌曲作为班歌,如《爱拼才会赢》《真心英雄》《让世界充满爱》等。

班训是班级精神的集中体现,一条好的班训具有间接而内隐的教育影响作用,是激励全班学生勤奋学习、积极进取的精神动力。班主任在确定班训时要从班级的实际出发,充分发挥民主,让班干部和同学一起参与班训的确定,必要时可以召开一次专题班会来讨论。这样确定的班训能得到全班同学的认可,从而成为共同奋斗的目标。一般来说,班训不拘形式,以简洁、有特色为好。一个好的班训有利于培养学生的学习能力,使他们学会学习、善于学习;有利于培养学生的责任心;有利于培养他们适应社会、适应环境的能力;有利于培养学生的创新精神和实践能力。例如,"人人负责,事事负责""细节决定成败,过程决定结果""学会学习,学会做人""自尊、自爱、自信、自强"等。

4. 班风与班级精神文化管理

班风是一个班的灵魂,健康向上的班风是班级精神文化管理的重中之重。而所谓班风则是一个班级的集体风气,"集体风气就是指包括了集体凝聚性、意气、集体结构、指导性在内的,作为集体整体的一种气氛"。

一个班级良好的风气不是一朝一夕便可以形成的,它是在长期的集体探索过程中酝酿而成的氛围。形成好的班风首先需要一个科学、合理的班级目标。只有确定了健康向上的班级目标,全体师生才能够朝着共同的目标奋进、努力,如果班级目标定得过高过远,不切合实际,集体成员容易产生挫败的情绪体验,不利于班集体的健康成长;但是,如果目标过于肤浅,总是轻而易举就能达成,久而久之,学生的积极性会受到一定的影响,而且容易产生自负等不良情绪。所以班级目标的制定一定要合情合理。

塑造良好的班风,班主任必须率先起到模范作用。作为班集体活动幕后的指挥家,首先,班主任要把自身真正融入集体当中,把自己作为班级的一分子。班主任的言行必须起到示范作用,能够以高尚的人格感染学生,以淡定的心态影响学生,以丰富的学识教导学生,以博大的胸怀爱护学生,这样才能真正呵护纯真、孕育成长、开启心灵、放飞梦想。其次,应该开展丰富多彩的班级活动,彰显班级文化特色。班集体活动,对增强班级活力、班级凝聚力、提升班级文化品位有相当大的益处。精心组织一次集体活动,一定要调动班内学生全员参与,分工合作,有负责组织的,有正式参与的,还有负责啦啦队的。在活动中让同学们熟悉起来,使得关系更融洽、目标更一致,如果活动取得了成功,那么每位学生都会有很强烈的成就感。当然,在各项活动的组织中,一定要突出重点,涉及班级个性目标的活动,一定要精心准备,在活动中彰显个性,如"文明礼仪优胜班";在每次参加学校的集体活动时,本班学生必须做到有秩序,做文明观众,做文明参赛者,退场时不留任何垃圾,不论活动成绩如何,一定要拿到的是道德风尚奖。

优良班风像熔炉一样,对全班学生起着熏陶、感染的作用,是一种巨大的教育力量。班主任一定要努力营造健康向上的优良班风,为班集体的健康成长奠定雄厚的精神基础。

二、班级文化管理中存在的问题

当前班级文化管理中主要存在以下问题:

1. 过于注重常规管理与成绩管理,忽视了班级文化的其他方面

目前,班级文化管理加强了常规行为管理,如清洁、纪律、学习、行为规范的管理,而忽视了学生能力的培养;许多班级以成绩为至高无上的发展目标,忽视学生的全面发展,把学校号召的"班级文化建设"当作耳旁风,继续"埋头"抓成绩,使整个班级如死灰一般沉寂而毫无活力。设计班级文化,也不过是应付学校的统一检查,敷衍了事;还有些班级物质文化不全面,班级制度管理不规范,甚至没有明确的班级管理目标。这些问题会导致班主任进行班级文化管理的内容不全面,班级成员的成长和发展受到阻碍。只重视学生的日常行为表现和成绩,忽视学生德育、智育和美育,是不能使学生全面发展的,更达不到国家对新世纪的学生提出的要求。许多班级制度管理陈旧死板、老套落后,更多体现的是班主任的意志,不能表现班级成员的意志,导致一些学生不能发展自己的个性,丧失了自我管理的机会,对学生的心理发展产生了不良影响。据报道:近年来,我国中学生心理疾病发病率呈直线上升趋势。目前35%的中学生具有心理异常表现,其中5.3%的中学生存在抑郁症、恐惧症、强迫症等心理疾病。[①] 另外,注重成绩的管理,会出现班级不公平的现象,成绩好的学生会受到教师更多的关注,最终导致班级的成绩两极化和不和谐。

2. 注重了班级文化的形式,忽视了班级文化的内涵建设

班级文化的独特性在于班级成员的独特性。班级文化源于本班级成员的共同意愿。而一味模仿优秀班级的形式,热衷于搞文艺活动、空手喊口号、统一着装等这样的行为不是塑造班级文化。因为这只是学会了外在的文化,而没有体现本班级精神的文化。多数班级忽略了在这些形式下面的内涵和基础,因此就给人一种误导,似乎班级文化就是班级开展的文化活动或标志设计。只注重了班级文化建设的形式,而忽视了班级文化建设的内涵。

所谓班级文化应该是将班级发展过程中的基本价值观传授给全体学生,通过教育、整合形成的一套独特的价值体系,如果只是表层的形式而未表现出内在价值与理念,学生对班级管理的认识模糊肤浅,就会出现班主任对班级文化热情,而学生表现相对冷漠,这样

---

① 白兆德,侯建琴. 浅析中学生心理健康教育中的主体因素[J]. 课程教育研究,2019(38).

的班级文化是没有意义的,不能体现文化推动力和约束力,只会招致学生的表面配合和内心的反感。

3. 突出了班主任的权威,忽视了学生的主体性发挥

许多班级的管理和运行的顺畅与班主任独到的成功"绝招"有关。比如他们的人际关系能力比较强,或对机会比较敏感等使他们在班级管理中显现出班主任管理特色。由于班主任对个人能力过分自信,逐渐形成对学生不放心的惯习,所以许多班主任总是事无巨细、事必躬亲。虽然任命了许多班干部,但他们有职无权,班主任常常越俎代庖,使学生凡事不敢做决定,等待班主任自己决定。在这种文化氛围中,班主任就是班级的绝对意志,几乎没有人能对他的决定产生影响。

据《中小学班级管理现状的调查研究》①一文提供的资料,322 名被调查的中小学生没有一人参与过制订班务计划或总结工作,67%的学生根本没有听说或见过计划或总结,58%的班主任从心理上认为这项工作没有必要让学生参与,以至于如果班主任不在,班级便群龙无首,立即处于半瘫痪,甚至瘫痪状态。班级的制度、文化都按班主任的意愿来制定,唯一意志的文化一旦根深蒂固,学生的主体地位被忽视,班级整体管理水平和创新能力便会不断下降。

4. 班级文化具有功利性,缺乏灵活性与创造性

大多数班级积极地搞班级文化建设,并不是出于发展学生、提升学生的目的,而仅仅在于班级的名誉,比如能在学校里获得某个醒目的、独特的形象和位置。为此不惜一切精力、物力,难免有哗众取宠之嫌。班级存在的目的就是荣誉最大化,这种唯功利性的价值观会对学生健康价值观的形成造成非常不利的影响。

另外,班级为响应国家素质教育的号召,宣扬班级文化管理,但实际上依然采用单一不灵活的管理方式。据《中小学班级管理现状的调查研究》提供的资料:在班级管理的方法中,以批评教育为主的占 59%,以情感沟通为主的占 10.7%,以实践锻炼法为主的占 14.3%,以心理疏导法为主的占 7.6%。班级文化管理若只是一句空话,没有实质的内涵,班级管理便缺乏灵活性和创造性。

三、班级文化管理的实施策略

针对班级文化管理存在的主要问题,为顺利实施班级文化的科学管理,提出以下策略:

(一) 突出班级学生的主体地位,发挥学生在班级文化管理中的作用

20 世纪 40 年代,美国教育家罗杰斯提出"重情感反理智,重创造反灌输,重自我反强制"的人本主义教育思想。联合国教科文组织发布的《教育——财富蕴藏其中》的报告中把人放在了发展的中心地位,强调"人既是发展的第一主角,又是发展的终极目标""应该

---

① 薄文联,厉丽霞. 新时期中小学班级管理有效对策分析[J]. 中国校外教育,2019(10).

使每个人都能发展、发挥和加强自己的创造潜力，也应该有助于挖掘出蕴藏在我们每个人身上的财富"。这体现了以人为本的重要教育思想。这种以人为本的教育思想要贯穿于每个人的每个发展阶段的教育中，中小学是青少年身心发展的重要阶段，更需要把以人为本的思想渗透到教育的各个方面。

班级作为青少年学生教育的最基本的单位，班级文化管理更需要体现以人为本的教育思想，即注重学生的主体地位、着眼于学生内在个性的发展要求、关注每一个活生生的学生个体。具体来说，需要做到以下几点：

1. 民主、平等、和谐的人际关系是"以人为本"管理的关键

"以人为本"管理理念对师生之间、同学之间的相互关系提出了新的要求。同学之间要提倡平等、互相尊重。学生与学生的相处要有基本的尊重、真诚和理解。师生之间更要互相尊重和互相理解。教师应始终把"真诚""信任"放在第一位。教师必须给予学生以尊重和理解，包括自己的一举一动，一言一行。教师不仅要成为知识的传授者，更要成为学生的知心朋友。真诚、接受和理解，彼此之间不存在一个固定的流程。当学生犯了错误，最好是从接受或理解开始；当学生有了进步，最好从真诚的欣赏开始；当班级士气处于低迷状态的时候，最好以理解的方式来引导人，然后向接受、真诚方向加以引导。

2. 班级发展必须以学生的发展为终极目标

学生是班级的主人，班级的存在目的是为每一位学生的发展提供一个适宜的平台。以人为本的教育理念要体现在班级制度的制定与完善以及实施中。规章制度制定得是否科学、合理，是否从学生成长出发是班级文化建设的关键。"以人为本"要求班级制度应该是来自社会与校方的规范要求与学生成长实际、认知水平、接受程度的结合。只有学生愿意接受且愿意服从的制度才会发挥良好的管理效益。应当强化学生在班级规章制度规划、决策过程中的民主参与，通过引导学生制定班规，使学生的意志与愿望通过合理渠道得到满足，学生共同参与了制度的制定，就必须遵守这种规定，自然而然地就容易使学生对自己的行为产生自我约束。

3. 鼓励学生积极主动地参与班级管理

班级活动是人本化班级管理最重要、最有效的载体。离开了班级活动，班级管理就会苍白无力。班级活动一方面能不断地将纪律、规范内化为学生的个人品德行为；另一方面，学生在活动中能体验自我教育、自我评价，培养自我调控、自主管理的能力，促进自我改进、自我完善、自主发展。心理学家对活动的有关研究表明，活动在学生个体的主体性发展中起着决定性作用，环境和教育的影响只有通过学生身心的活动才起作用。

在同样的环境和教育条件下，每个学生发展的特点和成就，主要取决于他自身的态度，决定于他们在学习、劳动等活动中所付出的精力。所以，学生个体的主观能动性是其身心发展的动力，而学生的主观能动性是通过学生的活动表现出来的。因此，学校的一切有效的教育管理，必须重视开展以学生的需要和兴趣为基础的活动。只有在精心组织的班级活动中，才能真正体现出对学生主体地位的尊重，从而唤醒学生的主体意识。在活动过程

中,学生通过对活动客体、手段、方式的选择,活动目的、步骤、计划的确定,活动诸环节之间的调节,活动过程的控制等方面的主体参与,其自主性、能动性、创造性不断得到了增强。

(二) 加强班主任的培训工作,更新班主任班级文化管理的理念

新世纪的教育强调学生的主体地位,但是作为班级的负责人——班主任,其领导和引导的作用仍然非常重要。只有正确地进行思想指导,班级教育管理才能走上科学化的轨道。班主任要更新管理理念,在考虑全面促进学生发展这一目标的前提下,与学生共同制定班级管理目标、提出符合新时代素质教育要求的班级文化管理内容(包括班级物质文化、班级制度文化和班级精神文化),并监督实施进程,把握整体方向。

首先,班主任要按国家要求和社会需求来培养学生。在班级教育管理实践中,班主任要有意识地通过开展多方面的活动,培养学生的学习能力、适应能力、心理承受能力、交往能力,提高学生的整体素质,全面育人,把学生培养成为素质全面发展的合格人才。

其次,班主任要更新管理理念,承认学生的主体地位,尊重学生,重视学生参与班级文化管理的主动性和积极性,创造条件使学生由被动受教、被动受管向自主教育、自主管理转化,从而使学生具有自我教育、自我管理和自我发展的能力。

最后,班主任还要调动一切积极因素,协调学校、社会、家庭等各方面的关系,加强互相沟通和协调,形成班级文化管理的合力系统,促进整个班级的集体进步,营造有利于学生成长的良好环境,促使班级文化管理活动有序运行。

(三) 确立学校—班主任—学生三级班级文化管理模式

三级班级文化管理模式指的是由相互依存的、有机统一的管理机构构成的一种班级管理模式。这三级管理机构包括学校宏观班级管理、班主任和科任教师日常管理、学生的自我管理。这一模式建立在系统论的基础上,从格式塔的观点看,系统的每个部分都无法独立地充分发挥自身的功能,各个部分有机协调才能使各部分功能充分发挥,并取得整体大于部分之和的效果。班级文化管理也是如此,必须充分发挥学生、科任教师、班主任、学校领导等各个系统的功能,才能把总体的班级文化管理工作做好。

班级是学生生活和学习的基本单位,对学生的学习和成长有着不可估量的作用。班集体的建设特别是文化的建设直接影响学生个性的发展。优秀的班级文化不是一蹴而就的,它是在长期实践探索过程中慢慢完善和发展的。

21世纪的教育是创新的教育,是以学生为本的教育,要求尊重学生的个性,解放学生的思想,让所有的受教育者都生活在和谐、民主的蓝天下,快乐生活、学习、成长,让每一位学生都能有所作为。在班级管理中坚持"以学生发展为本",通过不断的研究和探索来构建和完善以人为本的班级管理,是深化教育教学改革的现实需要,也是面向未来的班级管理的必然选择。

本章小结

班级文化包含三个层面的内容:外层是班级的物质文化,中层是班级的制度文化,内层是班级的精神文化。班级文化具有独特性、不可互换性的特点。作为管理手段的班级文化,是以班级管理主体意识为主导,追求和实现一定班级目的的文化形态。它是一种组织文化,有自己的目标、意识及与之相适应的组织制度与规章。它也是一种理念,并要求体现在行为中。

班级文化管理要求班级成员在班主任的引导下,在朝着班级目标迈进的过程中,以集体的力量去克服困难,排除障碍,师生在人格上彼此尊重,思想上互相交流,以激励为主,通过给学生营造一个良好的氛围,让每个学生内在的潜力都能得到自主、充分而又生动的发挥,同时带动班级快速发展,动态实现班级的组织目标。

在班级文化管理中要遵循方向性原则、育人性原则、学习性原则、可操作性原则、创新性原则、整体性原则和个性化原则,在实践操作中可以运用文化讲座法、励志训练法、精神激励法等方法。

当前班级文化管理中存在着管理随意化、管理内容片面化、班主任管理权威绝对化、管理方法与途径简单化、管理评价主观化等现实问题。因此,应加强培训工作,更新班主任班级管理观念;实施符合素质教育要求的班级文化管理;建立科学的班级工作评价体系;确立"立体化"三级班级文化管理模式。

思考与探究

一、理解概念

班级文化 班级文化管理 班级物质文化 班级制度文化 班级精神文化

二、简答

1. 什么是班级文化管理?班级文化管理的发展经历了哪些阶段?

2. 班级文化管理的功能有哪些?

3. 试述班级文化管理的原则与方法。

三、案例分析

一个班级的成功管理经验①

陶老师曾经说过:"文化是一个班级的精髓和灵魂,是激发学生活力的源泉,是一种不可或缺的软实力。"文化还是引导人、激励人、鼓舞人的一种内在动力,是凝聚人心、鼓舞斗志、催人奋进的一面旗帜。因此,经营班级文化,努力营造积极、健康向上的班级文化,已成为提高班级管理水平和促进学生发展的一项重要举措。

---

① http://www.ycy.com.cn/Article/jswy/200801/22804.html,2008-01-08.

一、班级物质文化建设

(1) 班名:凌志阁。在教室大门上边是我们的班名"凌志阁",取其"励志照亮人生,知识变革命运"之意。

(2) 班徽:奔跑者。随风奔跑自由是方向,炽热的红色代表着激情,奔跑者象征着莘莘学子对知识的渴求,奔跑加速度是梦想的脚步,奔向成功最远处!温暖的黄色代表着同学们手足情深,用温暖的双手托起了激情的奔跑者,给她加速度;环保的绿色代表着师生情长,老师用奉献的双手托起了希望之星;宁静的蓝色代表着父母广阔的胸怀,他们用辛劳的双手托起了家庭的梦想!奔跑者的造型恰似数字"九"代表着九班的浓浓情谊天长地久!

(3) 对联文化:苦乐年华。大门两旁赫然挂了一副对联"怕吃苦莫进此门,图安逸另寻它途",这两句成了学生的励志警言。他们深知在这残酷的竞争中,连苦累都不敢面对的人,不仅不会触摸到现实成功的喜悦,更不可能拥有灿烂的未来。就这样"苦累文化"成了学生克服困难、战胜挫折的动力源。学生们经常说的一句话就是"要知现在苦不苦,想想长征两万五;要知现在累不累,想想过去父母受的罪。"

(4) 墙报文化:

① 墙报主题:"一枝一叶一世界"。

② 理想文化:"放飞理想"栏目详细介绍了中国十大名校,通过这个栏目,学生树立了远大志向,俗话说:"心中有目标,千斤重担也敢挑;心中没有大目标,一根稻草也压弯腰。"我们把山东大学和中国海洋大学做了突出报道,取其字义就是做人要向山一样顶天立地;做事要向海一样,海纳百川。

③ 教学对联:听思学帮通,教训考问达。这是针对师生提出的具体要求,作为一名学生,只有认真听好每一堂课,并且善学善思、相互帮助才能融会贯通;作为一名教师,只有认真地教好每一堂课,并且善训善考善问才能通达。

二、班级制度文化建设

(1) 总班长:主抓班级各项事务及班内卫生和体育事务,下设体育部、劳动部、车管部、安全部。

(2) 团委书记:主抓班级文化建设,在班内构建良好的文化环境,下设文宣部、摄影部、书写部、考核部。

(3) 学习部长:负责班级关于学习方面的管理工作,下设四大组长与六个课代表。

(4) 财政部长:负责管理班费,办理各项消费项目。

(5) 七大常委:每周召开一次常委会制定下周计划,并递交班主任审批执行。

三、班级精神文化建设

(1) 班魂:价值人生。针对学生人生观价值观的塑造,我们提出了班魂:价值人生。同时具体诠释了做人的标准——我是一位有智能的人;我是一位有能力的人;我是一位快乐喜悦的人;我是一位全力以赴的人;我是一位有信心的人;我是一位有创造力的人;我是一位真诚的人;我是一位平静的人;我是一位幸福感恩的人。我要努力,我要成功。加油!加油!加油!

通过宣誓班魂,让学生反思自己的所作所为,真正体现做人的理念:先做人,后成才。只有做好一个真正的人,才能做好该做的事,做好自己想明白的事,直到成功!

(2)班训:承受极限,命运改变。没有人能随随便便成功,不经历风雨怎能见彩虹,这就要求每一个学生要有承受极限的韧性,才能把命运掌握在自己手中。

(3)班级精神:特别能吃苦,特别有礼貌,特别能拼搏,特别能坚持,特别有志气,特别有作为。

问题:

1. 什么是班级精神? 其在班级管理中的意义与价值是什么?

2. 谈谈你对班级精神文化生成策略的认识。

3. 请你对此班级精神文化进行评价。

实践活动

假设你是某个年级某班的班主任,请你根据年级发展特征和需要,写出一份班级文化建设方案,在具体方案前写出你的方案设计理念和目标。

第八章
班级教育与管理力量整合

【学习目标】

1. 了解班级中各种教育力量。

2. 了解做好班主任与科任老师的协调工作的任务与方式。

3. 了解做好班主任与家长的协调工作的内容与途径。

【本章重难点】

1. 班主任协调科任老师的工作任务与方式。

2. 班主任与家长的协调工作的内容与途径。

微信扫码

获取配套资源

班主任并非班级中唯一的教育者和管理者。在班级管理活动中,班主任、科任教师、家长、社区相互之间有着紧密的联系,共同构成了班级管理中的教育力量和管理力量。只有这些教育力量和管理力量都能发挥作用,共同形成合力,班级管理的组织目标才能最大限度地实现。协调与整合这些力量是班主任开展班级管理的重要任务。

第一节　班级教育与管理力量概述

从班级管理而言,管理的成效取决于班级管理组织目标实现的程度,而班级管理组织愿景归根结底是促进班级成员的积极发展。班级成员的积极发展是班级教育力量的结果。虽然班主任在班级组织愿景与目标的实现中发挥着最为关键的作用,但是班级组织愿景与目标的实现取决于包括班主任在内的多种教育力量。除班主任以外,科任教师、家长和作为班级成员的学生等也发挥着教育与管理的作用,他们都是班级教育与管理力量。

一、班级的主要教育与管理力量

班级是学生成长的独特环境,它的独特性是因为在这个环境中存在着多种影响学生成长的教育与管理力量。具体而言,班级教育与管理力量主要包括班主任、科任教师、家长、学生。

(一) 班主任

班级是学校中的基层组织,是进行教育教学活动的基本单位,是学生获得知识,发展智力、体力和形成思想品德的主要场所。虽然每一科任教师都关心学生的发展,但班主任与学生接触的机会最多,对学生的影响也最深最大。

班主任是学校任命、委派,全面负责一个班级学生的思想、学习、健康和生活等方面的教师。相比于其他科任教师,班主任是一个班级直接而核心的教育者和管理者。班主任的主要职责就是组织、教育、引导学生并且与学生一起管理好班级,促进全体学生的全面发展。可以说,班主任是班级的核心人物,班主任身上肩负着教书育人、管好班级的重要职责。

班主任在学校教育工作中发挥着重要的作用。班主任不仅是班级的管理者和学生成长发展的指导者,引导和促进学生努力实现身心和谐健康发展;而且还是学校贯彻国家的教育方针,促进学生全面健康成长的骨干力量,是学校领导办好学校的得力助手;同时也是校内外各种教育力量的协调者,是形成教育合力的纽带。

(二) 科任教师

科任教师是一个教育者,也是一个班级管理者。在我国绝大多数学校,每个班级学生学习的各门课程是由不同的教师分别担任教学工作的。各科任教师必然就成为班级中影响学生发展的力量和开展班级管理的力量。

学校中的班级并不只是一个学校中的行政班级,也是一个教学班级。在课堂教学中,科任教师是课堂上的班级管理者。当各科任教师在课堂面对班级开展教学活动时,他就是一个班级管理者,他在课堂上开展着班级管理。科任教师课堂上的班级管理,是班主任班级管理的一部分。科任教师课堂班级管理情况影响着整个班级管理活动。在学科教学活动中,班级管理活动要通过科任教师向班级延伸。

(三) 家长

家长是孩子的法定监护人,有权利和责任让子女接受义务教育。这几乎在各国的"义务教育法"中都有明文规定。又因家长是学校教育的纳税人,所以他们也有权利和责任监督、参与学校教育工作。一般来说,家长应有以下权利:① 知道学校怎样教育他们的子女;② 了解学校的政策和计划并可对此产生影响;③ 采取必要的措施,保护子女的受教育权利不受任何人剥夺侵犯;④ 认可学校在日常生活及教学上承担的责任。

家庭与班级教育有着密切的关系,现代教育已经证明:学生的成长绝不是仅仅靠班级的教育力量就能实现的,家庭不仅影响着青少年的发展,而且班级的教育影响往往需要家庭的配合才能发挥积极作用。虽然班级是一个学习的组织,学生看似仅仅是这个学习组织的一员,但是学生在班级组织的发展,往往也是在其家庭的影响下发生的。学生的家庭影响着学生班级生活的质量,因此,家长也是一种非常重要的班级教育力量。

同时,家长还是一种管理力量。班级成员在班级组织的生活同样会受到班级管理以外生活的影响,其中影响最大的是家庭生活。班级管理必须向班级以外延伸,不仅靠班主任自己的力量,也要借助于家长的力量。譬如,班级成员的行为规范,在班级里由班级管理,在家里则要依靠家长进行管理。

(四) 学生

班级是一种学习组织,其管理的对象自然主要是班级管理中的学生,但是学生在班级组织中不仅是管理、教育的对象,也是管理、教育的主体。他们可以是自我管理者、自我教育者。学生的自我管理和自我教育可以从两个方面去理解:一方面,每个学生都要进行自我管理和自我教育;另一方面,学生作为学习组织的成员对其他成员发挥着管理与教育的作用。

学生作为教育对象虽然也是管理的客体,但是这个客体是具有主体性的具体的人,管理的积极结果恰恰是其主体性的发展。因而,在班级管理中,班主任要促进学生自我管理和自我教育能力的积极发展。

二、课堂是班级组织的重要存在方式

班级作为一种学习组织,在班主任的管理下开展的一些其他活动,如晨会、班会、队会和其他实践活动等,以及整个班集体的建设,都是从班级课堂活动中衍生出来的。课堂生活不仅每天占据着班级组织的主要活动时间,而且课堂构成了班级组织生活的主要部分,因而课堂是班级组织的重要存在方式。没有高质量的课堂生活就没有高质量的班级组织生活。

由于课堂教学活动一般是在科任教师的组织下进行的,所以在某一学科教学活动开展时,班级组织的实际管理者不是班主任而是科任教师。在这种情况下,班级组织的直接管理者和教育者就是科任教师。除非在班主任自己任教的课堂上,如果是由其他科任教师开展的课堂教学,那么班主任就不再是直接的班级组织的管理者和教育者。但是,班主任把班级组织的管理任务和教育任务转移到科任教师身上后,并不意味着班主任管理和教育责任的全部转移,而是对班主任的班级管理提出了更高的要求。因为科任教师对一个班级组织生活的参与,虽然增加了班级组织的教育力量,但也给班主任的班级管理工作增加了协调的任务。

从班级管理来说,科任教师的课堂教学管理是班级管理的重要方面,科任教师也在教学中进行着班级管理。每一科目的课堂教学都影响着整体的班级组织生活,班级组织的整体生活也影响着每一科目的课堂教学。课堂教学与班级组织生活的一致性,既是课堂教学成功的条件,也是班级组织建设成功的条件。

三、家庭是影响班级组织生活的重要因素

学生带着他们的家庭生活印记在班级中生活,从而把家庭的影响带到班级组织生活中来。班级是学校的组织,班级生活是学生在学校环境中进行的,但是班级生活并不止于学校,它也会在班级外、学校外延伸。因此不能把班级生活和家庭生活看成两种截然不同的生活,更不能认为班级和家庭是学生可以采取不同生活方式的、互不相干的环境。在一定意义上讲,学生的学习就是在学习一定的生活方式。

一个班级组织生活的情况,就是学生学习生活方式的情况。成功的班级组织建设就是学校教育所要求的生活方式能够为学生普遍地掌握。从教育学的角度看,学生在学校中、班级中习得的生活方式,是有价值的生活方式,习得这种生活方式就是发展,否则就是没有发展。要求这样一种班级生活方式能够影响到学生班级以外的生活,能够影响到他们的家庭生活。班级生活向班级外延伸,向家庭延伸,就是学生成长的延伸。

如果家庭生活是与学校中的班级生活相冲突的,那么学生在班级中的生活方式就会受到影响,班级组织自然也会受到学生家庭生活方式的影响。一个班级几十位学生,有几十个家庭,这些家庭的生活方式是多种多样的。要求家庭中的生活与班级中的生活完全一致是没有意义的,但是对学生的发展来说,家庭生活与班级生活相互之间形成相容关系是基本的要求。

四、班级生活是学生共同的生活

班级组织的目标是使学生成为自我教育者、自我管理者。班级共同的生活方式不是班级管理者从外部强加的,而是属于班级组织成员自己的。班级组织的生活方式是学生个体自觉的生活方式。成功的班级管理是达成"不管"而"管"。学生在班级组织共同体中相互积极影响是促进班级成员发展的强大教育力量。班级生活不仅仅是每一个学生的个

体生活,而是学生共同的群体生活。

(一) 班级生活

杰克逊于 1968 年首次提出了班级生活的概念,意指在班级这个特殊的微型社会中,由师生的交往活动而展现出来的生活样式。他认为班级生活结构的三个构成要素是群体规范、表扬和权力。卜玉华认为班级生活是三维生存关系的构成:第一种是认知性、实践性范畴的认知生活;第二种是政治性、社会性的社会生活,即师生、生生、生与他者之间的交往性社会生活;第三种是伦理性精神生活,是教师与学生自身内在构成的活动,主要涉及自我内在生活的关系。齐军认为班级生活是指在班级这个特殊的微型社会里,由教师和学生所构成的班级共同体遵循一定的制度规范,为促进生命的发展完善及价值实现所展现出来的生活样式。

班级生活是两个词,一个是班级,一个是生活。班级是学校里的年级和班的总称,是学校的基本单位,而班级教学是现代最具代表性的一种教育形态。一个班级通常是由几位学科教师与一群学生共同组成的,教育功能也是在班级中实现的。生活是物质生活和精神生活的总称,而班级生活中的生活,指的更多的是精神生活,也是一种社会生活,毕竟班级就是一个小社会。

从原生态的角度来说,班级生活便是在班级里班级成员共同经历的一段生活。从教师到学生,每个人在班级里的一言一行、一举一动都是班级生活的组成。班级里的每个成员都有着愿景,有对自己未来的希冀和自己未来的目标,并为之共同努力。班级里学生们一同学习,这也是班级生活的一种。除了学习,班级中还有人际交往,生与生的交往,师与生的交往。从班级守则来说,也是如此。班级生活要让学生感到家庭般的温暖,还要让学生们形成良好的人际关系,真诚相待、互相信任、互相关心、团结协作,等等。

说到班级生活,还要提到另外一个词,便是班集体。班级生活和班集体也有着密不可分的关系,从某些意义上来说还可以同化。班集体的学习、交往和活动的经历和体验是学生个性发展的重要资源。一方面班集体可以提供学生个性发展的有利条件,另一方面,班集体为学生特殊才能的发展提供有利条件。

(二) 班级生活的功能

一个人从 6 岁开始上小学,一直到高中毕业,有 12 年的时间是在学校度过的。而在学校中,大部分的时间又是在班级中度过的。他的成长不仅得益于具体的学科教学,而且得益于班级生活。班级生活在学生的成长发展中发挥着重要的教育功能。班级生活的教育功能主要体现在:

首先,好的班级生活有助于学习成为"对话性实践"。在班级中,学生之间存在着种种个别差异,表现出不同的思维方式、行为方式、能力倾向和性格特征,掌握知识、习得技能、发展能力的速度也因此参差不齐,对同一个问题理解的方式和掌握的方式也呈现出差异性。通过不同差异的学生之间的"争论""交谈"以及"协商",学习被"团体化地"加以组织。换言之,班级生活为这种"合作性"的学习实践提供了必要条件。

165

其次,好的班级生活能够提供满足爱与归属需要的机会。每一个正常人都不同程度地喜欢和他人生活在一起,他离不开交往,他需要被团体接纳,害怕被孤立,渴望友谊,渴望爱,包括爱别人和得到别人的爱。在马斯洛那里,这被称为爱与归属的需要,是人的一种较高层次的需要。人的一生中,最深厚的友情常常是在学生期间结下的,同学情是人的一生中十分珍贵的心灵财富。这既源于学生相对单纯的特点,同时也因为班级人际交往的特点:几乎固定的空间场域、规律的作息时间、大体相近的学习内容、群体的性质也使得学生更容易发现与自己兴趣相近或性情、气质相投的同伴,这些都为爱和归属需要的满足提供了便利条件。

班级生活是学生走出校门之后参与公共生活的预备形式,班级生活首先就应该成为一种公共生活,良好有序的公共生活所必需的要素应该尽可能地在班级生活中体现。其中尤其重要的是个体的理性自主。班级管理必须重视个体理性的生长,帮助他们成为具有独立精神、自由人格的现代公民,这应该是班级制度建设的出发点和落脚点。

第二节 班主任和科任教师的协调

班主任是班级组织的领导者或管理者,但班级组织的管理者并非仅班主任一人,实际上存在一个管理者的团体,这个团体是由班主任与科任教师共同组成的。在班级管理中,班主任不仅直接领导与管理着整个班级,还通过对班级管理团体的领导进行着班级管理。班主任与科任教师间的协调,是班级管理者之间的协调。要想搞好班级管理,班主任必须清楚地认识科任教师在班级管理中的角色,并且加强与科任教师之间的协调。

一、科任教师作为班级管理者

(一)课堂教学过程同时也是课堂管理的过程

课堂是教师教学、学生开展学习活动,实施素质教育的主要阵地,同时也是学生个体自行建构多种行为活动的环境。教学是一种尊重学生理性思维能力,尊重学生自由意志,把学生看作独立思考和行动的主体,在与教师的交往和对话中,发展个体的智慧潜能、陶冶个体的道德性格,使每一个学生都达到自己最佳发展水平的活动。课堂管理则是为实现课堂教学目标所运行的程序,它一方面强调对学生的监督和控制,以使学生维持课堂秩序;另一方面强调对学生的引导和激励,让他们主动参与、自主学习。教师是通过课堂管理来实现课堂教学的,课堂管理是教师为营造积极的课堂环境、促进学生对于课堂活动的参与和合作的运作方式及相伴而生的所有行为。课堂教学与课堂管理主要以课堂为中心展开,学生在课堂中的行为模式和行为结果直接影响着学生的发展。教师、学生和环境之间的相互作用和相互影响促进着课堂的不断变化,学生正是在这种作用、影响和变化中得到不断的发展。

教学与课堂管理在教学过程中是不可分割的,教学和课堂管理通过教学过程中的诸变量发生相互影响。一方面,课堂管理影响了教学。另外,当教师考虑不同的管理风格时,要想到课堂管理风格对学习动机有一定的影响。另一方面,教学也会影响课堂管理。教学设计如果能考虑学生的个人差异,就可以预防一些课堂问题。

课堂管理是课堂教学的一个基本要素,是有效教学的一部分,是达成教学目标的重要手段。它是教师在课堂教学中必须掌握的一门知识,同时也是衡量教师教学能力的一个重要因素,因为课堂管理的好坏将直接决定一堂课的成功与否。研究表明,有效的课堂教学管理策略与学生的成绩呈正相关。然而传统课堂管理主要是强调纪律,以及针对学生违反课堂纪律所采取的具体措施。许多新教师将时间和精力主要集中在课堂管理上,而无法注重教与学的过程。在新的时代及新课程改革的背景下,课堂管理成了教师比较关心的问题。即使是学生,也比较关心课堂管理问题,他们期望教师是一个好的课堂管理者。

课堂是班级组织的重要存在形式,课堂教学活动都是在科任教师的组织下进行的。科任教师在课堂上除了开展教学活动之外,还进行着班级管理,因而科任教师在课堂上是班级组织的直接教育者和管理者。从课堂占据的时间看,学生在学校大部分时间其实就是在各种学科的课堂上度过的,与科任教师接触的时间较长。因此,在班级组织中,班主任和科任教师共同组成了管理班级的团体,科任教师是班主任进行班级管理的重要合作者。

(二)让科任教师成为班级管理者的一员

让科任教师参与班级管理,不但减轻了班主任的工作量,而且也有利于科任教师自己的发展,有利于班级管理质量的提升,有利于学生的健康成长,可谓一举多得。因此,在实践中让科任教师成为班级管理的一员,帮助科任教师协同班主任共同搞好班级管理工作,可以通过以下举措:

1. 完善管理制度,创建良好环境,推行"全员班主任制"

班级管理是一项烦琐而重要的工作,作为学校的管理者要充分认识到这一点,要想尽办法为班主任减负,为班主任的班级管理工作创造良好的环境。让科任教师参与班级管理,就可以实现这一目的。为此,学校可以在全校推行"全员班主任制",为科任教师参与班级管理创造条件。

(1)完善学校工作制度,要求人人参与管理。任何一项集体参与的工作要想做好并取得成功,仅靠个人的自觉是不易办到的,必须要有严格的制度加以约束和限制。因此,首先在制度上要明确科任教师的责任,即科任教师不仅有授课的责任,还有管理育人的责任。要有明确的制度要求科任教师参与班级管理,让教师们知道参与管理是学校制度,应严格遵守。其次还要转变科任教师的思想,让科任教师知道一个班级要想健康发展,仅靠班主任是不行的,必须做到人人参与,人人管理,才能使班级欣欣向荣。

(2)明确班级分工制度,做到人人有事可管。在班主任的"大包大揽"下,许多科任教师想要参与班级管理却无从下手,这也就限制和阻碍了科任教师参与班级管理。因此让教师参与班级管理不能只停留在嘴上,对于班级管理工作要适当地给科任教师分配一定的任务。这样不但科任教师有事可做,也减轻了班主任的负担,同时也让科任教师得到了锻炼,增强了科任教师与班主任和学生的感情。

(3)完善学校评价机制,施行双向鼓励措施。学校的评价制度是对所有教师工作的一个衡量标准,公正性、公平性是这一制度顺利实施的基础。让科任教师参与班级管理,要把科任教师所担负的班级管理工作作为考评的重要一项,让科任教师所担负的班级管理工作量和工作成绩在考评得分上予以体现。同时,科任教师参与班级管理也要作为学校评优评模、兑现奖励的重要依据。这样,施行双向鼓励的措施,以调动科任教师参与班级管理的积极性。

2. 加强相互交流,搭建沟通桥梁,实现管理和友谊的双丰收

班主任是班级的组织者和管理者,教学质量提上去了,管理工作搞好了,班级才能健康发展,但是班主任毕竟是一个人,不可能面面俱到,事必躬亲。因此,班主任在管理好班级的同时,还要调动科任教师参与班级管理的积极性,加强与科任教师的交流,共同谋划班级管理的方法。

(1)加强工作交流,达到管理共识。班主任一个人,无论在精力上还是在智力上都是有限的,因而在班级管理方面必须要积极地与科任教师进行交流。不同的科任教师有他们不同的教法和管法,以及为人处世的原则。班主任可在班级管理方面多向科任教师请教,汲取众长,完善不足,改进自己的管理方法,并积极邀请科任教师参与班级管理,共同学习,共同进步。

(2)加强思想交流,达成育人共识。班主任有班主任的优势,科任教师也有科任教师的长处。有的班主任太过于严肃,好多学生不敢靠近,有事没事愿意跟态度和蔼的科任教师谈谈,因此,有时科任教师对学生的了解和认识远远超过了班主任。再有,不同教师有着不同性格、气质、思想意识等,利用科任教师的这些特点,让科任教师来帮助班主任教育管理个别学生,有时会起到事半功倍的效果。班主任要充分了解每位科任教师的长处,通过科任教师进一步了解学生的情况,针对不同特点的学生的教育,让科任教师出主意、拿方子,做到对症下药,从而改变班主任单一片面的育人方法,以起到最佳教育效果。

(3)加强情感交流,达到合作共识。对于班里组织的各项活动,班主任要积极邀请科任教师参与,如主题班会、演讲比赛、拔河比赛等。科任教师的参加不但可以为我们的活动献计献策,还可以增强师生间的情感交流,提升班集体的凝聚力。同时,班主任不可功利心太强,赢得的成绩和荣誉要懂得与科任教师分享,不仅要与他们分享工作的困难和疑难,还要与他们分享成功的果实,在交流和分享中建立情感,增进友谊,使合作更加快乐。

总之,加强班主任和科任教师的交流,不仅可以提高班级的管理水平,还增强了他们的合作意识、丰富了个人情感,使班主任得到管理和友谊的双丰收。

3. 增强自身素质,提高管理能力,在管理中实现自身价值

良好的纪律和良好的学风是开展课堂教学的基础,而这一基础需要教师共同创造,需要教师增强自身素质和育人责任感。科任教师参与班级管理要有一定的管理能力。除了加强自身学习,提高自身素养,还要多向有经验的班主任请教,学习管理班级的方法和经验;培养自己的创新能力,针对班级管理能够提出新的观点、新的见解,为班级管理增添活力。

人生的意义归根结底是要实现自身的存在价值。科任教师要积极地参与班级管理中,在参与中学习管理能力,在参与中提高自身素养。用自己的能力来证明自己,用人格魅力来感染身边的每一个人,以实现自身的价值。

(三)影响科任教师课堂管理的因素

影响科任教师课堂管理的因素多种多样,科任教师只有明白影响课堂管理的主要因素,并能充分控制和利用各因素,才能做好课堂管理工作。下面主要列举影响任教教师课堂管理的几类常见因素,主要包括管理因素、学习行为、班级规模和班级性质。

第一,管理因素。影响科任教师课堂管理效果的管理因素主要有两个层面:学校层和班级层。由于班级是学校的一个组成部分,因而学校管理水平、管理质量直接决定着课堂管理水平。同时,教师是课堂管理的核心,教师的专业水平、个人素质、工作能力、教学态度、组织管理经验都直接决定着课堂管理水平。

第二,学习行为。学生既是课堂管理的对象,又是课堂管理的主体。学生的学习目的明确,态度端正,基础知识扎实,学习能力强,行为习惯规范,主体自律管理强,课堂管理自然就规范。反之,则会导致课堂管理混乱。

第三,班级规模。班级规模的大小影响着课堂管理方式。班级的规模不同,课堂管理的方式也需要相应变化。首先,班级规模的大小会影响学生间的情感联系。班级规模越大,情感纽带的力量就越弱。且班级规模越大,班内的学生越多,学生间的个别差异就越大,难免发生争论,产生利害冲突。其次,班级规模的大小也会影响交往模式。班级越大,学生内部之间交往频率小,师生间关系相对冷淡,相互间的了解就越少。此外,班级规模越大,学生由于受交往时空的限制,往往容易形成各种非正式小群体。

第四,班级性质。班级的性质也影响着课堂管理。不同的班级往往有不同的群体规范和不同的凝聚力,教师不能用固定不变的课堂管理模式对待不同性质的班级。如有的班级本来就比较优秀,对于这样的班级,教师可以利用其固有的凝聚力,充分发挥学生的自觉性和主动性,侧重于让学生自控自理。而对于那些纪律相对涣散的班级,教师则要更多地发挥权威作用,给予学生足够的监督和指导。因此,教师应该在深入了解的基础上,掌握班级集体的特点,运用促进和维持的高度技巧,获得理想的管理效果。

二、班主任协调科任教师的任务

(一)与科任教师一起建立高效课堂

建立高效课堂,这是科任教师进行课堂管理的归宿,也是班主任与科任教师的共同追求。班主任与科任教师一起建立高效课堂,需要做到以下几点:

第一,目标一致,各科一心。学校教学非常忌讳的一件事就是各学科各有各的一套模式,互不相干,甚至互相抵触。这不仅使得学生容易在各科教师的要求之间不知所措,也容易使投机取巧的学生钻空子。所以,班主任应该主动与各科任教师交流讨论班级的班规班纪以及学期目标、学年目标,听取他们的意见,在沟通之下制定一个统一的教学计划,此后为所有的科任教师所共同执行。这样,学生无论上什么课,要求和目标都是一样的,从而节省了很多转化和适应的精力,将更多的精力转移到听课和思考上来。这样,各科教师的教学工作也会有章可循,大大提高课堂的教学效率。

第二,尊重各科教师,主动沟通交流。有些班主任非常强势,很有自己的主见,对其他教师的工作不放心,或者说不信任,总愿意亲力亲为或者指手画脚。在察觉到班级学生在某一学科上听课效率比较低,学习成绩不太理想时,往往首先会责怪科任教师不负责任,教学水平差。这是极为不好的一种心态。教师之间应该相互信任,相互尊重,才能共同为班级教学工作服务。如果连班主任都不尊重科任教师,那么学生的情况只会更加糟糕。所以班主任应该以身作则,礼敬各位科任教师,尊重他们的教学经验和教学习惯,主动与他们交流,听取他们的意见,而不是把自己的教学理念强加给其他科任教师。

第三,定期召开见面会,形成长期机制。各学科教师之间也同样需要交流与沟通,而这个沟通最好是长期性的、有规律的。班主任在其中所起的作用就是组织和协调教师之间的见面工作,使会面工作形成一个长期的机制,定期、定时、定任务地有效开展。只有各学科教师长期、定时地见面交流,才能更加全面地了解到学生的学习心理和学习状态。各位教师也可以相互提供教学经验和教学感悟,针对某些公认的课堂教学问题,可以各抒己见,统一解决方案,或对某一科上存在的问题,其他学科的教师也可以提出一些建议。毕竟,在课堂教学上,学科的差异并不是很大,诸如合理引导学生思路、活跃课堂气氛、维持课堂秩序等工作,每一学科的教师所面对的问题都是一致的。

第四,帮助各科教师树立威信。班主任要帮助其他科任教师在学生面前树立威信。相比起来,班主任因为与学生的日常交流比较多,在学生中的威信比较高。班主任应该主动帮助科任教师树立威信。首先,班主任绝不可以在学生面前指责其他教师的教学工作甚至品格修养,要在学生面前维护各位教师的正面形象。当有学生对科任教师存在不满的时候,班主任应该引导学生正确评价科任教师的教学工作,而不能火上浇油,助长学生的厌烦情绪。其次,班主任也应该随时关注各科任教师在本班级的授课情况,有什么问题,应当及时帮助他们解决,使得各位教师能够在学生面前保持较高的威信,这样才能让学生在上这门课的时候"亲其师,信其道"。

(二)为科任教师的课堂管理提供有力支持

科任教师的课堂管理需要班主任的大力支持。班主任为科任教师的课堂管理提供支持,需要从以下方面着手:

第一,规范班级纪律和运用奖惩措施。良好的课堂效率必然需要良好的课堂纪律来保证。除了课堂纪律之外,还包括其他,如日常行为规范等。不要认为班级日常管理与课堂效率之间关系不大,其实,班级日常管理就是对学生的日常行为进行一些约束,通过约束行为达到规范思想的目的,在班级中形成明确的集体意识和纪律意识。班主任如果通过规范班级纪律和运用奖惩措施使学生形成明确的纪律意识,学生就可以自觉地遵守课堂纪律,从而有利于科任教师的课堂管理与课堂教学顺利进行。

第二,分级管理,互相之间鼓励约束。教师再贴近学生生活,也比不上学生对自己的熟悉程度。所以,教师应该适当地转让一些手中的权力,让学生自我管理,自我监督,互相帮助,互相学习。其中最适合的方法就是将班级分组进行评比。评比的内容可以相对广泛,从学生的行为规范到学习的效率和成果都可以算在内。在团体荣誉与竞争合作的促进之下,学生的学习意识会明显增强,在学习意识的驱动下,学生会自发地为构建高效课堂而努力。

第三,营造良好学习氛围。构建高效课堂不是一朝一夕的事,它需要长期的坚持。所以,班主任还应该在营造班级良好而持久的学习氛围上多加考虑。所谓学习氛围,应该包括时间上的紧迫性、空间上的条理性,以及尊重知识、主动学习的积极性,互帮互助、交流探索的互动性等。在营造学习氛围这一方面,教师的行为相对和缓不着痕迹,采取润物无声的方式来影响学生是最好的。通过班级整体良好学习氛围的营造,提升学生的学习意识和积极性,从而提高课堂学习的效率。

第四,关注学生的学习进度和心理动向。当然,仅仅有管理是不够的。合格的班主任要学会与学生交流沟通,发现学生在学习上的困惑,及时帮助他们疏导心理,解决实际问题。在这一点上,学生之间是存在差异的,有些学生本来在某一科上成绩很好,后来因为一些原因有些落后了,班主任就要及时察觉到问题所在,帮助学生走出困境;有些学生一直存在偏科问题,这严重影响了他们对某一学科的兴趣和关注程度,班主任应该结合学生的独特情况,有针对性地帮助他们找到克服的方法;有些学生跟某一科的教师关系不睦,直接影响了他们这一科的上课效率,班主任应该了解清楚情况,促进学生和科任教师之间协调交流,帮助这样的学生解开心结。总之,班主任应该对学生各科的学习状况时常关注,做到心里有数,及时有效地提供帮助。

三、班主任协调科任教师进行课堂管理的方式

班主任协调科任教师进行课堂管理,需要一定的有效方式。在教育实践中,班主任协调科任教师的方式主要有:

(一)召开班主任与科任教师的协调会

班级虽然不大,但是班级管理活动并不简单。由于班级管理活动涉及不同科任教师的课堂活动,因此班级管理者就不是一个人,而是一个团体、一个管理者团体。这个管理者团体主要是由班主任与科任教师共同组成的。如果学校里没有以制度的形式规定班级的管理者组织,也没有赋予班主任以相应的组织领导权力,那么班主任与科任教师的协调工作就要由班主任自己主动地开展。班主任与科任教师的班级管理共同体,最好以"协调会"的方式建立。"协调会"应当是由班主任牵头,所有科任教师参与的班级管理者共同体。

协调班主任与科任教师的管理行为,能够确保班级管理目标的实现。班主任通过召

开科任教师协调会,能够统一班级管理者的思想,使班级管理者能够提供相互支持,互通班级管理工作的相关信息。新任班主任或新学年(新学期)科任教师发生变化时,班主任应召集科任教师开会协商,共同确认建立"协调会"制度,并商定"协调会"定期举行的时间和协调会主要解决的问题。

通常情况下,协调会一般可每月举行一次。如果频繁召开协调会,就会加重教师工作负担,但若遇特殊情况可临时召集。每一次协调会开会之前,班主任均应事先做好准备,提前将开会的时间、地点和主题告知科任教师。一般来说,班主任与科任教师协调会的主要内容包括:互相通报在班级管理中出现的新情况与新问题,共同分析班级管理中需要解决的问题,商议协调解决问题的办法。

(二) 班主任与科任教师个别合作进行课堂管理

1. 班主任与科任教师个别合作进行课堂管理的必要性

班主任与科任教师合作进行课堂管理,不仅有整体的协调,还有个别的协调。课堂管理作为班级管理的组成部分,要在班主任与每一位科任教师的合作中才能实现其最佳效果。但是,由于课堂教学是科任教师独立进行的,因此科任教师在进行课堂管理时,往往只关注自己的课堂教学目标是否实现。虽然课堂教学目标与班级管理目标并不矛盾,班级管理应当支持课堂教学目标的实现,但是课堂教学目标只有与具体的班级环境相一致才能得以实现。也就是说,科任教师要实现自己的课堂教学目标,必须从班级管理的全局出发,才能有效地把握课堂环境,从而实现自己的课堂教学目标。

当进行某一学科的课堂教学时,班主任的班级管理活动,就移交到科任教师手上进行了。这样一种班级管理权力的转移,有可能导致班级管理活动的断裂。如果班主任认为,在课堂教学中课堂管理只是科任教师的事,那么班级管理活动就不可能根据既定的管理目标一以贯之。科任教师所任教的每一门课、每一节课都是班级管理不可分割的组成部分。只有班主任与科任教师携起手来,共同加强课堂管理,才有助于班级管理目标的达成。

在实际的班级管理活动中,有可能出现班主任听任科任教师独自开展课堂管理活动的情况。虽然课堂教学的领导是科任教师,班主任不能也不应当对科任教师的教学活动进行干涉,但是课堂管理既然是班级管理不可分割的组成部分,那么缺乏从班级管理全局进行指导的课堂管理就难以取得良好的效果,而没有成功的课堂管理,班级管理的整体目标也难以实现。因而,班主任必须与每一位科任教师合作进行课堂管理。

2. 班主任与个别科任教师合作进行课堂管理的方式

班主任作为班级的"最高"领导者,本来就负有对其他科任教师进行管理指导的任务。这种管理可以分为两大类:管理思想的指导和管理方法的指导。

(1) 管理思想的指导

科任教师怎样进行课堂管理,受到其管理思想的影响。有什么样的管理思想,就会有什么样的课堂管理。在课堂管理实践中,一些教师在管理思想上会犯的错误是:每一个学生都要对教师主导的课堂负责,而不是课堂对每一个学生负责。课堂是学生成长的环境,虽然课堂环境也受到学生行为的影响,但是课堂管理者创造的每一种课堂环境本来都应当是为班级中的每一位学生发展服务的。

在班级管理实际活动中,科任教师也会与班主任发生联系,但是有些科任教师在与班主任联系以求得班主任对课堂管理的帮助时,常常是遇到了一些较难管理的学生严重影响了课堂纪律,让班主任给予处理。当科任教师遇到棘手的课堂纪律问题时,固然需要班主任的帮助,但是课堂管理中遇到的纪律问题,有时也是由科任教师不正确的课堂管理思想导致的。课堂管理中的纪律问题,有时也是因为一些学生的发展要求不能得到满足导致的。如果这些学生的发展要求因为纪律问题而被剥夺,那只能导致更为严重的纪律问题。

(2)课堂管理方法的指导

正确的课堂管理方法和对任课班级情况的深入了解是成功进行课堂管理的必要条件。并不是每一个科任教师都掌握了课堂管理的正确方法,也并不是每一个科任教师对所任教班级的学生都能够有深入的了解。班主任应在上述两个方面给科任教师加以指导。

班主任对科任教师进行课堂管理方法指导,并不是一种居高临下的指导,更不是一种说教式的指导,也不是在任意情况下都要进行的指导。当科任教师对课堂进行管理发生困难时,才需要班主任给予科任教师以课堂管理方法的指导。科任教师的年龄不同、经验不同,课堂管理水平也不同。一些科任教师可能本身就是很优秀的班级管理者,这样的科任教师会给班主任进行班级管理带来很大的帮助。而有一些科任教师缺乏开展课堂管理的素养准备,不知道如何开展课堂管理。这样的一些教师就很需要课堂管理方法的指导。在课堂管理中,科任教师不能正确理解学生课堂行为的表现:把学生影响课堂教学目标实现的行为简单地归于学生的行为偏差。此时,科任教师会以"告状"的形式向班主任反映情况。当这一情况出现时,班主任应帮助科任教师对课堂管理中出现问题的学生的行为进行分析,从学生的心理需要和动机说明学生的问题行为发生的原因。

在对科任教师进行班级管理方法指导的同时,班主任还应帮助科任教师深入了解班级情况。科任教师的课堂管理,并不是临时性地面对一群学生。这些学生有他们各自的个性,一个班级也会形成独特的生活风格,成功的课堂管理要建立在对管理对象的个性把握,以及对一定班级的独特生活风格的把握上。课堂管理中面对的学生是具有个性的,他们的行为会有差异,而这差异恰恰是由他们的个性决定的。如果科任教师不能根据学生的个性特征来理解他们的行为,那么也就不能正确认识这些学生的行为,管理好他们的行为。因而,班主任应该帮助科任教师充分了解学生的个性特征。此外,在群体中,个体的行为具有群体的特征,受到群体文化的制约。不同班级的生活风格,表现为不同的班级文化特征;不同的文化特征,则有不同的群体行为方式。科任教师不能很好地实施课堂管理,也与科任教师不了解班级群体行为特征有关。因此,班主任还应帮助科任教师了解班级群体行为的特征。

第三节　班主任与家长的协调

班级管理活动并不限于班级的范围,因为学生在班级中的行为还受到其家庭生活的影响,所以要有效地管理班级中学生的行为,还必须借助于家庭的力量。家长也是班主任进行班级管理的重要助手。班主任在班级管理工作中需要家长的积极配合与大力支持,才能管理好班级,使班级中的每一个学生身心健康地成长。

一、让家长成为班主任的助手

(一)家庭——学生的第二课堂

如果说学校是学生获取知识、技能的主课堂的话,家庭就是学生的第二课堂,在这里,学生同样获取着重要的知识和技能。如果家长能充分利用起这个第二课堂,学生的受益是不可估量的。家庭这个第二课堂,具有多样的形式与种类。

一是道德的课堂。家庭是孩子道德学习和成长的基地,家长的道德观念和道德行为潜移默化地影响着孩子,塑造着孩子的道德品质。在家里,家长就是孩子心中的榜样。家长孝敬老人,孩子也会孝敬老人;家长尊重孩子,孩子也会尊重家长;家长乐于助人,孩子也会乐于助人。反之亦然。

二是智力的课堂。家庭生活就是一个大课堂,处处皆学问,可以增长孩子的知识,也可以开发孩子的智力。家长带孩子买菜,可以让孩子了解买、卖的关系,了解单价、数量、总价的关系;家长带孩子去银行,可以让孩子了解金融知识,学习理财等。拿洗澡来说,这是一件非常普通的事情。然而,美国麻省理工学院机械工程系的系主任谢皮罗教授,却敏锐地注意到:每次放掉洗澡水时,水的漩涡总是朝逆时针方向旋转的。这是为什么呢?谢皮罗紧紧抓住这个问号不放,进行了反复的实验和研究。1962年他发表了论文,认为这种漩涡与地球的自转有关,如果地球停止旋转,就不会产生这种漩涡,由于地球不停地自西向东旋转,而美国处于北半球,便使洗澡水朝逆时针方向旋转,北半球的台风也是朝逆时针方向旋转,其道理与洗澡水的漩涡是一样的。他还断言,如果在南半球,洗澡水的漩涡便朝顺时针方向旋转,在赤道,则不会形成漩涡。他的这种见解,引起了各国科学家的极大兴趣,他们纷纷在各地进行实验,结果证明谢皮罗的结论完全正确。如果家长在家里也能够有意识地引导孩子像谢皮罗教授一样观察、思考家庭生活中的出现的各种现象,敢于质疑生活中发生的事情,敢于探索未知事物的奥秘,孩子的观察能力、思维能力、探究能力一定会逐渐提高,孩子的智力水平一定会得以发展。

三是情商的课堂。情商(EQ)又称情绪智商,是心理学家们提出的与智力和智商相对应的概念。它主要是指人在情绪、情感、意志、耐受挫折等方面的品质。总的来讲,人与人之间的情商并无明显的先天差别,更多与后天的培养息息相关。学生的情商在家庭培养较学校更有优势,因为家长与孩子之间是一对一、二对一,甚至多对一的关系,而且还有时间、环境等因素的优势。家长通过生活中的小事随时随地来教育孩子,又可有意识地创造条件培养孩子的情绪管理能力、意志力、抗挫力等,促进孩子情绪智力的发展。

(二) 家长——班主任的朋友

当家长把孩子送进学校接受学校教育的那一刹那,家长就已经成为班主任的朋友,而且是志同道合的朋友,因为家长和班主任都想让孩子(学生)成才。既然是朋友,那么在交流时,就不要在话语中流露出"你的孩子""你们做家长的"等类似的排斥语气,而应更亲和,以一种合作伙伴的身份相处,这样班主任的工作会更好做。具体来说,班主任要与家长做朋友,需要做到几点:

第一,平等地对待家长。家长来自不同行业,素质高低不同,家庭条件也有很大差距。但不论怎样,班主任都要平等地对待家长,千万不要让家长觉得班主任势利,这样不利于班主任树立威信、开展工作。同样,对班级的所有孩子应一视同仁,公正地对待每一个孩子,也就是平等地对待家长。

第二,妙语化解家长的不满意。家长在对学校、对教师不甚了解的情况下,容易产生不满,面对家长的不满,班主任一定要摆正心态:我们的所作所为不一定能让每一位家长满意,也不一定能做到十全十美,所以有家长不满是很正常的。我们要放低姿态,虚心听取他们的意见和建议,有则改之,无则加勉。

第三,给家长留足面子。受传统习俗的影响,很多人都特别爱面子,家长也不例外。有时家长怒气冲冲来找班主任理论,结果并不是学校或他人的错误,而是自己孩子的错误,会显得特别没面子,有的家长可能会向班主任道歉,但有的家长就可能胡搅蛮缠,掩饰自己的过错。班主任这时候要善于给家长台阶下,既要明辨是非,还要给足家长面子。

(三) 让家长成为班主任的"助手"

教师常常觉得家长是自己教育学生的依靠,当遇到在学校解决不了的事情时,教师就可以搬出家长,让家长利用自己的权威解决问题。但是,当作为专业的教育人员的班主任对某个学生的教育和管理都感到束手无策的时候,家长往往更是无奈。所以家长并不能充当班主任的依靠。相反,班主任要成为家长的依靠,让他们觉得班主任能进行有效的教育,这样他们才信服班主任,信服学校。当然,家长不能仅仅依靠班主任,还应该积极充当班主任的助手。而把家长转化成班主任的助手,争取家长的理解和支持,就需要班主任改变观念和做法。

(1) 让家长参与班级的管理。要让家长做好助手,就要让家长了解班主任的治班意图和策略,与班主任站在同一战线上,积极参与班级管理。班主任制定班规后,可以复印发给每位家长,并且要求家长认真研究并提出自己的意见,根据家长的反馈意见再进行修正,如无意见就签名订立。这样做的好处在于:一方面,家长可以了解班主任的治班意图,知道学生该遵守些什么,摒弃些什么,为家庭教育提供了标准和依据;另一方面,在班级管理中如果出现了问题也可以根据班规对家长进行解释,有言在先,很容易取得家长的信任和支持。

（2）为家长教育管理学生提供指导。因为"爱之深，责之切"，所以家长往往比班主任"暴躁"得多，但也有一部分家长对学生过于溺爱，这两种状态都不利于对学生的教育。班主任确立了家长是教育助手的观念，要对这样的家长进行指导，使他们对学生的教育更客观有效。

（3）引导家长积极评价学生。好孩子是夸出来的。但是，只靠班主任夸，往往效果不够好，如果家校携手，学生的一点进步同时能得到教师和家长两方面的欣赏，就能使欣赏的教育功能加倍，更有利于学生的成长。而家长往往因为与孩子靠得太近，放大了孩子身上的缺点，而忽视了他的优点。这时候，班主任就要为家长提供鼓励、欣赏孩子的机会，做到"夸到实处"，而不让孩子觉得家长在说违心的话。

（4）尊重家长。作为助手，家长帮助班主任对孩子进行家庭教育，不管成效如何，都应该得到班主任的尊重。班主任尊重家长不是一味的客气，更不是讨好，而是要对学生有高度的责任感，有发自内心的爱护和勇敢的担当。当家长变成教育工作的助手，班主任就成了主导者，学校与家庭的力量就能汇聚成合力，更好地扶持学生成长。

二、班主任指导家庭教育的内容与原则

（一）班主任是学校指导家庭教育的重要力量

学校与家庭的联系主要是通过班主任实现的，班主任是学校指导家庭教育的重要力量。班主任在指导家庭教育方面具有许多便利条件和优势：

一是权威性较大。班主任一般由那些热爱教育事业、热爱学生、教学水平高、组织管理能力强、能为人师表的教师担任，在学生心目中有威信，在家长心目中也享有较高的威望。这种"威望效应"决定了由班主任指导家庭教育，家长容易信服和接受。

二是针对性较强。班主任天天与学生接触，对学生的心理、思想和行为特点比较了解。在了解和研究学生的过程中，可以间接地掌握家庭教育的一些情况。班主任还可通过家访、家长会、家长接待日等多种方式与学生家庭保持联系，从而使班主任能直接了解和掌握学生的家庭教育的现状与问题，为指导家庭教育提供客观依据的同时对不同的家庭教育对象进行有的放矢的指导。

三是覆盖面较广。班主任是一支不可忽视的家庭教育力量，学校要鼓励班主任充分利用自己的优势，不辞辛劳，搞好家庭教育指导。学校抓班主任工作时，要把家庭教育列入常规议事日程，常抓不懈，并把家庭教育工作的状况列入教师考核、评优、晋级的重要参考条件。

（二）班主任指导家庭教育的内容

1. 引导家长树立正确的教育观念

家庭教育能否取得成效，家长的家庭教育观念正确与否是关键。家庭教育观念决定着家庭教育的走向，家庭教育观念不正确，会使家庭教育效果适得其反。目前令人担忧的

是不少家长在迫切渴望孩子成才的同时,却正以错误的教育观念在教育着孩子。因此,班主任指导家庭教育的当务之急,是从观念入手,通过宣传教育,帮助家长树立正确的家庭教育观念。班主任应积极向家长宣传现代教育理念,帮助他们形成正确的亲子观、人才观、教育观,使之成为家庭教育的行动指南。

2. 帮助家长掌握正确的教育方法

恰当的教育方法能起到"顺水推舟"的作用,能让孩子在自由的空间里翱翔。但有些家庭却剥夺了孩子自由翱翔的机会,很多家长正以错误的教育方法教育着自己的孩子。有的家长专制粗暴:这些家长认为"不打不成才",因此对孩子轻则严加训斥,重则棍棒相加;有的家长溺爱姑息:这些家长对子女的要求盲目迁就、百依百顺。因此,班主任要帮助家长摒弃错误的教养方式,因为这些方法都会给孩子造成伤害,阻碍他们的成长。只有掌握正确的教育方法,如民主、平等的作风,以身作则,合理的奖惩,严与爱的结合等,才能使家长教育子女的水平逐渐提高,才能让孩子健康快乐地成长。

3. 鼓励家长学习科学的育人知识

"望子成龙,望女成凤"是父母们的共同心愿。父母们把所有的希望寄托在孩子身上,要求孩子学习进步,在重视提高孩子的素质的同时,却忽略了提高自身的素质。家庭教育是一门学问,没有哪一位家长天生就能把孩子教育好,关键取决于家长的不断学习。无数经验表明,那些乐于学习、善于学习,不断提高自身素养,努力学习家庭教育基本知识的家长,在家庭教育中更得心应手。反之,不重视、不善于学习家教知识的家长,在家教实践中往往事倍功半。班主任要承担起指导家庭教育的职责,最为重要的是在为家长排忧解难、指点迷津的同时,利用多种形式,积极鼓励家长以各种方式学习家庭教育的理论和方法,提高家长学习家庭教育知识的积极性,让家长学会"学习",学会教育孩子,这是家庭教育指导的最佳境界,是家庭教育指导孜孜以求的目标。

(三) 班主任指导家庭教育的原则

班主任开展家庭教育指导要正确把握指导原则,才能够真正有助于家长提高教育素养,更好地与班主任一起教育好学生。班主任在进行家庭教育指导时应该坚持以下五条基本原则:

第一,坚持平等性原则。学校和家庭、教师与学生家长之间的关系是平等的,是互相配合的协作的关系,学校和教师不能居高临下地指挥家长,更不能命令家长。因此,班主任在进行指导时要以对家长的尊重为前提,平等对待家长,协调对孩子的教育。

第二,坚持全面性原则。班主任对家庭教育的指导要全面,既要重视向家长宣传党和国家的教育方针,使家长树立正确的教育观念,还要传授一定的教育学、心理学知识,使家长掌握科学的教育知识。此外,既要注意对家长错误行为的纠正,又要教给家长具体的教育方法,使家长的教育素养得到全面发展。

第三,坚持正面性原则。班主任对家长进行家庭教育指导时,要采用正面积极的方法,主动帮助家长弄清事实,分析原因,提供方法。要以经验介绍、交流思想、事例启发、表彰宣传为主,切不可动辄对家长批评或责备挖苦,因为这样只会引起家长的反感和抵触,无法收到良好指导效果。

第四,坚持针对性原则。由于家长对教育的认识不同,文化修养、教育能力各异,因此,班主任在进行教育指导时,就应有的放矢,做到准确到位,使家长有所收获,学有所用。对家庭教育出现的问题,要运用一把钥匙开一把锁的方法,解决家庭教育疑难。

第五,坚持超前性原则。教育是前瞻性的事业,班主任对家庭教育的指导也应具有前瞻性。首先,不但要看到家长当前的需要,还要根据儿童成长的阶段性规律,对家庭教育中将会出现的问题进行具有预见性的指导。其次,随着时代的发展和进步,班主任要对家庭教育的方向做出明确指导,使家长的教育思想和意识具有超前性,对孩子的培养目标要与时代相适应。

三、班主任进行家庭教育指导的途径和方法

(一) 班主任进行家庭教育指导的途径

1. 传授家庭教育的观点与方法

正确的家庭教育观点与教育方法,有利于促进孩子的身心健康地发展;创造良好和谐的家庭氛围,更能让孩子自信满满地走好每一步。但由于诸多原因,家庭教育出现了这样那样的问题,迫切地需要班主任去点拨与传授给家长正确的教育观点与方法。

(1) 帮助家长树立正确的教育思想

孩子是国家的未来,是家长的希望。因此,家长们都相当重视孩子的成才。但令人担忧的是不少家长在迫切渴望孩子成才的同时,却正以错误的教育观念教育着孩子。比如:成长观,家长们抱着"望子成龙、望女成凤"的心理,指望孩子能"成名成家",成为一名科学家、音乐家、画家等,把教育的重心放在智力开发、技能训练上,而忽视了孩子的品质培养和劳动习惯的养成。又比如:子女观,许多家长以为子女是自己的私有财产,是家庭的隶属品,家长对孩子享有全部主权,父母想怎么教育就怎么教育。对此,班主任要帮助家长树立正确的教育思想,使家长认识到既要管孩子的学习、生活,又要管孩子的思想品质,使孩子德智体美劳全面发展。

(2) 帮助家长掌握正确的教育方法

得当的教育方法有助于适应孩子的身心发展规律,促进孩子的健康成长。但是有些家长却不懂得正确的教育方法,而是以错误的教育方法教育自己的孩子。比如有些家长对孩子采取专制粗暴、动辄打骂的教育方法,最终使孩子养成了消极、顺从、怯懦、自卑、固执、冷漠、刚愎自用的性格特征。再如有些家长对子女则是百般溺爱、百依百顺,使孩子逐渐养成了自私、任性、娇气、专横、霸道等不良习气。因此,班主任要告诫家长摒弃这种种错误的教育方式,因为这些方法都将给孩子造成伤害,阻碍他们的成长。同时将正确的教育方法教给家长,例如,民主平等、以身作则、合理奖惩、严爱结合,等等,才能使家长教育子女的水平逐渐提高,才能让孩子健康成长的共同心愿得以实现。

2. 密切家校联系,加强家校沟通与合作

班主任在沟通家庭与学校方面的作用尤为重要。班主任只有通过各种有效的家校联系,才能更全面地了解学生个性特征,了解学生的家庭境况,从而配合家长,双管齐下,对学生进行各方面的教育。班主任可以通过以下方式进行家校联系与合作:

(1)上门家访

家访有普访和专访两类。前者指班主任接班之后,要对全班学生家长进行一次普遍访问,旨在了解学生的家庭环境、家长具体情况和家庭气氛等。后者指就某一种目的,对个别学生家长进行专访。尤其是专访,如能恰如其分地运用,将会对学生起到很好的鼓励与促进作用。

(2)请家长校访

家访是联系家长和教师的好方法,同样,校访也是一种有效方法。因学生家长白天上班不在家,晚上家访又有诸多不便,所以,约定个大致时间,请学生代请家长到校校访,这样家长可以安排好工作到校,了解子女的学习情况和思想状况,同样可以收到很好的效果。

(3)召开家长会

召开家长会主要是使家长了解学校和班级的教育要求,向家长汇报班级的情况,争取家长配合学校和教师共同教育学生。召开家长会是家校联系最方便而又有效的途径,通过家长会,可以让家长与教师乃至学校更直接地探讨与解决学生中普遍存在的问题。班主任可以定期召开阶段性的家长会,让家长了解学校的工作、孩子的学习,并且共探孩子的成长。

(4)通信联系

随着现代化通信设备的逐渐普及,又由于家长工作繁忙,教师工作辛苦,采用通信联系,如打电话、发邮件、发短信等,都是非常便捷又有效的家校联系方法。通信联系能使班主任和家长更快地找到孩子迷失的根源,并且逐渐帮助孩子改正问题,让其健康地成长。

班主任在与家长联系时应讲究方式方法,否则将达不到"知情救失"的效果。因此,教师应采取商量的态度,了解学生,互通情况,商讨方法,协调教育步骤。首先,应改变与家长联系时"报喜不报忧"或"报忧不报喜"的现象,既点出不足之处,又要表扬进步,让家长有自豪感和责任感,有决心和信心管好自己的孩子。其次,要打破学生认为"找家长就是告状"的思维定势,指缺点时要委婉诚恳,同时指出希望其努力的方向,让学生家长易接受。这样,就使家长感到教师对其子女是真诚关怀,乐意与教师配合;也使学生感到家长和教师都是为他好,是从爱护他的角度出发而乐意接受,最终达到教育学生的目的。

真题链接

1. 简答题:简述家校合作的途径。

参考答案:

① 互访;② 通信联系;③ 召开家长会;④ 成立家长委员会;⑤ 开办家长学校。

---

2. 材料分析题：

唐老师布置学生回家用泥巴做手工，要求留意制作的过程和感受，为作文积累素材。不久，小强的爸爸就气势汹汹地来找唐老师，质问唐老师为什么小强一回家就玩泥巴，不学习。唐老师就将小强的作文读给家长听。作文中提到小强曾经做过一个坦克模型，但是他爸爸非常生气，一脚给踩坏了。家长听完小强的作文，表示理解了孩子的行为。

（1）评析唐老师与家长的沟通方法。

（2）试述家校合作应遵守的基本要求。

参考答案：

（1）唐老师与家长的沟通方法值得学习。唐老师在与家长的沟通中注意到了家长其实是站到了学校的对立面，只要求学校督促孩子的学习，而不是很注重孩子在其他方面的教育。针对这种情况，唐老师从小强的作文切入，说明了老师布置作业的动机是激发学生的学习热情，从学生角度取得了家长的认同。如果唐老师忽视孩子的发展或一味地埋怨家长，可能就更会造成与家长的对抗状态，会给之后的沟通带来更多麻烦。

（2）从以下角度做答：第一，改善家庭与学校的合作关系，注重平等沟通、发挥学校主导作用，调动家长的积极性。第二，提高家庭与学校的合作能力，统一认识，共同承担孩子的教育责任。第三，畅通家庭与学校的合作渠道，资源共享，形成教育合力。第四，提高家庭与学校的合作层次，逐步提高家长的参与感，相互支援，合作共进。

（二）班主任进行家庭教育指导的方法

家庭教育指导方法对于实现指导任务具有重要意义。班主任实施家庭教育指导应该善于运用指导方法，增强家庭教育指导效果。班主任在开展家庭教育指导时要关注以下指导方法的运用：

1. 及时性指导与预防性指导

及时性指导，是指当学生或学生家庭偶发事件发生后，有可能引发教育问题时，所立即进行的指导活动。如学生父母离异时或是期末考试后，教师立即以家访的形式，与家长就孩子的教育问题进行探讨，尽可能及时解决问题。预防性指导，是指在学生心理、身体发展或是在学习的不同阶段，为防止可能发生的家庭教育问题而进行的有预见性指导。如新生入学前，班主任对家长进行的"如何帮助孩子过好入学关"，对高年级学生家长进行的"青春初期儿童心理问题及对策"等讲座类指导。

2. 统一性指导与个别性指导

个别性的指导，指对存在严重教育问题的家庭和有突出问题的学生的家庭所进行的个别指导。一般采用家访或请家长来校的方式，进行面对面的指导。统一性指导，是对家庭教育存在共性问题的学生家庭进行的集中指导。如同年级学生家长中存在类似问题，可打破班级界限进行指导，利用开家长会、印发指导材料、学校举办讲座等。

3. 启发性指导与纠正性指导

在教学中提倡启发式，反对灌输式，同样对家庭教育的指导也要坚持启发式。班主任可以通过阐明事例，引起家长联系自身实践加以思索，从而达到教育效果。纠正性指导指班主任要对家长在家庭教育中存在的突出问题与错误之处，直接地指出来并指导他们纠正和改变。

此外，班主任在与家长交往的过程中，还要注意根据不同的家庭类型采取不同的交往方式。对于民主型的家庭，班主任要尽可能将学生的表现如实向家长反映，主动请他们提出教育的措施，认真倾听他们的意见，充分肯定和采纳他们的合理化建议，并适时提出自己的看法，和学生家长一起，同心协力，共同做好对学生的教育工作。对于溺爱型的家庭，班主任在与家长交谈时，应先肯定学生的长处，对学生的良好表现予以真挚的赞赏和表扬，然后再适时指出学生的不足；要充分尊重学生家长的感情，肯定家长热爱子女的正确性，使对方在心理上能接纳所提出的意见。同时，也要用恳切的语言指出溺爱对孩子成长的危害，耐心热情地帮助和说服家长采取正确的方式来教育子女，启发家长实事求是地反映学生的情况，千万不要袒护自己的子女，因溺爱而隐瞒子女的过失。对于放任不管型的家庭，班主任在家访时要多报喜，少报忧，使学生家长认识到孩子的发展前途的重要性，激发家长对孩子的爱心与期望心理，促使他们改变对子女放任不管的态度，吸引他们主动参与对孩子的教育活动。同时，还要委婉地向家长指出放任不管对孩子的影响，使家长明白，孩子生长在一个缺乏爱心的家庭中是很痛苦的，从而增强家长对子女的关心程度，增进家长与子女间的感情，为学生的良好发展创造一个合适的环境。

在推行素质教育的今天，只有实现家庭、学校、社会三位一体，齐抓共管，才能真正实施素质教育，促进青少年儿童健康成长。因此，密切班主任与家长的联系，加强对家庭教育的指导，使家长与班主任同心协力，形成教育合力，共同引导和促进青少年儿童的健康成长发展是班主任进行班级管理的重要职责。

本章小结

本章论述了班级教育与管理力量的整合问题。在班级中班主任是管理者和教育者，但班主任并非班级中唯一的管理者和教育者。在科任教师开展课堂教学活动时，科任教师是班级的直接教育者和管理者；当班级生活向家庭延伸时，家长对班级生活也会发生影响，家长也是影响班级的教育和管理力量；班级学生在他们的共同生活中也会相互影响和相互促进，并进行自我教育和自我管理，学生是班级的自我教育和自我管理者。因此，班主任、科任教师、家长、学生共同构成了班级的教育和管理力量。

班主任必须学会协调班级中的各种教育与管理力量。一是班主任与科任教师进行教育与管理上的协调，需要班主任给予指导，指导的方式有"协调会"制度和个别指导等。二是班主任与家长进行协调，也需要班主任的指导，班主任在努力帮助家长提高家庭教育素质的同时,还要针对具体情况对家长开展家庭教育给予具体的指导。班主任指导家庭教育的主要途径有召开家长会、请家长访校、进行家访和通信联系等。班主任指导家庭教育的主要方法有及时性指导与预防性指导、统一性指导与个别性指导、启发性指导与纠正性指导等。

★ 思考与探究

一、理解概念

班级教育与管理力量　班主任与科任教师协调　班主任与家长协调　家长会　家访

二、简答

1. 班级教育与管理力量有哪些?

2. 班主任如何与科任教师进行协调?

3. 班主任对家长进行家庭教育指导的途径和方法有哪些?

三、案例分析

师生同展示,拉近心距离
——记一次家长会

南京北京东路小学　吴　静

[指导思想]

通过这次家长会,家长能看到孩子一学期的成长和进步,明确学校、班级的教育思想、目标以及新学期的计划。采用师生、生生、家长学生、家长老师多维互动的方式增进彼此的了解,达到互相取长补短。通过营造温馨宽松的氛围,拉近彼此心的距离,增强家长对学校和老师的信任,使家校配合得更加默契,为今后班主任工作的开展铺平道路。

[会前准备]

1. 发放学校的会议邀请函,真诚地邀请各位家长在规定的时间到班级开家长会。

2. 动员学生积极投入迎接家长会的活动中来,精心编排节目,指导小主持人。

3. 布置教室:墙壁上贴上学生的书法、绘画、习作、学校生活照片、班级获得的奖状等。这些内容分散在班级墙壁的各个板块中,如创作园地、我的自画像、多彩校园、美的天地、英语角、荣誉角等,让每个学生都有自我展示的机会。

4. 布置桌面:每个学生的桌面上放上素质报告单、最得意的作业本、写给家长的话、制作的贺卡等,让家长坐在自己孩子的座位上倍感欣慰、自豪。

5. 教师对会议的流程做到精心设计、熟记在心。尽量使一学期各方面内容有重点地用一个小时左右的时间展示出来。

6. 注重仪表的端庄,站在教室门口笑容可掬地欢迎每位家长的到来。组织班上的几位同学做小司仪,引领家长入座。

[会议实录]

(一)导入

师:各位家长下午好,非常欢迎大家来参加家长会。和四(3)班的同学已经相处两年了,也同他们建立了深厚的感情,我真心爱着每一个学生,并且争取尽自己最大的努力把他们教育好。这学期我们班也取得了很多成绩,学生的点滴进步、班级的各项成绩都离不开家长们的大力支持和关心,在此我也代表学校及其他老师向大家表示感谢。学生们听说召开家长会也很兴奋,大家都很想在这次家长会上表现表现自己。今天的家长会就由我和学生们共同为大家汇报。

（二）学习篇

师:先做人后做学问,思想品德教育和知识能力教育都是我们教育的重点。学生的根本任务是学习,学习做人的道理、学习各种科学文化知识、学习课内外知识、学习各项技能,向师长学、向书本学、向自然学、向同学学,时时胸怀学习的心,养成学习的习惯。听听孩子们是怎么说的吧!

（学生1、2从课内课外学习内容、学习方法等方面进行小结汇报）

（三）活动篇

师:我相信这些话都是孩子的真心话,我们当然相信他们一定会在今后的学习中给我们一个又一个惊喜,因为他们是那么聪明,那么懂事。学习是一个渐进的过程,在这个过程当中甚至会出现反复,但是他们确确实实地在每天进步着,他们也真的有一颗积极向上的心。爱玩好动是孩子的天性。健康的活动和游戏不但不会影响孩子们的学习,反而会对他们的学习有帮助呢!

（学生3、4从活动的内容、方法、成绩等方面进行汇报）

（四）成绩篇

师:听着孩子们的真心告白,大家可能也和我一样心潮澎湃吧! 的确,孩子们需要玩,需要活动,更需要和同学们交流,毕竟他们是同龄人,有着共同的兴趣爱好。我也思考过什么样的娱乐适合孩子,也采取了一些措施,试图将两者很好地结合起来,相信在座的家长们也一定有很多心得,希望有机会共同探讨。但是有一点是肯定的,就是学习是第一位,玩是第二位,玩要服务于学习。

我常常跟学生们说:"有付出就会有收获,即使有的时候未必有收获,但重在看你是不是努力过,是不是已经尽力了。"事实证明他们付出了,当然多多少少也会有收获,就让我们一起为他们的收获喝彩吧!

（五）才艺篇

师:他们为生活在这样的集体中而骄傲,集体也为有他们这样的学生而骄傲。全班46个学生,一人一个样儿,班级在统一要求的基础上,给他们每个人提供了张扬自己个性的舞台,所以每一个孩子可以自己的方式展示自己,他们都是最特别的,每一个人身上都有很多的闪光点。我发掘到了,就会给他们展示的机会,相信他们会有更大的作为。

（展示才艺）如:英语口语表演、讲故事、古诗朗诵、朗诵课文、现场出黑板报、乐器表演、朗读自己的作文、实物展览(书画作品、摘抄剪贴本、小制作、照片、作文)等。

（六）互动篇

现场的家长互相交流教育经验和教育中的困惑,老师和家长共同讨论。

（七）总结

师：刚才孩子们展示的只是他们学习生活的一个侧面，其实还有很多孩子也有很多才艺。对于人才的塑造先天因素固然重要，可是最重要的还是后天的教育和环境。让他们多接触优秀的东西，和书籍交朋友，积极参与社会实践，一定对他们很有帮助。他们的世界是绚丽灿烂的，他们的发展是潜力无限的，作为老师我会尽最大的努力为他们提供一切可以发展的机会，并且真心实意地付出我的努力。相信他们的明天会更好，也感谢家长们长久以来对我工作的支持和信任，这给了我莫大的鼓舞和鞭策，我会继续用心地带领全班同学创造更大的辉煌！谢谢大家！

[反思后记]每到开家长会的时候，我都备感兴奋和紧张。兴奋的是又可以将自己的工作向家长汇报，共同分享学生成长的喜悦；紧张的是我该开怎样的家长会才能让家长满意、学生欢迎呢？每次会前我都会认真思考、精心策划，总想使家长会透出一些新意、一点感动、一丝期待，让工作了一天的家长们走进教室感到温暖如春，让学生们不再畏惧家长会。老师主讲、学生主讲、家长主讲和串讲等形式都尝试过，各有特色，但班主任依然是家长会的灵魂和主线。

学会换位思考，哪个家长不希望看到自己孩子的作品、听到对自己孩子的赞扬？因此老师要善于发现每个孩子身上的闪光点，并把它挖掘出来、展示出来，家长一定会感激老师的用心，更会感受到孩子的进步。家长会要能让家长感受到老师对所有学生的关爱，这样家长就会对这位老师产生信任感。每个班主任就是学校的一扇窗、一座桥，连接着学校和家庭。

如本次家长会，我精心设计了过渡语，把总结、展示、要求等内容全部交给学生，并以学习、活动、成绩、才艺四条主线将内容串起来，最后辅以小型沙龙形式使家长和老师得以互动。会后，很多家长意兴阑珊，还没有过瘾。在一次次的汇报表演中有自己孩子的身影，他怎么会厌倦呢？他们都很欢迎这样的形式，如同欣赏一台精彩的表演。当然，这样的家长会需要很长时间的准备。另外，汇报中稍有表演、雕琢的痕迹。如何更真实地展示汇报，使心的距离更近一些，这需要在进一步的班主任实践工作中探索。

问题：结合案例，说一说这位老师的成功之处与不足之处。

实践活动

任务1：设计一个家长会方案（包括家长会的目的、主要内容、具体流程）。
任务2：设计一个家访方案。

第九章
班主任的自我管理与自我修养

学习导航

【学习目标】

　　1. 掌握班主任的自我管理的意义与内容。

　　2. 了解班主任应有的专业素养和提高自我修养的方法。

　　3. 了解班主任自我形象的塑造过程。

【本章重难点】

　　1. 掌握班主任自我管理的内容。

　　2. 掌握班主任提高自我修养的方法。

　　3. 掌握班主任应具有的素质要求。

微信扫码

获取配套资源

管理并不仅是管理他人的工作,也包括管理自己;能管理好自己,才能管理好他人。班主任是班级组织的管理者,要管好一个班级,也需要管好自己。作为一名班主任,只有加强自我管理和自我修养,不断自我发展,才能成功地扮演这一角色,管理好和教育好学生,促进学生茁壮成长并充分实现自己的生命价值。

第一节　班主任概述

班主任是班级管理的主要力量,直接负责班级的各项组织和管理工作,在班集体的培养和学生全面发展的过程中起重要作用,同时也是学校对学生进行管理的骨干力量,是沟通各方面的教育力量的桥梁。要做好班主任,首先需要了解和懂得班主任的角色与职能、班主任工作的内容与方法。

一、班主任的角色与职能

班主任是在学校中全面负责学生班级工作的专职教师。和一般的科任教师不同,班主任是一种特殊的教师职业角色,班主任的工作职能也具有特殊之处。

(一) 班主任的角色

班主任担当着多种不同的角色。班主任应在不同的教育情境中,扮演好不同的角色,从而促进学生的发展和班级的建设。

1. 班主任是班级的组织者和学生成长的指导者

班主任是班级工作的组织者。班级是学校教育教学的基层组织,学校教育、教学的各项活动都要落实到班级工作中。班主任就是全面负责班级各项工作的教育工作者,他只有按照一定的目的、任务,结合本班实际,组织全班学生积极配合实施,才能顺利完成各项教育教学任务。

班主任是班级学生成长的指导者。班主任对学生的管理是为了促进班级学生的身心得到全面发展。在管理和教育班级学生的过程中,班主任通过了解学生的思想、学习和生活情况,可以及时发现学生的各种实际问题并帮助学生加以解决,从而引领和指导他们沿着正确的方向健康成长。

2. 班主任是学校对学生进行管理的骨干力量

学校对学生的日常管理是通过班主任来实现的。学校对教育、教学的管理工作,共青团、少先队和学生会组织的各项活动,还有学校组织学生参加社会公益活动、生产劳动,举行运动会等,各项工作的组织和活动的开展都是以班为单位进行的,要使各项活动得以顺利进行就离不开班主任直接或间接的指导和管理。因此,班主任是学校领导管理学校的得力助手。

3. 班主任是校内教育力量的协调者

学校的教学工作是以班级为单位进行的,一个班级中会有几门学科的科任教师同时教育学生。他们在教学时,一般是以教师个体形式进行的,但教学劳动成果不是单个教师所能创造的,而是教师集体长期共同劳动的结晶。各科任教师必须相互配合、交流学生情况,这样才能产生最大的教育合力。要使各科任教师协调一致,就必须依靠班主任的力量,协调各科任教师之间的相互关系,调整各项教育、教学措施,增强教育的整体效应。

在学校教育系统中,除了校级领导,教务、后勤等机构外,还有共青团、少先队、学生会和社团组织、课外活动组织,他们也会对学生产生影响。而班主任在各种教育因素中,起着重要的纽带作用。如果没有班主任的正确引导和组织,学生组织的集体活动的顺利展开可能会受到影响。

4. 班主任是学校、家庭和社会各种教育力量的协调者

学生接受教育的环境除了学校以外,还有家庭和社会。在学校、家庭、社会三方面的教育中,学校教育在学生发展过程中起主导作用。而学校教育主导作用的发挥又要依靠班主任去与家庭、社会沟通联系,运用家庭访问、定期召开家长会、家校联系本等多种形式,争取家长参加班级的有关活动,也可组织学生进行社会调查、参观企事业单位或参与社会公益活动,使学校教育与家庭教育、社会教育密切结合。同时,班主任还要根据当地条件,主动地争取社会各界支持,关心青少年的健康成长,借助社会教育力量教育学生。

(二) 班主任的职能

班主任在班级管理中承担着重要的职责,发挥重要的职能。班主任的职能主要有以下几方面:

1. 培养良好的班集体

班级是学生学习、生活和成长的重要场所,班级管理是以班集体为基础展开的。因此,建设和培养良好的班集体是班级管理的核心工作,也是班主任主要劳动成果的体现。一个良好的班集体应有明确的奋斗目标、健全的组织系统、严格的规章制度与纪律、强有力的领导核心、正确的舆论与优良的班风。培养和建设良好的班集体是班主任的基本职能。

2. 促进学生全面发展

班级是学生成长的主要环境,班级管理的重要目标就是促进学生的全面发展。所以,班主任在班级管理过程中要有整体观念,着眼于学生的全面发展。从学生的实际出发,合理安排班级的各项工作,在班级活动中培养学生的各种才能,促进学生全面素质的提升。

3. 协调各方教育力量,形成教育合力

班主任要以教育方针为指导,贯彻学校教育工作的计划和要求,负责联系和组织科任教师商讨本班的教育工作,协调各种活动和课业负担。班主任也要从班级成员的实际情况和特点出发,负责联系本班家长,获得社会有关方面的支持、配合;了解社会各方教育力

量的配合情况,对发现的问题进行及时调控,共同做好学生的教育工作。

二、班主任工作的内容与方法

班主任工作的最终目的是促进班级学生的身心全面发展,为了实现这一目的,班主任需要开展多方面的工作。班主任工作的主要内容有了解和研究学生、培养和建设班集体、做好个别教育工作、协调和统一各方面教育力量、评定学生操行等。

(一)了解和研究学生

了解学生是对学生进行教育和管理的前提。班主任对学生的了解包括学生的各个方面,不仅要了解学生的思想品质、学业成绩、学习态度、兴趣爱好、才能特长、性格特征、健康状况、成长经历、家庭情况以及社会生活环境等,而且还要了解班级学生的学力水平整体状况和差异、精神面貌、心理发展等情况。班主任了解和研究学生的方法主要有:

1. 观察

观察是班主任在自然条件或其他控制条件下,在一定的时间内,有目的、有计划地了解学生的一种最常用方法。班主任要在课堂教学和课内外各种活动中,在和学生接触的过程中来观察学生,获得学生的行为表现方面的资料。在观察中,一定要仔细观察,全面地掌握第一手材料。

2. 调查研究

为了深入了解学生情况或者弄清有关学生教育的某个问题,常需要进行调查研究。调查的方式有个别访问、座谈会等。调查的对象一般包括学生本人、家长、教师、亲戚、同学、朋友、邻居等。进行调查研究一般都要写出调查提纲,要有目的、有计划、有步骤地进行。

3. 分析书面材料

分析书面材料是了解和研究学生的一种间接方法,通过分析学生的档案材料(入学登记表、学籍卡片、体格检查表、成绩表、操行评语登记簿、奖励记录等)、班级活动记录资料(班级日志、好人好事登记簿、公益劳动考勤评分记录等)、学生的活动成果和其他资料(作业、作文、周记、日记、试卷以及图书资料借阅登记簿)等,来了解和研究学生的思想、学习和身体情况。分析研究这些材料,有助于班主任把握学生和班级的历史和现状,做到以发展的观点看待学生,全面了解学生,并依此确定实行个别教育对策,制定出相应的管理班级的具体措施。分析研究书面材料时,要与平时观察、谈话反映的情况结合起来,注意书面材料的真实性。

4. 建立学生档案

为了使了解学生的工作更有成效,班主任在接受一个新班时,就要建立学生档案,有计划地把平时了解的情况分门别类地整理出来,这不仅有利于细致地做好学生的思想工作,也可以为今后工作提供大量的资料。一般来说,档案的内容可以分为开展班级工作情况和对学生个体的工作情况记录两方面内容。尤其是对学生教育工作进行翔实的记录,包括所采取的措施、实际效果、自己的分析总结、心得体会、教育反思等。

（二）培养和建设班集体

培养班集体是班主任的一项中心工作。只有把班级培养成为一个有共同目标、有凝聚力的班集体，才能更好地发挥班级的教育功能，从而促进全班学生的成长发展。班主任培养和建设班集体的具体方法主要有以下方面：

1. 确立班集体目标

班集体发展目标的确定与实施是班级管理的基本要素。班集体目标的设计，应以培养目标为依据，要以提高素质、发展个性为导向，制定适合班集体实际水平的发展目标，是具体的、经过努力能达到的、可以评估的目标；要依据班级发展目标制定各科教学、班级教育工作、班级活动目标体系，为班级教育和教学过程提供可操作、可测度的质量标准；引导学生设计"自主学习、自我教育"的学习和发展目标，发展集体中的每一个成员的自信心。在班集体的目标管理中，既要注重提高班集体的整体发展水平，又要为集体中每个成员精心设计个性发展目标，并创造实现合理的个人目标的机会和重要条件，使集体中的每一个人都能树立自尊、自信、自强的自我形象。

班主任在班级管理过程中需要不断明确目标要求，让班级全体成员都知道班级目标对集体和个人的要求，并且知道自己应该怎么做；让集体中每个成员明确自己应该达到什么标准，当前的表现与其是否有距离；还要让班级中每个成员都能够关注其他成员的表现，并主动帮助落后者，共同努力实现班级的目标。通过不断强化目标，班级管理处于积极的状态，有利于激发集体成员的进取心。班集体中教师的目标意识时刻在影响着学生，不仅影响学生目标意识的强弱，也深刻影响学生的行动方向，所以班主任也要不断强化自身的目标意识。

2. 培养班级骨干

班主任的班级管理工作离不开班干部等班级骨干的大力支持。因此，培养班干部等骨干力量是班主任工作的一项重要内容。班级骨干是班级目标的积极实践者和带动者，又是班主任管理意图的体现者，还是学生中有威信者，他们能对其他同学产生一定的影响。班主任要从学生的思想作风、心理状态、学习态度、管理能力、群众关系、主动精神等方面发现和培养学生骨干；要在各项活动中注意发挥学生的特点和特长，使他们成为专项活动的骨干。需要注意的是，班主任应在班级管理中增加管理岗位，使更多的学生在集体中承担责任服务于群体，不仅能增加班级凝聚力和提高学生集体的自我管理能力，而且能激发学生个体的积极性，锻炼他们的管理能力，使他们从管理者的角色中学会自我管理。有经验的班主任的工作实践表明：适当地增加班级管理岗位有助于学生的发展。例如，全国优秀班主任任小艾在班级中实行的班干部轮流制、二日班主任制、一日卫生监督员。著名班主任魏书生在班里设常务班长、值周班长和负责养鱼、养花、生炉子的"鱼长""花长""炉长"等。一岗多人，即让几个人承担同一岗位，让学生在岗位上得到多方面的锻炼。此外，班主任要注意自己的角色，不能始终把自己放在一个管理者和领导者的角色上，应该成为学生管理的指导者和支持者。

3. 建立融洽的班级内外关系

班主任在建设班集体的过程中,可以通过协调好班级内外的各种关系,来促进班级的凝聚力。要建立一个融洽的班集体,班主任需要做好以下几方面的工作:① 协调班级内的各种组织和成员的关系,如班委会与其他组织或群体,班委会内部各成员的关系,学生骨干与一般同学的关系,品德有缺陷、学习有困难的学生和大多数同学的关系等。② 协调与各科任教师及学校其他部门、其他班级的关系。这种协调不仅能够集思广益,增强教育学生的力量,同时也能促进各科教学工作,在班级管理中获得更广泛的支持,取得更好的效果。③ 协调班级与社会、家庭的关系。社会的风气、学校的社区环境、社会某个时期的动态、其他的社会条件等,都时刻影响着学生。班主任应主动关心学生的发展状况,是否受到社会负面因素影响,正确对待和处理并化消极因素为积极因素。家庭中家长的思想观念、道德品质、文化素质、教养方式、对子女的期望等,都时刻影响着学生。因此,班主任要善于做家长的工作,争取家长与学校的一致,形成教育的合力。

4. 开展丰富多彩的班级活动

班主任要善于组织和开展班级活动。通过丰富多彩的活动调动学生的积极性,开发班级成员身心素质潜能,从而为每一个班级成员提供发现、锻炼和表现自己天赋和才能的自由时间和空间。班主任在组织班集体活动时应注意:① 活动主题的确定要贴近社会生活。例如优秀班主任魏书生在班级中组织一系列"爱的活动":从"爱母亲"开始,观察母亲的一日活动或者用音乐和绘画赞美母亲;到"爱老师、爱学校、爱家乡",观察身边的老师和同学,增强理解和信任;再到"爱祖国、爱人民",了解祖国的历史和如今现代化建设发生的巨大变化,产生自豪感和责任感。② 活动内容的选择和组织要能适应并促进学生的发展。如优秀班主任任小艾创设了七天系列活动:周一班会;周二家长系列讲座;周三音乐欣赏日;周四英语解读;周五,无批评日;周六,外出活动参观日;周日,小组劳动日。③ 活动类型要丰富多样,为学生发挥潜能提供舞台。比如,优秀班主任任小艾的具体做法有:召开全体班会"2000 年再相会",让学生展开想象的翅膀,想象若干年后的自己;开展尊老爱幼活动,寒假带同学去龙庆峡"观冰灯";春天登长城,长距离自行车郊游;暑假去北戴河游览等。

5. 营造健康的班级文化环境

班级文化是班级师生共同创造的精神财富。班级只有被赋予丰富的文化内涵时,才可能成为一种真正的教育力量。学生也只有在优秀的班级文化中接受熏陶,才能不断健康成长。班级文化环境的营造,一方面,要重视物质文化环境的建设,如班级中的标语、图画、图书资料、教学设施、学习园地、作品角、光荣榜等,这类物质环境会对学生心理发展产生经常性的影响,能起到潜移默化的作用。另一方面,又要加强班级精神文化的建设,包括建立班级组织机构、规章制度和营造舆论风气等。其中最为重要的是良好的舆论风气,这是班级精神文化的集中体现。

班级舆论是在班级中占主导地位的言论倾向。班级舆论是一面镜子,它能够折射出班级成员在价值观念、情感态度、行为方式等方面的现实状态。班级风气是班级成员在言论上、情绪上和行动上的共同倾向,是学生思想、道德、人际关系、舆论力量等方面的精神风貌的综合反映。在班级舆论和风气建设过程中,班主任要做好以下几方面工作:一是抓好班干部队伍建设。一个好的班集体的建立不能只靠班主任的力量,还有依靠一支好的班干部队伍和积极分子队伍,班干部是营造良好班级舆论的中坚力量。因此,班主任要结合本班的实际情况,注重培养和扶植一个优秀的班干部队伍。二是提倡民主型的班主任领导方式。班主任是班级的组织者和领导者,其领导方式和领导风格是影响班级舆论和风气形成的重要因素。在民主型领导方式下成长的儿童,情感表现较好,师生之间和谐,工作效率较高。三是充分利用班级舆论阵地。班级的墙报、黑板报、班级标语、班会等都是班级舆论形成的重要阵地,班主任要充分利用这些形式来宣传好人好事、好思想、好作风,让正确的舆论和班风始终处于主导地位。此外,教师要在重大的、基本的人生价值观念、社会观念、道德观念上对学生进行明确的教育,使他们懂得是非曲直。还要培养学生实事求是、敢讲真话、疾恶、扬善、正气凛然的好思想、好作风。

真题链接

1. 选择题:班主任工作的中心环节是( )。
  A. 组织和培养班集体　　　　B. 建立学生档案
  C. 了解学生　　　　　　　　D. 操行评定
答案:A。
2. 简答题:简述班主任培养班集体的方法。
参考答案:
① 确定班集体的发展目标。② 建立班集体的核心队伍。③ 建立班集体的规章制度。④ 组织开展形式多样的教育活动。⑤ 培养正确的集体舆论和良好的班风。

(三) 做好个别教育工作

班级是由不同数量的学生个体组成的,每个学生都有其不同的特点和个性。班主任就是要根据不同学生的特点,对学生提出不同的要求,以促进每个学生都能得到良好的发展。班主任做好个别教育工作,具体包括做好优等生、中等生和后进生的教育工作。

优等生在班级中较有影响、有威信,是学生中的骨干,也是班主任和教师的助手。对于优等生,班主任要充分发挥他们在班内的模范带头作用。针对各个优等生的不同情况和特点,提出具体的发展要求,促使优等生进一步更好的发展。

中等生是在班级中各方面表现都处于一般水平的学生。有的班主任认为在班级工作中,只要采取"抓两头,带中间"的方法,就可以把班级带好。这种认识往往导致了对中等生教育的忽视。按照一般常态分布的原理,优等生和学困生都是少数,而中等生是多数。对于中等生,班主任要密切注视其身心发展变化趋势。当他们情绪高涨,呈积极状态时,要及时鼓励他们上进,促使其更上一层楼;当他们情绪低落,呈消极状态时,就应及时帮助

191

他们去克服和解决各种困难和问题,使他们尽快解除困惑,振奋精神。

后进生是在班级中某些方面表现较差,有的学习成绩较差,有的思想品德较差,或两方面表现都较差,缺点、问题较多的学生。对于后进生的教育,许多班主任总结出一些成功经验,概括起来有以下几点:第一,班主任必须确立"每个学生都可以被教育好"的学生观。只有确立正确的学生观,才能有博大的胸怀,毫不动摇、坚定不移地教育好后进生。第二,班主任必须以真挚的感情热爱后进生。有了这种感情,才能以真诚的爱、无限的关怀,与他们建立起情感上的联系,用爱去温暖他们冷却的心,才能为他们奠定良好的教育基础。第三,要用一分为二的观点看待后进生,善于发掘后进生身上潜藏的"闪光点",即他们的优点长处;鼓励他们发扬优点,克服缺点。第四,对后进生的教育要不怕反复,要持之以恒。后进生的反复并不是以往缺点、错误的简单重复,而是有多种原因的。班主任要在充分分析反复出现原因的基础上,及时采取适当措施予以教育。

(四) 协调和统一各方面教育力量

要使学生在德、智、体、美等几方面得到全面发展,班主任必须认真做好与学校、家庭、社会之间的协调工作,形成统一的教育影响力量。

1. 与学校科任教师的协调工作

班级中的每个科任教师都承担着重要的教学任务,他们和班级相互影响,相互作用。只有他们之间协调一致,班级工作才能取得好的效果。班主任与学校科任教师协调应注意:① 主动与科任教师联系,共同研究、制定班级工作计划。② 培养学生的尊师美德,建立学生对科任教师的感情。③ 主动地向科任教师介绍班级学生的情况并向科任教师了解学生的各门功课的学习情况。④ 妥善处理科任教师与科任教师之间、科任教师与学生之间出现的问题。⑤ 虚心听取科任教师意见,研究班级工作策略。

2. 与学校团队组织的协调工作

团队组织在学校和班级教育中具有重要的作用。学校共青团、少先队组织可以配合学校和班级促进青少年学生德、智、体、美等方面健康发展,是学校对学生进行教育的一支富有生机的力量。班级教育与团队教育紧密结合,有利于培养学生的集体主义精神和主动性、积极性、创造性;有利于培养学生遵守纪律、团结向上的好风气。因此,班级工作必须与学校的团队工作协调起来。班主任做好班级与团队的协调工作应注意以下几个方面:① 应积极配合校团队组织开展工作。② 帮助团支部和班委会根据学校教育计划的总要求,结合班级实际情况,制定各自的工作计划。③ 指导团队组织开展工作。

3. 与学生家长的协调工作

家庭教育是学校教育的重要补充和延伸,对青少年学生的健康成长具有十分重要的作用。因此,班主任要重视与家长进行沟通协调,建立良好的家校关系。班主任要做好与学生家长的协调工作,应注意:① 全面了解学生家庭以及学生在家庭中的基本情况。② 通过家访,交流学生在学校和家庭中的情况。③ 定期召开家长会,共同探讨教育方法。

4. 与社会教育机构的协调工作

社会教育是指学校、家庭之外的教育,包括社会宣传文化教育机构、社会团体进行的各种形式的教育和社会大环境对学生的影响。随着社会的进步,我国社会主义市场经济的形成和发展,社会教育在学生成长过程中的影响越来越大。班主任只有有效控制和利用社会教育因素,才能充分发挥教育的主导作用。班主任做好与社会教育的协调工作应注意:① 主动加强与社会各有关机构的联系,争取他们的积极配合。② 组织学生进行社会调查、参观访问以及进行力所能及的社会服务、公益活动。③ 抵制社会消极因素对学生的影响,帮助学生在社会大环境中分清是非。

(五)评定学生操行

评定学生操行,是班主任对学生一学期、一学年内各方面表现的小结和评价,主要是帮助学生正确认识自己的优点和缺点,明确今后的努力方向,促使他们发扬优点,克服缺点,不断上进。同时,也是为了帮助家长了解自己子女的情况,以便更好地配合班主任开展教育工作。

操行评定的内容,包括学生的思想、品德、学习、体育锻炼、劳动、社会活动等方面的具体表现。评定是在长期了解学生的基础上进行的。它是这一时期教育的结果,也是今后教育的参考。评定学生操行时,班主任要广泛听取科任教师、团队干部和学生本人的意见。班主任写评语要注意全面,实事求是,恰如其分,力争做到"准、精、妙、诚";对学生的优点和缺点要概括指出,让学生既看到自己的成绩,又能正视自己的不足,扬长避短,不断进步。

第二节 班主任的自我管理

班主任在班级管理中,不但要管理学生,也要管理自己。通过管理自己,从而更好地认识自己、调控自己、发展自己。班主任的自我管理是班主任进行自我发展,提高自身专业发展水平的重要途径。

一、班主任自我管理的意义

班主任的自我管理是班主任根据班级管理的要求,把自己作为班级管理的要素,纳入班级管理对象的范围,按照班级管理中管理者角色的要求,认识自己、调控自己、发展自己,从而使自己成为实现班级愿景的积极因素。班主任的自我管理具有非常重要的实际意义。

(一)实现班级管理目标的基本要求

管理者的管理活动与其自我管理不可分离。班级管理不是一种人人可为的简单工作。班级管理是一项艰巨的工作,是一种充满智慧的工作,只有具备了相应的智慧,才能承担起这一工作。换句话说，只有具备了相应的管理智慧，才能完成班级管理任务，进而实现班级管理目标。然而，班级管理智慧并不能一朝养成，班级管理的智慧也不能仅凭知识的学习就能形成。班级管理智慧是一种实践的智慧，只有在班级管理实践中才能获得。因此，班主任在管理实践中需要不断提升个体的管理智慧，在管理过程中始终保持自我反思，"在认识和改造客观世界的同时认识和改造自己"，加强自我管理。这是班主任完成班级管理任务，实现班级管理目标的基本要求。

（二）班主任的自我管理是班级管理的基本要素

管理的结构要素表明，管理作为一种组织活动，必须具备管理者与被管理者，即管理主体与管理客体两个要素。但是管理主体与管理客体的区分并不是绝对的。班级管理者并不总是时刻处在领导与指挥的位置上调度自己的管理对象，班级活动的组织也不仅仅是只有被管理者在参与活动。在管理过程中，组织的真正运作实际是管理者和被管理者共同活动的结果。在组织运作过程中，管理者和被管理者行为的相互协调构成了全部的组织行为。如此看来，班级管理者在管理活动中并不仅仅是在调度和控制着被管理者的行为，同时也在调度和控制着自我的行为。从这个意义上讲，班主任的班级管理必然包含着班主任的自我管理。班主任的自我管理是班级管理的有机组成部分。

（三）实施班级管理活动的必备条件

班主任在班级管理的过程中，需要运用一定的活动方法，对学生产生直接或间接的影响。班主任对学生的影响，除了源于管理角色的权力性影响以外，更多依赖于源自个人的非权力性影响。这种非权力性影响的作用程度主要取决于班主任的管理素养。

班级管理属于教育性管理，在班级管理中管理和教育具有一定的内在统一性。教育性管理作为一种对人的教育活动的管理，要求管理者要将自身视为教育活动的影响因素。在班级管理的实际活动中，管理成功与否在很大程度上取决于班主任本人的能力、学识、人品的影响力。因此，要搞好班级管理，班主任必须同步进行自我管理，按照社会、教育的要求以及学生的期待，在管理实践中不断地提高自己的管理素养，通过提高自己的素养和影响力来改进班级管理。

（四）实现班主任人生价值的必然要求

班主任自我管理的目标是使自己成为合格的班级管理者，甚至是优秀的班级管理者。这一目标的实现过程就是班主任素养提高的过程，就是班主任提高自我，超越自我，实现自我人生价值的过程。

班主任工作是以"人"为对象的工作，尤其是以发展着的"人"为对象的工作。在人类文明生活中，人们总是在追求着卓越。然而卓越要由人创造，创造卓越的人要由人培养。人类在世代延续过程中培养出了无数卓越的人。面向未来，卓越的人并没有生活在特殊地方，他们就在班主任面前。今天的普通学生，通过班主任的卓越工作，在明天就有可能成长为卓越的人。班主任会因为通过工作培养了卓越的人而实现自己的人生"卓越"，实现个体的人生价值。

二、班主任自我管理的内容

班级管理的目标决定了班主任自我管理的内容。班主任自我管理内容的核心要义就是通过在实践中不断反思自己的角色,进而成功地扮演自己的角色,最终保证班级管理目标的完美实现。班主任在班级管理实践中进行自我管理的过程,就是班主任不断认识角色、学习角色、塑造角色和创新角色的过程,这一过程不仅是班主任角色实践的过程,更是班主任在角色实践中不断提升自我的过程。

(一)认识角色

1. 班主任的社会角色

社会角色是个人在一定的社会生活中履行一定社会职责的行为模式。社会角色的扮演,要求个人按照其社会角色的行为规范去履行角色所规定的权利与义务。要扮演好社会角色,首先要认识社会对角色的要求,认识该角色在社会中的作用与地位,建立起角色意识。认识社会对角色的要求是扮演好社会角色的基础。

班主任角色是一种社会职业角色。职业角色体现的是某种职业对其从业者的要求。职业角色通常是相对单一的,然而班主任作为学校教育领域内的一种角色,最大的特点是职业角色的多样化。班主任是一个管理者,但首先是一个教育者。教育者不仅是人类文明的传递者与创新者,同时也是人类灵魂的塑造者与智慧的开拓者。从学生视角看,教育者不仅是学生生活学习的引路人和身心健康的保护者,更是自己学习的榜样。班主任在一定意义上还是学生——未成年人的监护者。从班级管理的视角看,班主任则是班级组织的管理者。所谓班主任是"组织者、教育者和管理者",正说明了这种角色的多样性。班主任的角色是这样一种多样性的角色,认识这一角色也比认识其他角色要复杂得多。

任何一种社会角色,不仅在社会中占据一定的位置,同时也承担了一定的角色任务。认识班主任角色,不仅要全面地认识班主任的角色任务,而且要认识完成这一任务所必备的素质。班主任的职能是教师职能的历史发展和合理延伸。扮演好教师角色是扮演好班主任角色的前提。从这个观点出发,教师所应具备的专业素养,班主任都必须具备;而从实施对班级管理的要求出发,除了要求比一般教师具备更广、更深、更高的素养外,在管理素养方面还有特殊要求。班主任要从经济社会发展状况、教育现状及发展趋势的要求,从学生及其家长对自己的期望出发,紧密结合班级管理实践,制定出切实可行的自我管理计划以实现自我管理的目标。因此在确立班主任的自我管理目标时,不仅要明确社会经济发展状况以及教育对班主任的要求,还要明确班级管理对班主任的要求。

2. 班主任的角色知觉

对角色的认识,也称"角色知觉"。角色知觉是一种自我意识。自我意识是人对自己的认识和了解,因此自我意识是个体角色定位的依据。班主任要正确地认识自己的角色,就要提高自我认识的能力。班主任,要经常自省,并不断地向周围他人,包括自己的教育对象——学生学习,以便从他们那儿汲取营养,提高自己。同时还需要站在学生的立场上进行换位思考,通过与学生及其家长的交往,了解他们对自己的角色要求与期待。当班主任本人十分明了自己的角色,即班主任有了明确的角色知觉时,才有可能为班主任角色的合格扮演打下坚实的基础。

(二) 角色学习

仅有角色意识还不够,只有真正理解了角色,班主任才会在班级管理过程中,把自我管理变为主动自觉的行动。班主任进行自我管理的第二步就是学习角色。当然,大部分班主任在师范院校或其他教师教育机构接受教师教育专业训练时,就已经形成了对班主任角色的个体认知。

职业角色是要在实践中扮演的。要真正认识职业角色、掌握职业角色,非经过实践不可。如果说班主任在入职之前,学习了解班主任工作,是通过书本,那么在班主任入职以后,则是在班级管理实践中学习自己的角色。班主任的角色学习是在班级管理和自我管理过程中同步进行的。班主任在管理实践中角色学习的内涵有:

第一,在班级管理实践中对班级管理理论的再学习。正确的理性认识是自觉行动的前提,人类每项实践活动的成功,都是在科学理论的指导下获得的。班主任要实现自我管理目标,当然也离不开理论的学习。虽然班主任在参与班级管理实践之前,可能已经学习过有关班级管理的理论,但是由于缺乏实践体验,对有关理论的认识可能还不够深入,这就要求班主任在班级管理实践中,重新学习班级管理的理论。也许还是同一本教材,也许理论并没有明显的变化,但是在实践中学习理论、理解理论,将会获得对理论的新认识。

第二,在角色实践过程中对班主任角色的再学习。班主任角色作为一种职业角色,不是存在于理论上,而是存在于实践中。这种角色的种种实践特性唯有在实践中才能认识,才能把握。作为职业角色,班主任必定需要相应的职业技能,掌握这些技能也必须通过实践。所以,作为一名班主任要想真正认识和把握自己的角色,唯有通过实践。

(三) 塑造角色和创新角色

角色学习只是把角色作为一个学习对象,班主任进行角色学习只是角色塑造的前提步骤。班主任要能胜任班主任工作,就需要将自己角色学习的对象变成真正的自己,即班主任所学习的对象就是他自己,就是要把自己塑造成为合乎要求的班主任角色。

班主任的角色塑造过程是一种实践过程。在这一过程中,班主任要把个体管理班级活动的实践过程,作为自己角色成长的过程,参照合格甚至优秀的班级管理者的角色要求努力实践,逐渐完善个体的角色认知与角色实践,从而使自己在实践中逐渐成长为一名合格进而优秀的班主任。

班级管理实践活动是不断发展着的实践活动,班主任塑造角色的实践活动并非静止不变,而是时刻处于动态发展中。因此,班主任塑造角色的实践过程与实践标准也是动态变化、与时俱进的。班主任在班级管理实践中进行自我管理,不仅要塑造个人的管理角色,而且要主动发展、主动创新自我的角色认知。任何优秀的班级管理者都是班主任角色的积极发展者和勇于创新者,或者说优秀的班级管理者之所以优秀,就是因为他们发展了这种角色,创新了这种角色。

第三节 班主任的自我修养

班主任的素养可分为作为一名合格教师的专业素养和从事班级管理所需要的专业素养。对于班主任来说,只有具备一定的专业素养,才能胜任班级管理工作,这就需要班主任不断加强自我修养,提高自我,完善自我。班主任的自我修养,是班主任为实现管理目标,在实施班级管理的过程中,根据管理工作的要求,自觉地确定修养目的,有意识地提高自己的专业素养,以确保班级管理目标实现的修养活动。

一、班主任应具有的素质要求

班集体好比一个交响乐团,班主任好比乐团总指挥,一个技艺高超的指挥能最大限度地调动每位乐手的激情与技巧,协调好乐手间的相互关系,使其能够共同演奏出和谐美妙的乐曲。班主任只有具备了高超的管理艺术和教育艺术,才能最大限度地发挥每位学生的潜能,才能围绕班级管理目标建立良好的班集体。作为一名合格的班主任,应该具备道德、知识、能力等多方面的专业素质。

(一)良好的思想道德修养

班主任要有较高的思想觉悟和良好的道德修养,立场坚定,观点鲜明,严于律己,爱护学生。这是作为班主任最起码的素质。班主任要为人师表,给学生以潜移默化的影响,培养学生的优良品质。在班级组织内部,班主任的一言一行都会感染和影响学生。班主任要求学生做到的,自己首先要能够做出表率。例如,班主任要求学生按时到校,自己首先就要做到守时不迟到;要求学生不穿奇装异服,自己首先要衣冠整洁,朴素大方;要求学生讲文明礼貌,自己首先要不讽刺挖苦学生;要求学生热爱劳动勤于吃苦,自己首先要做到热爱劳动勤于吃苦。只有班主任具备良好的道德品质,才能真正做到以身示范,为人师表。

(二)高尚的教师职业道德素质

关心学生、热爱学生是教师职业道德的基本要求,也是教师受到学生尊敬和爱戴的重要因素。热爱学生是教师的天职,也是教师的美德。作为班主任,要对学生在思想品德上严格要求,在学习方式上严格训练,在生活纪律上严格管理;对每一位学生既要严格要求,又要热情相待,真诚关心爱护每一位学生。特别是对学困生和有特殊困难的学生要有爱心,有信心,激发他们的上进心,促使其向好的方向转化。要了解他们的思想、学习等方面的变化,发现优点及时表扬鼓励,对他们要做到思想上关心,学习上帮助,生活上关怀,做到动之以情、晓之以理，将自己的关爱之情倾注到学生身上，以爱的雨露滋润每一位学困生和有特殊困难的学生。

（三）广博而精深的科学文化知识素养

要当好班主任，首先应是某一学科的专家。班主任一般都兼一门学科的教学，他必须要有精深的专业知识，要有广博的文化科学知识素养，这样才能在教学中得心应手，举一反三，满足学生旺盛的求知欲，使学生在活泼、轻松愉快的环境中掌握知识。在当前科技高速发展的时代，班主任更需要及时了解新科学、新技术和新知识，以便迅速满足时代变化对班主任工作的要求。

（四）扎实的教育科学理论素养

要当好班主任，不但要有能够出色完成任教学科课程教学任务的知识素质，还应具有足够深度的教育科学理论素养。班主任班级管理工作的对象是处于高速发展状态中的学生，这就要求班主任必须懂得学生身心发展的基本规律，懂得教师教学的基本规律。作为人类灵魂工程师的班主任，必须掌握系统的心理学知识，善于走进学生的心灵，敏锐地感受学生的心理变化；要有较扎实的教育学、教育心理学、教学法等方面的知识与技能；要有将教育类知识与学科知识运用于班级管理活动的教育智慧与实践能力；要有能够运用教育教学管理的规律解决班级管理中的教育性问题的知识与能力。

（五）较强的班级管理能力

班级管理是班主任的核心工作，因此，班主任必须具有较强的班级管理能力。首先，班主任要有进行目标管理的能力。这要求班主任能够把握班级组织的发展目标，坚持"教育为先，五育并举"的管理原则，注重培育有理想、有道德、有文化、有纪律的班级成员，确保班级全体学生在德、智、体、美、劳各方面得到发展。其次，班主任要有组织管理能力。班主任工作主要是塑造和培养学生，所以要具有组织和动员班级成员的能力，能够发挥每位同学的积极性和创造性。在组织管理方面，能够选好班干部，做好班集体的组织管理工作，在班集体中建立勤奋学习、奋发向上的良好班风和学风；能够及时掌握班内学生的思想状况、个性特点与兴趣爱好，了解他们的学习状况、生活情况和家庭环境；能够从学生实际出发，对班级成员进行有的放矢地教育和管理，运用教育艺术正确处理好师生关系，形成学校教育、学生自我教育和家庭教育的合力。

（六）良好的语言表达能力

语言是教师从事教育教学的重要工具。班主任要具有良好的语言表达能力，从而有效地运用语言手段对学生进行良好的教育和管理。班主任口头语言、表情语言和体态语言的正确运用，对于班主任提升班级管理效果具有重要影响，是关系到班主任工作胜败的关键。班主任与学生朝夕相处，班主任讲课、开班会、和学生谈心、总结班务工作都要讲话，话讲得好，听者动容，心悦诚服；讲得不好，听者生厌。班主任对学生要有足够的耐心，在对犯错误学生进行批评教育时，要做到用语文明、语态平和，避免大声斥责、说话粗鲁，行为失态，情绪失控。这样不仅会使学生难以接受，还有可能挫伤学生的自尊心，使学生敬而远之，师生关系难以融洽。

（七）良好的行为习惯

班主任良好形象的塑造也离不开良好习惯的养成。班主任的工作最具创造性、刺激性和挑战性。根据班主任工作的特点，想要成为一名优秀的班主任，应该养成以下十个好习惯：

1. 走在事情发生的前头

通常，不少班主任是在条件成熟或有利时，才开始实施新的工作计划。也就是说，他们是根据孩子的状况来做事情的。一个具有前瞻性的班主任在动手做一件事之前，就应该先把这件事能够成功的原因尽可能都考虑到，然后再设计出有助于成功的方案。一名优秀的班主任要善于在没有竞争或竞争很少的时候，赶在别人之前发现机遇，同时对困难与挑战也要充分考虑。

2. 在开始的时候就想到结束

班级中学生的学习风气是从接手学生之初逐渐建立起来的。因此，一个优秀的班主任从接触孩子起，就要对学生确立明确的长远目标：首先应该将主要任务列出清单，再为每项任务确定一至两个长远目标。在运行过程中，凡是有利于这些任务的事情都要坚持做下去，遇到不利的事情就应当马上停下来。

3. 把最重要的事情放在第一位

一名优秀的班主任要善于把最重要的事情放在第一位。工作中一旦出现比最初的计划与目标更为重要的事情，应当马上进行调整，始终把握好什么是第一位的事。

4. 要有双赢的思想

没有学生的支持，是不可能成就一名优秀的班主任的。有的班主任以为，加强学生内部竞争会提高效率，但事实上这样只会引起学生之间的冲突。双赢协定不论是正式的，还是非正式的，都要与每个学生的需要、能力和经历相适应。

5. 能理解他人

许多班主任喜欢将各级别的决策权揽在自己手中，这样做很容易扼杀学生的创造性。不少班主任抱怨学生不支持自己，其实原因在于他们没有为学生创造条件。一个擅长调动学生积极性的班主任，在开始做一项工作时，通常会先征求学生的意见。学生们的建议会有助于班主任实现自己的目标。

6. 取长补短，互相协调

尺有所短，寸有所长。好的班主任擅长挖掘每个学生的长项，让学生在取长补短、互相协调中将工作做到最好。一群相互依赖、互有渴求的学生组合在一起去完成具体目标时，工作效率最高。

7. 保持良好的状态

一个工作状态良好的班主任必然保持着一些良好的习惯,如每周锻炼身体五六个小时,经常与学生、代课教师面对面谈心、沟通学生情况等。这些有益的活动能使班主任始终保持一种良好的状态。

8. 学会倾听,勤于观察

"知己知彼,百战不殆。"占有大量可靠的感性材料是做好学生思想教育工作的前提。为此,班主任要善于倾听学生、家长、同事以及领导的意见,切实把握学生的思想脉搏;同时要善于观察、记录、整理相关信息,及时了解学生的方方面面,以便果断采取措施,防患于未然。

9. 角色换位,平等沟通

师生之间存在隔阂的现象并不鲜见。产生这种状况的重要原因,是师生之间没有建立有效沟通的渠道。如果这种隔阂不加以沟通,久而久之会变得越来越深。角色换位能解决教育主客体之间的沟通难题。角色换位的关键在于教育者要丢掉高高在上、唯我独尊的管理者心态,能够多从被教育者的角度考虑问题,尊重、关心被教育者,倾听被教育者的心声,即以朋友的心态与孩子一起学习、一起成长。

10. 团结协作

团队精神是干好一切事业的基础,是克服一切困难的法宝,是教师必备的修养与素质。共同的事业与追求使科任教师和班主任走到了一起,形成了一个团队,所以就有了团队精神的存在。一个好的班主任应该学会与配班同事形成默契。如果教同一个班的教师相互理解,团结协作,就会为班主任工作营造出一个良好的生成空间。在对学生的教育中,教师之间要同步骤、同基调、同口风、不拆台。只有这样才有利于教师威信的树立,才能提高教育的效率。在面对家长时,教师之间就是一个统一的整体,站在同一角度对家长进行解释、宣传、教育。因此,班主任应绝不搬弄学校内的是非,不诋毁诽谤同事,要多做维护同事声誉和威信的事。

二、班主任自我形象的塑造

班主任自我形象塑造的目的不同于生活中个人的修身养性,而是为了完成班级管理的任务。班主任自我形象的塑造不仅要注重自身的内在涵养,也要关注自己的外在形象,要把内在涵养提升同外在形象塑造统一起来。

(一) 班主任的自我形象与修养

班主任的自我形象就是班主任自我意识中的个人形象。这种形象既能外在地存在于他人面前,也能内在地存在于自己心中,班主任用内在素养影响他人的作用方式就是通过个人的外在形象。一个好的班主任,能够时刻在班级成员面前表现出良好的外在形象。

个人修养一般强调内在素质的养成,但对于班主任而言,修养目的还在于发挥外在影响以实现管理目标。班主任不断提升自我修养、完善自我的过程就是班主任塑造自我形象的过程。这一过程是班主任的内在自我与他人的交往过程,是班主任作为管理者与被管理者交往的过程。班主任的自我形象就是在这种交往过程中得以实现。从自我形象塑造的交往要求看,班主任的自我修养不能仅靠"内省",而且还要关注自己在他人心目中的形象。班主任在修养自身、塑造自我的过程中,需要不断认识自我。这种认识自我,不只是为了了解生活中的现实自我,更是为了根据管理实践的要求塑造一个符合管理目标的理想自我。在班级管理实践中,班主任自我修养的最高境界就是能够实现自己心目中理想的个人形象与他人心目中希望的个人形象的有效结合与紧密整合。

(二) 班主任的自我形象与威信

威信指个人的威望与信誉。威信是班主任实施班级管理活动必不可少的因素,也是班主任受到学生拥护,获得学生认可的重要影响因子。

1. 班级管理者的影响力与班主任的威信

管理的对象是人,管理者对人的影响力,有权力性影响和非权力性影响之分。权力性影响来自社会组织的正式授权,非权力性影响来自个人素养的影响力。班主任是由学校组织委派到班级,负责班级管理工作的人,因而班主任管理班级的权力属于社会组织的正式授权。这种社会性授权要求管理对象——学生必须服从于班主任的权力,特别是班主任对学生的奖惩权力。因此,这种社会性授权能够对学生形成一定的外在压力,使学生对班主任产生敬畏感,从而为班主任管理指令的贯彻提供了条件。然而,由于权力性影响来自组织授权,被管理者之所以接受这种影响主要是屈服于外在压力,一旦外在压力失效,这种权力性影响就可能失效。非权力性影响,不是来自组织授权,而是来自管理者自身的素养。班级管理者以自己的学识、才能及人格魅力,对管理对象所拥有的影响力,我们把它称为"威信"。"当教育者赢得了学生的信任时,学生对接受教育的反感就会被克服而让位于一种奇特情况:他把教育者看作一个可以亲近的人。"[①]班主任的广博学识,会使学生觉得他是一个十分有学问的人,值得自己学习和信赖;在处理班级各种事件时所表现出来的种种才干,可以使学生心悦诚服;班主任的高尚人格,会使学生自觉仿效。尽管威信并非正式的规定和授权,也不会在被管理者心理产生那种"为人左右"的压力,但威信所产生的影响是强大的和持久的。当然,权力性影响与非权力性影响在不同年龄的管理对象那里所发挥的作用是不同的。对于年龄小、年级低的学生来说,权力性影响的作用会比较大;但随着学生年龄的增长,非权力性的影响会越来越重要。

师生之间的情感相融是学生接受教育的桥梁,高尚的人品是教师信誉构成的核心。教师能否为学生信任和拥护,教师教育管理行为能否被学生认同和接受,无不取决于教师在学生心目中的位置的高低。所谓"其身正,不令而行;其身不正,虽令不从",讲的就是这个道理。班主任建立自己的威信是实现教育和管理目标的要求,也是班主任超越自我、实现其职业理想和人生价值的途径。

---

① 布贝尔. 品格教育[M]. 北京:人民教育出版社,1989:37.

2. 班主任的威信来自良好的形象

班主任的威信不是"空穴来风",它是通过良好的形象建立在学生的心目中的。班主任要通过提升自己的内在修养与外在行动加强和完善自我的形象塑造,要以美的方式来表达自己的内在世界,要让学生从自己外在美的形象中感受内在美。对充满着美好期待的学生来说,班主任的美好形象,也是班主任气质、人格、精神等内在素养与语言、体态、行动等外在表现共同塑造的结果。

那么,班主任的良好形象是怎样的呢?虽然对班主任的素质要求应当是统一的,但是不同年龄阶段的学生所能够认同的班主任形象是有差别的。班主任的形象给予学生重要影响的方面大致有班主任的学识、班主任的"教育爱"、班主任的榜样作用、班主任的语言美等。因此,班主任的良好形象应当包括以下方面:

第一,班主任应当是一个"智慧者"。学生是求知者,班主任作为管理者与教育者,对学生来说就是一本活的书,或者说在学校中一个班级的学生是把班主任当作书来读的。在班级管理活动中,班主任大量的管理工作是通过谈话来进行的,以学习为主要任务的班级中的谈话,大多也是以"知识"为中心进行的。这种谈话就是所谓的"知识性"的谈话。学生对班主任的知识性的谈话有着知识的渴求,因此班主任的谈话必须有知识的含量。

第二,班主任应当是给学生"教育爱"的人。班级如同一个大家庭,在班级这个家庭中,班主任是学生父母的替代者,每一个学生都有得到关注的需要,特别是从班主任那里得到"关注"的需要。与家庭中的独生子女不同,学生会明白在一个班级里他们不是"唯一的",他们不能独占班主任的关注,但是他们期望得到别的同学从班主任那里得到的同样的关注。班主任对学生的成长的关注,就是"教育爱"。从教育的性质看,"爱"是对学生成长的关注、关心。教师以各种方式来表达"教育爱",譬如批评和表扬,无论这些方式怎样运用,只要学生能够感到是"公正"的,而不是有所偏袒的,那么学生都会感到班主任的教育爱。

第三,班主任应当是学生的道德榜样。学生并不能以明确的意识评价班主任的职业道德,但是学生可以判断班主任是否能做到言行一致。班主任作为学生的品德指导者,时常指导着学生的道德行为。如果班主任一边在指导学生的道德行为,提出道德要求,而另一方面自己却不能如自己所说、所要求的去做,他(她)就不能成为学生的道德榜样。

(三) 班主任自我形象的塑造过程

班主任的影响力或威信,在于其良好的形象。那么班主任怎样塑造自己良好的形象呢? 班主任塑造自己良好的形象,是一个先确立理想自我,再进而塑造理想自我的过程。

1. 确立理想的自我

要塑造理想自我,首先要在自己的头脑中确立一个理想的自我。班主任确立理想自我,就是要明确良好的班主任形象,并把这样一个良好形象作为对自己的要求。

明确良好班主任形象的主要途径有:根据良好班主任的形象要求来明确,通过优秀班主任的榜样来明确,根据学生的要求来明确。我们在上文提出了良好的班主任形象应当是一个"智慧者""施与教育爱的人""学生效仿的榜样"和一个具有"语言美"的人。班主任可以进一步从理论和实践方面研究什么才是一个良好的班主任形象。通过对班级管理实践中优秀班主任的研究,人们形成了对良好班主任形象的认识,这些认识可以为一般的班级管理者在自己的头脑中确立良好自我形象提供参考。良好的班主任形象也可以从班级管理先进者那里获得,在普遍的班级管理实践中涌现出了一些优秀班主任,他们就是良好班主任形象的代表,可以向他们学习。此外,良好的班主任形象也存在于学生的心目中。真正能够对学生心灵产生深刻影响的班主任,才是他们心目中的优秀班主任。班主任应当直接从学生那里了解他们所期望的好的班主任是怎样的,了解自己在学生心中是怎样一种形象。

对于要塑造良好自我形象的班主任来说,不仅要明确良好班主任形象,了解怎样的班主任形象才是良好的,还要把一定的良好班主任形象作为自己的理想自我,而这是有一定条件的。只有具备坚定的职业理想,认同班主任这一职业角色要求,才会把良好的班主任形象确立为自己的理想自我。

2. 塑造理想的自我

(1)认识现实的自我。班主任要塑造理想的自我,先要认识现实的自我,从而找到理想自我与现实自我的差距。班主任要正确地认识自己,通常可以通过两个途径:一是通过对自己教育教学工作和日常言行举止的自省和反思,做到"见贤思齐焉,见不贤而内自省也"。通过反思,找出自己在工作上、思想上同优秀班主任间的差距,努力赶上。二是通过学生来认识自己。学生是班主任的一面镜子,因为班主任的形象是在学生的心目中塑造的。从学生的身上,往往可以看见教师的影子。班主任一方面可以从学生身上,发现自己在教育管理工作中的问题与不足,另一方面可以在与学生的交往互动中,了解和认识自己在学生心目中的形象。班主任只有正确认识自己,才能为在学生心目中树立起自己的良好形象奠定基础。

(2)实践理想的自我。班主任认识了现实的自我,找到了现实自我与理想自我的差距,还远远不够,还必须进一步改善现实的自我,实践理想自我的要求。实践理想的自我,要求班主任超越"功利性"。每个人都有自己的利益,功利性在现实生活中有它的合理性,班主任在现实社会中生活,不可能脱离功利。但是,在人的培养活动中,对培养全面发展的人的追求,却是超越功利的。这就要求班主任必须是一个怀抱着理想追求的人,并且能够不断地以实际行动去努力实现理想追求,从而实现理想的自我。

三、班主任提高自我修养的方法

班主任的素质不是与生俱来的,而是在长期的教育实践中进行修养锻炼形成的。新时期班主任的素质主要通过以下的方法来提高。

第一,坚持以身作则。班主任应是学生的楷模,其一言一行都会对学生产生很大的影响。只有严于律己,以身作则,为人师表,从一言一行、一举一动上做学生的榜样,才能无愧于人民教师的光荣称号,才能得到社会、家长和学生的信任和尊敬。班主任要求学生做到的,自己也要首先做到,在教育中以自己的模范行为带动学生、培养学生。

第二，不断努力学习。努力学习是班主任提高自身素质的重要方法。现在的学生视野开阔，思维敏捷，遇到问题总好穷追不舍。教师只用简单说教去规范学生，学生是不买账的。因此，要克服新时期所面临的困惑，跟上时代前进的步伐，班主任必须努力学习，改善自身形象，赢得当代学生的信任和尊敬。① 要学习教育改革的新理念，树立全新的教育观、学生观、教学观。要运用新的教育理论武装自己，根据新时期教育规律，以最经济的时间、最合理的办法，高效率地做好班主任工作。② 努力学习专业知识和其他各门学科知识。班主任的职责之一是教学，班主任若不能教好自己所担负的课程，在学生中是不会有威信的，也绝不会搞好班主任的工作。因此，班主任不仅要具有精深的所教学科知识，而且还应具备广博的其他各门学科的知识，具有广泛的文化素养和兴趣爱好。③ 要学习、借鉴他人的经验。"他山之石，可以攻玉"，对于别人的经验不管是正面的、反面的，不管是成功的、失败的，都要抱着虚心学习的态度，从中吸取有益的东西。

第三，勇于大胆创新。要想培养出适应现代化建设需要的、具有实践能力和创新精神的人才，班主任就不能仅仅满足于现有的文化知识和教育知识，不但要博览各学科知识，而且要能灵活地驾驭知识，运用所积累的知识去解决问题。对学生更要注重实践能力，特别是创造能力的培养，使自己的教育教学适应课程改革的需要，变单纯传授知识为注重培养学生的能力，变单纯抓智育教学为德、智、体、美、劳全面发展。

第四，勤于刻苦实践。班主任工作是一项责任重大、困难复杂的工作。指导学生学好功课，必须付出艰苦的劳动；培养学生高尚的品德情操，要付出更多的心血。新时代崇尚实干精神，凡是有所作为的班主任，都是务实、真抓实干、坚持不懈几十年如一日工作的。勤于实践，要肯于实践，敢实践，多实践，更重要的是要在实践中勤于思考问题。要有运筹帷幄的本领，加强工作的计划性、预见性，对每项工作都要有明确的目的，精心设计，有步骤地实施。"实践出真知"，任何高超的教育艺术和技巧，都需要通过实践才能掌握，在掌握中千锤百炼，才会变得炉火纯青。

第五，善于提炼总结。班主任是教育艺术家，但不是工匠。因此，班主任不仅要勤于实践，还要善于总结，要不断地把自己的经验上升为理论。许多人从年轻时就开始当班主任一直到两鬓斑白，不仅没有论文、著作，而且连一篇像样的总结也没有。近年来，我国许多优秀班主任都拿起笔来写出了优秀的论文、著作。大凡有所作为、有所成就的班主任，不仅仅是一个"教书匠"，同时必定是一位教育研究家。所以要想扎扎实实地积聚教育能量，锤炼教育艺术，踏踏实实地贡献自己的教育才华，就得善于总结自己的教育、教学经验。

总之，在新时期只要坚持以身作则、努力学习、大胆创新、勤于实践、善于总结，加强自身的修养，每个班主任都有可能成为教育艺术家，以其进步的思想、高尚的品德、丰富的学识、多才多艺的本领，在学生心目中熔铸起光辉的形象，获得学生和家长的尊敬和爱戴。

本章小结

本章主要讨论了班主任角色与职能、班主任的自我管理和自我修养方面的问题。班主任是在学校中全面负责学生班级工作的专职教师。班主任是班级的组织者和学生成长的指导者，是学校领导管理学校的骨干力量，是校内外各种教育力量的协调者。班主任的主要职能是培养良好的班集体、促进学生身心全面发展、协调各方教育力量，形成教育合力。

班主任的自我管理和自我修养是班主任自我发展的重要形式。班主任的自我管理是班主任根据班级管理的要求，把自己作为班级管理的要素，纳入班级管理对象的范围，按照班级管理中管理者角色的要求，认识自己、调控自己、发展自己，从而使自己成为实现班级愿景的积极因素。班主任的自我修养，是班主任根据管理工作的要求，自觉地确定修养目的，有意识地提高自己的专业素养，以确保班级管理目标实现的修养活动。

思考与探究

一、理解概念

班主任的自我管理、自我修养、自我形象　班主任的权力性影响　班主任的威信

二、简答

1. 班主任的良好形象应是怎样的？
2. 班主任应如何提高自我修养？

三、案例分析

让我慢慢靠近你

南京市天妃宫小学　李湘红

十年前的九月，我新接手了一个四年级的班，这是个全校出了名的"乱班"（纪律差），学生"胆大""不怕人"。前任班主任提醒我：对这个班的学生不能客气，不能有笑脸；作为青年教师，一定要有个老师样，得"厉害"点，要不没有"威信"。

接班后，我用不苟言笑、严厉有加来维护着"师道尊严"，竭尽所能地在学生面前树立自己的"威信"。在我的"威严"的"震慑"下，孩子们对我毕恭毕敬。上课时，一个个坐得笔直，没有人敢说话，他们不再淘气，眼里流露的是顺从，是紧张，还有一点畏惧。

正在我暗自为自己在学生中的"绝对权威"而得意时，发生了这样一件事：一个下雨天，体育老师组织同学们在教室里做"猜猜他（她）是谁？"的游戏，快下课时，我提前到教室的后门口等下课，正好看见我班的孙＊＊（是个听话、懂事的女孩子）几步跨上了讲台，双手往后一背，抬起头，瞪着眼睛注视着全班，环视了一周后，从背后抽出了右手，板起面孔对大家说："快坐好！看谁的眼睛东张西望的！我数三下，坐不好的，小心这巴掌！"

她清脆地数着"一二……"刚才还手舞足蹈的孩子竟然一下子安静了下来。"三"字刚落，孙＊＊的巴掌就"啪"的一声，重重地拍在了第二排一个男孩子的桌上，原来这个男孩

子的手还在抽屉里摸东西,他被这"啪"的一声吓了一跳,条件反射似的抽出了手,坐直了身子。孙＊＊很大方地站在讲台上,此时,教室里竟响起了热烈的掌声。孙＊＊给大家鞠了个躬说:"谢谢大家！大家猜猜我演的是谁?"她的话刚落,全班竟异口同声地喊:"班主任,李老师…"此时,站在后门口目睹了这一切的我羞愧极了:这就是我吗?孩子们印象里的我竟是这样一个凶巴巴地拍打桌子的形象！孩子们的喊声像重锤一样敲打在了我的心上。这难道就是我自鸣得意的"威信"吗?这样的"威信"使我和学生离得太远太远……老师的一言一行留给学生的印象是多么深刻呀！

我要重塑自我形象,我要用我的真诚去叩开学生的心扉,我要与我的学生离得近点,再近点……教师"威信"的建立究竟靠的是什么?是靠老师凌驾于学生之上的特权和大声训斥呢,还是靠老师用居高临下的心理优势来迫使学生听话、顺从呢?不,靠的是老师的以身立教,靠的是教师的平等与尊重;需要的是师生之间敞开心扉的交流、理解与信赖。

第二天的班会上,我鼓足了勇气,真诚地请学生们用纸条给老师写几句心里话,以不记名的方式给我提几点希望。学生们在愣了好一会儿后才开始动笔写。孩子们给我提了十多条的建议,如"老师你能不能给我们多一点表扬?""老师,你的笑很美,我们多么希望你能多笑一笑。""老师,下课能和我们玩吗?""老师,能不当着全班同学的面批评我吗?""老师,您总是不笑,是不是有什么不开心的事?""老师,请不要大声训斥我们好吗?"……看到孩子们的字条,我仿佛看到了孩子们那一双双期待的眼睛。我的心灵受到了极大的震动:孩子们多么希望得到老师的爱,多么渴望得到老师的尊重、理解、信任和激励啊！透过这一张张纸条,我看到的是一颗颗真诚的心,感受到的是学生对我的期待和信任,更感到了一种义不容辞的责任。我想:面对这么纯真可爱的学生,我没有理由去吝啬自己的爱,我要用"爱"去靠近我的学生。

"要以人对人的方式对待孩子,要善于发现他心中能响应我们号召的那一隅。"(苏霍姆林斯基)作为老师,要关心爱护每一个学生,要理解、尊重、宽容每一个学生,只有这样,才能唤起学生与自己情感上的沟通、思想上的共鸣,才能在学生心目中建立起"威信"。学生们的"纸条"促使我去审视自己,也启发我用"纸条"去与学生交流、沟通。从此,"纸条"成了我与孩子们交流的"秘密武器"。

在面对课堂上不守纪律、做小动作、思想开小差的学生时,我不再板着脸训斥,拍着桌子吆喝,而是换一种方式、换一个角度去对待。我尝试着用写纸条的方式来与学生交流,善意地提醒学生改正缺点。

在上课前,我为他们精心准备好"纸条提示语",如针对上课讲话、不听讲的学生,就在纸条子上写:"如果你能参与到课堂的发言中,那有多好啊！"针对走神的学生在纸条子上写:"你怎么了?老师期待着你的参与呢！"对上课做小动作、不举手发言的学生,就在纸条子上写:"你只要肯努力,一定能行,快快行动,我们都看着你呢！"……在上课时,我会根据不同的学生的具体情况,抽出一张"纸条提示语"悄悄地放在他的桌子上。班上有一个总是管不住自己的学生,有一次在学期结束放假前悄悄告诉我:"老师,这学期有了'纸条提示语'真好,当我上课管不住自己时,提示语能让我悄悄地改正,省得总被'点名'批评。"随着"提示语"的使用,班上的孩子越来越守纪律,谁也不愿意总是收到"提示语",课堂上的气氛也更加和谐了。这一张张"纸条提示语"好比孩子们(尤其是犯错误孩子)的"保护伞",给了孩子们自我纠错的机会,使孩子们的自尊心得到了保护,更让孩子们感受到了老师的宽容、理解、信任。古人云:"亲其师,信其道。"只有取得了孩子的信任、理解,才能树立起自己的"威信"。

学生给我写纸条,我给学生写纸条。这一张张的"纸条"让我和学生的心靠得更近了,拉近了我与学生心灵的距离;这一张张的"纸条"传递给学生的是老师的关怀,是老师的点点滴滴的爱。在不知不觉中,我和学生之间已成了无话不谈的朋友;在不知不觉中,我们互相鼓舞着、激励着;在不知不觉中我走近了学生……

问题:结合《让我慢慢靠近你》这则班主任树立威信的故事,谈谈班主任怎样进行自我管理。你还能从自己或其他人的经历中,找到一个与班主任自我管理相关的事例吗?

实践活动

观看关于优秀班主任的视频,并思考讨论怎样才能成为优秀的班主任。

第十章
班级管理评价与研究

学习导航

【学习目标】

1. 了解班级管理评价的功能与类型。

2. 了解班级管理者的研究课题与方法的选择。

3. 了解班级管理者开展行动研究的一般步骤。

【本章重难点】

1. 班级管理评价的功能与类型。

2. 班级管理者的研究课题与方法的选择。

3. 班级管理者开展行动研究的一般步骤。

微信扫码

获取配套资源

评价和研究是促进学校教育活动不断改进和完善的有效手段，也是促进教师不断提升教育水平的有效措施。要提升学校教育教学水平，就必须加强教育教学评价和研究。管理工作是学校教育活动不可缺少的组成部分，因此开展班级管理评价和班级管理研究，有助于提高班级管理者的管理水平，促进班级管理工作的效率和效果的提高，从而迈向管理育人的更高境界。

第一节 班级管理评价

班级管理评价是学校教育评价的一个重要组成部分。通过班级管理评价的实施，能够发现班主任的班级管理工作的成绩与问题，有助于促进班主任反思和总结自己的班级管理工作，从而积极改进自己的班级管理观念和方法，不断提高班级管理水平，促进班级的良性发展。

一、班级管理评价的含义

评价是指评价者依据一定的评价标准，对评价对象进行量化和非量化的测量，从而对评价对象做出可靠、合理的价值判断。由定义可知，评价的内涵中至少包含两个本质属性：一是依据或标准；二是判断或测评。首先，评价必须依据一定的标准。标准科学，评价的结果才有价值；标准不科学，评价的结果毫无意义。其次，评价必须通过测量得出一个结论，或者说做出一个判断。这个通过测量得出的结论可以是量化的，也可以是非量化的。因为，有些评价对象是可以量化的，如学生的学习成绩、学生的智商水平等，而有些评价对象是无法量化的，如学生的思想品德、学生的个性特征等。根据评价对象的不同，评价的标准和测量的方法也随之而不同。

班级管理评价是评价的一种，它以班级管理为评价对象，以班级管理目标作为班级管理评价的标准，采用一定的测量技术和方法，以对班级管理目标的实现程度作为班级管理评价的结论。班级管理评价活动分为测量和做出价值判断两个部分。测量即测定效果，包括运用各种方法收集与班级管理目标实现程度相关的事实材料和数据，用以测定班级管理的效果；做出价值判断则是将测量中取得的事实和数据，进行分析比较，判定实现班级管理目标的程度，做出对班级管理的价值判断。测量和价值判断关系密切，不可分割，测量是价值判断的基础，价值判断是测量的目的，两者共同构成班级管理评价的基本内涵。可见，班级管理评价的实质就是根据目标测定效果、判断价值。

二、班级管理评价的功能

班级管理评价是对班级管理目标达成程度的判断，评价的目的绝不仅仅是得到一个价值判断的结果，而在于对前期工作的反思，以及对后续工作有所指导和启示，这样才能使班级管理评价产生增值，这种增值的作用主要表现在以下几个方面。

（一）诊断功能

班级管理工作并不是一件轻而易举的工作。班级工作纷繁复杂、问题众多，在管理过程中难免会出现一些问题，从而影响到班级工作有条不紊地进行，阻碍班级的发展。因此，必须采取有效的措施，找出失误和问题所在，及时给予更正和调整，从而保障班级管理工作的顺利进行。对班级管理工作进行评价可以起到这样的作用：通过评价能够有效判断班级组织的发展状态，更重要的是诊断班级管理中存在的问题，能够帮助班级管理者发现班级组织运行中的困难点、焦点，寻找存在问题的原因，为班级管理者管理好班级、促进班级组织的良性运行，提供有针对性的咨询信息。

（二）导向功能

任何工作的开展和进行都需要有一个明确而科学的方向。方向性将会直接决定人力、物力、财力等的导向以及这些付出的有效性。如果方向正确，付出就能收到应有的效益，而一旦方向错误，轻则造成资源的浪费，重则背道而驰，引起更大的破坏性。在班级管理工作中同样如此。班级管理评价是依据一定的标准和所要完成的目标所进行的价值判断。班级组织要获得理想的发展，就必然要求班主任和班级同学了解和认同班级组织的发展目标，将发展目标反映在班级的管理中，并不断根据目标要求调整班级的发展状态，为达到目标而努力。这样势必对班级的管理及其组织发展发挥导向作用。

（三）调节功能

从信息论的角度说，班级的管理过程是一个信息输入、转换、输出和反馈、调节的过程。其中反馈和调节实际上也是评价的活动，通过评价提供调节班级管理所需要的信息，班级管理者根据对班级管理评价反馈的信息，对原有的班级工作进行必要的、适当的、及时的调整，使得班级管理保持应有的动态平衡，促进班级组织的良性运行。

（四）发展功能

班级的管理不同于一般的管理工作，其目标是育人，实现学生身心和谐、健康地成长是班级管理的根本追求。所以，就班级管理的本质而言，班级的管理过程就是教育的实施过程，是班级管理者帮助班级中的每个成员依托班级这一组织寻求发展的过程。因此，班级管理的评价应以促进学生的发展为根本目的，要重视发挥班级管理评价的形成性作用。实施评价的过程就是帮助学生不断认识自我、发展自我和完善自我的过程。

（五）激励功能

激励就是利用某种外部诱因调动人的积极性和创造性，使人有一股内在的动力，向所期望的目标前进。在班级管理工作中，管理者们，无论是在班级管理中起主导作用的班主任，还是作为班级主人的学生，他们在班级管理中都付出了艰辛的努力和辛勤的汗水，对他们的工作业绩和表现应该给予充分的肯定和认可，只有这样才能进一步强化班级管理者在班级管理工作中的积极行为和满腔热情,这无疑有利于促进班级工作更上一层楼。班级管理的评价就是要对以往的班级管理工作给予一定的价值判断,表彰优秀的,激励落后的,促进班级管理工作朝着正确的方向顺利进行。

三、班级管理评价的类型

根据评价的目的不同,班级管理的评价可分为诊断性评价、形成性评价和终结性评价三种。

(一) 诊断性评价

诊断性评价是指在班级管理活动开始之前,为了解班级管理工作存在的周期性和规律性情况,以便找到解决班级管理问题的办法而进行的一种评价。这种评价的主要目的是确定产生结果的原因,并提出补救措施。如班级活动的诊断性评价,目的在于了解班级活动的开展情况,以便为开展新的班级活动做准备。

(二) 形成性评价

形成性评价是指在班级管理活动过程中,为了了解班级管理工作的进展或进步情况,用以调节班级管理活动进程,通过反馈信息保证班级管理目标顺利实现的一种评价。这种评价侧重于班级管理工作的改进与不断完善,是"前瞻式"的,可以及时探究影响班级管理质量和目标实现的原因,以便立刻采取措施加以补正,以免造成难以挽回的损失。

(三) 终结性评价

终结性评价是指在班级管理活动告一段落时,对班级管理工作的最终结果进行价值判断的一种评价。这种评价是以预先设想的班级管理目标为标准,对班级管理工作达到目标的程度进行的评价。它的优点在于客观具体,易于服人;缺点在于最终结果容易出现虚假现象,影响评价的可靠性。与形成性评价相比,终结性评价侧重于确定已完成的班级管理效果。

第二节 班级管理者的研究

开展班级管理工作需要理论的指导。班级管理者所进行的研究,以及大量班级管理实践者在实践中积累起来的经验经过分析概括而形成的理性认识,构成了今天我们得以学习的有关班级管理的理论。但是,实践无止境,认识无止境,理论的发展也无止境。要将对班级管理的认识推向深入,就必须不断研究。研究不仅是理论研究者的任务,更是千千万万班级管理者的任务。在班级管理实践中,班级管理研究者也在研究中成长,成长为班级管理的专家。

研究,预示着改进。在班级管理过程中,如果广大的班级管理者缺乏研究的意识,不去积极开展研究,班级管理的水平也就难以提高。因此,作为班级管理者,应该主动地、大胆地去进行班级管理实践问题的研究,以不断改进班级管理实践,提高自身班级管理水平,获得最佳的班级管理效果。

一、在管理中研究,在研究中管理

从管理科学的角度看,进行班级管理也是对理论的运用,但是现有理论并没有也不可能穷尽班级管理实践中的问题,因此研究是必要的。在管理中研究,才能不断解决管理实践中的新问题;在研究中管理,才能提高管理水平。

当孩子们以纯洁的心灵汇集于班级时,作为班级管理者必须思考这样的问题:如何才能协调好各个方面,使班级中的每个孩子都能健康成长? 仅仅依靠老经验、老方法、老套路是远远不够的。因为班主任面对的学生是一个个鲜活的个体,正处于人生中的关键期,此时他们在认知、情感、意志等方面都具有极强的可塑性,这就决定了班主任的班级管理必须着眼于具体的特殊的管理情境,具有足够的弹性,能够按照学生的个性,遵循教育规律去进行管理。班级管理现象错综复杂,已有的研究所提供的对班级管理现象的解释,给了人们解决问题的方法,但是层出不穷的新问题,又需要人们去寻找新的方法。因此,班主任有必要将管理与研究结合起来,在管理中研究,在研究中管理,不断探求规律。

苏联著名教育家苏霍姆林斯基说:"教师不仅在把自己的知识传授给儿童,而且也是儿童精神世界的研究者""只有善于分析自己工作的教师,才能成为得力的、有经验的教师。在自己的工作中分析各种教育现象,正是向教育的智慧攀登的第一个阶梯"。[①] 研究并不是什么神秘莫测、高不可攀的东西,因为教育者的工作,包括班级管理工作本来就是一种真正的有创造性的劳动。教师需要从纷繁复杂的教育现象中看到蓬勃的生命力,看到教育生涯的价值所在,这在本质上与科学研究是相通的。

"研究"是人们了解、分析、理解社会现象、社会行为和社会过程的一种认识活动。与其他活动一样,研究离不开观察,但同时其与众不同的特质又将它与其他活动区别开来:① 研究要有需要探寻答案的课题。规范的研究还需要研究假设和对假设的陈述,并且有针对研究假设所设计的可供验证的指标,这表明此项研究有着明确的指向。② 研究要有理论的分析和论证,而不是简单的资料收集或言论罗列。③ 强调科学研究的程序,以保证研究结果的可靠性。④ 研究的结果要具有一定的解释力或预测力。以上这几个特征将研究与一般的经验总结、权威论断和消息报道区别开来。

管理是一种实践活动,研究是对实践的深入认识,将两者结合起来就构成了一种行为方式。这种行为方式使班级管理的目标、任务、过程、方法以及评价标准更具科学性,是班级管理工作走向理性的催化剂,同时也是管理者业务水平提升的好途径。班主任要在进行班级管理的过程中深入思考、探求规律、钻研理论、开拓进取,真正体味出班级管理的创造性。

---

① 瓦·苏霍姆林斯基.给教师的建议[M].北京:教育科学出版社,1984:506.

二、班级管理者研究的定位

作为一个班主任,一个班级管理者,开展研究工作,同理论工作者的研究是不同的。为了使班主任对自己应当进行的班级管理研究性质有更准确的了解,以便正确地开展班级管理研究,在这里需要进一步讨论班级管理者研究的定位问题。研究的定位指的是明确研究者的研究出发点是什么,或者说为了什么去开展班级管理研究。研究者有角色的不同,因此研究者的出发点也不同。这里所说的"研究",不是指所有人(不管你是什么角色)对班级管理的研究,而是专指"班级管理者"的研究。这一提法,就把理论者的研究同实践者的研究区分了开来。

虽然理论的根本目的在于实践,但是理论工作者的研究同实践者的研究还是有很大的不同。[①] 这种不同首先是分工的不同,理论工作者与班级管理者的职业角色不同。理论工作者作为一种职业角色,他的任务就是开展理论研究,为理论发展做贡献;班级管理者,作为实践者,他的职业角色规定的任务是完成具体班级的管理任务。班级管理者之所以要开展研究,是因为班级管理情境的特殊性,使得班级管理者必须对特殊的班级管理情境进行研究,方能成功地进行班级管理。

班级管理者的研究,问题的出发点就是班级管理实践,或者说班级管理者研究的出发点是解决本班管理实践中的问题;而班级管理理论工作者的研究,其出发点是提出解决班级管理的一般理论问题。班级管理者研究的定位,就是研究本班管理实践中的问题,并且解决本班管理实践中的问题。

三、班级管理者研究课题的选择

班级管理者研究的是在班级管理实践中遇到的问题,那么这是否意味着凡是班级管理实践中遇到的问题都拿过来研究一番? 当然不是。要正确地选择好研究问题,通过研究真正对班级管理实践起推进作用,还需要正确地认识班级管理者开展研究的课题选择问题。

在班级管理实践中遇到的问题可分为两类:一类是常识问题,一类是需要研究解决的"课题"。所谓"常识问题"是指,这虽然是班级管理者在管理实践中遇到的问题,但是这些问题只要经过一番思考,运用已有的关于班级管理的认识和经验就可以解决。譬如,在班级管理中班主任忽略了制定明确的管理目标,班级管理缺乏行动方向。面对这样的问题,只要通过对问题的诊断,明确问题所在,即可找到问题的解决办法。也可以说,班级管理中的"常识问题",是通过对问题的"诊断"来解决的。

所谓班级管理研究的"课题"是指,班级管理者在班级管理实践中遇到新情况,这一情况是理论研究成果未能预见的,当然也就没有提出解决问题的方法;班级管理者本人在以往的实践中也未曾遇到并解决过,因而缺乏应对这一特殊问题的方法。这样的问题就是班级管理者需要研究的"课题"。

作为"课题",它们虽然产生于班级管理者的实践活动,但是因为其特殊性,即它们所具

---

① 李学农.中小学教育研究的定位问题讨论[J].教育评论,1998(4).

有的"新颖性",使得这些课题虽然紧密联系于某个班级管理者的具体实践,但是这一问题的解决方式却是独一无二的,因而具有参考价值,有时甚至可以丰富理论,推动理论的发展。

班级管理者的研究课题怎样才可能是具有"独特性"和"新颖性"的呢?这就需要运用班级管理的理论来分析。班级管理理论已经确认的班级管理重要课题领域,可以帮助我们确认课题的实践价值。本书确认的班级管理的实践领域包括管理对象、管理目标与思想、班级组织管理、班级日常管理、班级活动管理和班级教育力量的管理以及班级管理者的自我管理。关于班级管理的实践领域,班级管理者还可进一步认识,在开展研究的过程中,可以这样对自己提问:

——我对自己的管理对象的特殊情况有充分的认识吗?

——我面对班级管理的新情况,所确立的管理目标和用以指导管理实践的思想正确吗?

——在一个新班级遇到了全新的情况,怎样进行组织建设? 怎样进行班集体建设?

——班级日常管理中出现一个前所未见的风气问题怎样应对? 对独具特点的学生,怎样进行个别教育?

——时代在发生变化,社会与家庭情况也在发生变化,多种教育力量的协调如何才能有效?

——在一个需要终身发展的社会里,班级管理者怎样进行自我管理?

班级管理理论是正在发展的理论,目前尚不够成熟和完善,这给广大班级管理的实践者留下了大量研究的空间。

四、班级管理者研究方法的选择

要开展研究,就必须运用一定的方法。班级管理者一般采用哪种教育研究方法才好呢? 这个要视自己的研究问题而定。教育研究的主要类型有文献研究、实验研究、调查研究、历史研究、个案研究、人种学研究和行动研究等。但是一般的研究方法,均着眼于理论认识的深入,而班级管理者开展研究是要开展实践活动,有效地解决实践中的问题。即班级管理者是从实践出发开展研究的。因而,班级管理者应选择实践性的研究方法。这种方法就是行动研究法。

行动研究具有上述各类研究方法的综合特征,它既体现了一般研究方法追求认识深入的特征,又体现了把认识和实践相互结合的特征。所以,行动研究与其他研究方法具有紧密联系,如行动研究中常常以"准实验"研究的方式表现出来,同时又与重质、重整体、重互动关系的人种学研究联系在一起。

第三节 班级管理者的行动研究

行动研究代表了一种将实践与理论密切结合的努力。班级管理者,要开展行动研究,就需要了解什么是行动研究、实施行动研究的具体步骤是什么,才能提高行动研究的实效性。

一、什么是行动研究

行动研究学(action research)是 20 世纪 30 年代以来,社会心理学、组织科学、社会规划等学科逐渐采用的一种研究理念,它所针对的是研究脱离社会实际的弊端。勒温在1944 年将行动研究定义为:"研究课题来自实际工作者的需要,研究在实际工作中进行,研究由实际工作者和研究者共同参与完成,研究成果为实际工作者理解、掌握和实施,研究以解决实际问题、改善社会行动为目的。"研究一旦脱离实际,就会在实践工作者和理论工作者之间产生很大的心理鸿沟。一方面,前者得不到后者的智力支持,另一方面,后者也难以了解前者所面临的问题,从而使研究陷入无根之木、无源之水的困境。行动研究纠其弊,倡新风,认为实践工作者要反客为主,变被动为主动,以研究者的姿态积极地对自己的工作境遇进行反思,提出问题,开展研究,在研究行动中解决自身的问题,改善自己所处的环境。当然在这一过程中,实践工作者可以邀请理论工作者加盟。所以严格来说,行动研究并不是一种独立的研究方法,而是一种理念,一种特别强调研究要与行动相结合的理念,它被很多学者认为是一条发现并解决现实问题的阳光大道,是未来社会科学研究发展的新路径。

在教育科学研究领域,行动研究也是方兴未艾。有学者对行动研究的定义是:"所谓行动研究法,是指情境的参与者(如教师)基于实际问题解决的需要,与专家、学者或组织中的成员共同合作,将问题发展成研究主题,进行有系统的研究,以讲求实际问题解决的一种研究方法。简言之,行动研究是研究(知识)和行动(解决问题)结合的一种研究。"[①]我们经常说的"教师即研究者",便是行动研究应有之意。从人们对行动研究方法的一般结论看,行动研究有以下特点:

(1)行动研究的目的就是行动。这一点和一般的科学研究及传统的教育研究有着较大的区别。行动研究的主要目的不是"发现规律"或"发现真理",而是改善行动。

(2)行动研究的主要研究人员就是广大教师,而不是脱离教育教学实践的专业科研工作者。

(3)从事研究的人员就是应用研究结果的人员,教师就是自身科研成果的推广者、应用者、实践者、消费者。

(4)行动研究的环境就是真实的教育工作环境,行动研究以所处的学校教育为研究取材的对象,凡校园问题、教学情境、课程实验都是活生生的情境。这一点说明,行动研究不是在特定的"教育环境"中研究教育,不是在图书馆、实验室等环境中研究教育,而是在教师工作的现实的教育情境中研究教育。

(5)行动研究多以"共同合作"的方式进行。行动研究的实施强调伙伴关系,强调采取合作方式进行。研究过程中,虽然有时需依靠专家的协助,但专家的职责是给教师的行动研究以指导或专业帮助,最多只起到合作者的作用,并不能越俎代庖。

(6)行动研究是以"问题解决"为导向的,研究的问题或对象具有特殊性。换句话说,

---

① 陈伯璋.教育研究方法的新取向——质的研究与方法[M].台北:南宏图书公司,1989:70.

行动研究不追求发现普遍真理,而追求解决具体问题。这反映了行动研究是"以特定的问题为中心"的研究形式。

(7) 行动研究的结果具有实时性,它所获得的结论,只应用于工作进行的场所,注重即时的运用,而非发展原理或普遍的应用,其目的是在改进学校中的各种问题的同时使教师专业知能和专业精神获得改进。

(8) 研究和行动不断循环验证,行动研究的计划属于发展性的计划。

(9) 行动研究的结果,除了改进现状外,亦使实际工作人员获得研究、解决问题的经验。

(10) 评论行动研究的价值,侧重于对实际状况的改善程度,而不在知识量增加的多少。因此,行动研究的设计、执行过程与研究结果都需在自己的工作环境中发生,行动研究主体需要发展自我评鉴的能力,以强化研究的效度。

二、班级管理者行动研究的实施步骤

班级管理者开展行动研究要遵循一定步骤,只有这样才能有条不紊地进行研究,最终有效地解决班级管理实践中的问题,帮助班主任形成管理智慧,更加理性地进行班级管理。

(一) 教育研究领域对行动研究实施的一般看法

研究的一般思维过程包括四大阶段,即发现问题、了解情况、深入思考和实践验证。行动研究也不例外。为了给学习者提供一个参照,先介绍教育研究领域的学者对行动研究实施的一般看法。有学者将行动研究的实施过程概括为以下 10 个步骤:

1. 发现教育行动研究的问题类型领域

教育行动研究者可以对其实际教育工作情境进行检查,探究有何需要改进、解决乃至创新的地方。特别是学校教育中发生的问题,有待教育行动研究者去发现问题所在。

2. 初步文献探讨与讨论

教育行动研究者在发现学校教育的问题后,应寻找相关资料,并与相关人员进行讨论,以求对问题本质的切实了解。

3. 确定教育行动研究的问题焦点

经过初步的文献讨论后,教育行动研究者应设法界定问题所在的领域与问题的焦点所在,并讨论研究问题的主要目的。

4. 深入的文献探讨

在确定出研究问题的范围与焦点后,应深入地从过去的文献中,获得有关该问题的目的、方法、程序的启示。

5. 拟定教育行动研究计划

根据文献的探讨及研究问题,教育行动研究者应规划选择研究目的、方法、工具、程序,并确定协同合作进行研究的伙伴、样本及资料处理方法。

6. 执行教育行动研究计划

根据研究计划,收集、分析及解释资料,执行教育行动研究计划,设法解答所要研究的问题。

7. 拟定行动方案

依据研究结果、过去的文献及当时特定的教育情境,拟定解决问题的行动研究方案。

8. 实施教育行动研究方案

采取行动,调配资源,制定计划,实施预先拟定的行动研究方案。

9. 评鉴教育行动研究方案的设计实施

对行动研究方案设计是否完善,其执行是否正确,结果是否有效,均应加以评鉴,并指出评鉴方案的有效性、执行状况与可改进之处。

10. 修正教育行动研究方案与再实施

依评鉴结果提供修正行动研究方案之参考,依需求决定是否进行下一步研究革新,必要的话可再进行第二回合的行动研究。

(二)班级管理者开展行动研究的一般步骤

班级管理者开展行动研究的一般步骤包括发现班级管理问题—确定课题—探讨课题—制定行动研究方案—实施方案—评价行动结果。

1. 发现班级管理问题

任何研究都始于问题,行动研究也始于问题,始于实践者的实际问题。如果你是一个敏感的班级管理者,就不会感到缺乏需要探讨的问题;但如果你缺乏捕捉问题的敏锐性,就会感到没有什么值得探讨的问题。

缺乏问题意识,就不会有行动研究。从这个意义上讲,行动研究实际是班级管理者素质的体现。问题意识作为班级管理者的素质,是发现实践中问题的基础。班级管理者要具备问题意识,就要养成对自己的实践活动进行思考的习惯,或者叫作"反思",即所谓做一个"反思型"的班级管理者。反思产生于追求,一个班级管理者,不断地追求着班级管理的新境界,他就不会满足于现状,就会有种种遗憾,这种种遗憾就会成为种种问题。

2. 确定课题

如果对实践中产生的问题,不经历一定的探索过程,也能够加以解决,那么这样的问题就不会成为行动研究的问题。班级管理者虽然会面临许多的班级管理实践问题,但是把什么样的问题拿来作为行动研究的课题,这是要费一番寻思的。这就是确定行动研究课题的过程。

确定行动研究课题,以问题的性质来确定,即这是一个通过"诊断"就可解决的问题,还是一个独特的、需经过专门的研究过程才能解决的问题。如果是后者,即可确定为行动研究的课题。

3. 探讨课题

作为行动研究的课题,与一般问题的解决是不同的。对于行动研究的课题,需对课题中应解决的问题进行深入探讨,即对"问题"的性质本身和相关的概念,要做深入的研究。对课题性质与相关概念的研究,依赖于对相关研究成果的文献研究和与同事的共同讨论。如果有可能,还可与专家一起探讨。

4. 制定行动研究方案

制定行动方案,是对整个行动研究过程的规划。行动方案作为一种具有研究性质的方案,应当包含如下四个要素:问题的实践意义、问题的界定、解决问题的方案和方案实施的方法。

在行动研究中,形成研究方案是必须的。头脑中的东西,是以内部语言组织的,内部语言的条理性、清晰性都是不够的。问题要清晰化、条理化,用书面语言加以整理是必要条件。

(1)一个以解决实际问题为目的的行动研究方案,首先要搞清楚问题的实践意义。一个问题是否有实践意义,可用以下两条判定:理论与经验是否已提供问题的解决方法;问题的解决对实践是否有重要影响。

(2)问题的界定是研究的前提条件。实践中的问题值得通过一个完整的过程来解决,这个问题本身就有丰富的内涵。澄清问题,需要借助于理论成果和理论思维的方法。

(3)解决问题的方案,是行动研究的关键,也是研究的创新之处。解决问题的方案虽然要从实际出发,但是方案本身也是理论研究的成果。

(4)一个好的行动方案,要适时加以实施。要实施它也要依据一定的方法。因为行动研究是实践本身,所以行动方案不是实践要求以外的东西;因为实践是研究的重要组成部分,所以要获得一定的研究结论,也需要按照研究的要求去获取相关资料。

5. 实施方案

班级管理行动研究方案的优劣在一定程度上决定了项目实施的成败。行动研究方案明确以后,就需要开展行动,实施方案。实施方案即执行方案,是指正式开始班级管理行动研究活动。实施行动的坚决性与彻底性是班级管理行动研究目标能否顺利实现的重要保障。

6. 评价行动结果

评价行动结果是对研究本身的反思,是为了搞清楚研究目的实现的程度,或者说搞清楚问题解决的程度。评价行动结果要依据研究目的来评价,行动研究的目的在于问题的解决,那么有没有解决问题,在多大程度上解决了问题,就是评价行动研究结果的标准。

评价行动研究的标准是统一的,但是评价行动研究结果的方法可有不同。根据研究的意图,大致可有两种评价方式:一是研究止于实践本身,二是研究上升到理性认识。

(1)研究止于实践本身,可只对行动方案本身做评价,即对行动方案的效果做评价,但也应形成文字性的评价。形成的文字性评价,可以是被认定的行动方案,或者是被修正的行动方案。

（2）研究上升到理性的高度，就可以形成研究报告。一份行动研究报告究竟该怎样写？并无绝对统一的格式，不过，报告应当符合课题研究结果呈现的一般要求。其基本要素应当有：① 摘要。二三百字，简要地概括报告内容。② 引言。简要地说明问题产生的原因、问题的实践意义、研究目的和方法等。这一部分的文字长短应根据报告的篇幅而定。③ 问题的界定和解决问题的方案。④ 实施行动方案的结果（以实施过程中获得的材料来反映）。⑤ 研究结果和对结果的反思。

本章小结

本章论述了班级管理评价和班级管理研究的有关问题。班级管理评价是学校教育评价的有机组成部分，它是以班级管理为对象，根据班级管理目标，采取一定的测评技术和方法，对班级管理工作过程及效果进行测定，并对班级管理目标的实现程度做出价值判断的过程。班级管理评价的功能主要有诊断功能、导向功能、调节功能、发展功能、激励功能。班级管理评价的类型，根据评价的目的、任务不同，可分为诊断性评价、形成性评价和终结性评价三种。

班级管理研究是学校教育研究的重要组成部分。班级管理研究是对班级管理的深入探索和认识。班级管理者只有在管理中研究，才能不断解决管理实践中的新问题；在研究中管理，才能提高管理水平。研究有理论研究与实践研究之分，班级管理者的研究应属于实践研究。班级管理者作为实践者，其职业性质决定了班级管理者开展研究应定位在班级管理实际问题的解决上。以解决实际问题为任务的班级管理实践者的研究，在方法的选择上应以实践研究方法为主，即采用行动研究。班级管理者开展行动研究的一般步骤包括发现班级管理问题—确定课题—探讨课题—制定行动研究方案—实施方案—评价行动结果。

思考与探究

一、理解概念

班级管理评价　诊断性评价　形成性评价　终结性评价　行动研究

二、简答

1. 班级管理评价的功能有哪些？
2. 班级管理者开展行动研究的步骤是什么？

三、案例分析

班主任行动研究方案举例
——学生参加家长会的行动研究方案

一、研究意义

家长会是班主任联系家长，调度和协调家庭教育力量，使班级教育各种力量形成合力的重要方法。家长会，顾名思义是专门由家长参加的会。但是，在班级管理实践中，也发现家长会虽然可以起到沟通教师和家长的作用,但是作为班级管理者、科任教师和家长共同关注的学生,却有可能成为班级管理者、科任教师和家长的对立面。一次家长会开过后,有学生会带着青肿的脸来到班级,同时也带来学生对班级管理者或有关教师的某种敌意。难道这就是班级管理者召开家长会所追求的吗? 显然不是。召开家长会的目的,意在沟通班级和家庭的信息,协调班级和家长的教育工作,从而共同促进学生的发展。这就是说,每一次家长会的召开,都应当对学生的发展起促进作用。然而,如果家长会不仅没起到促进学生发展的作用,还导致了家长和孩子、班级管理者和学生的对立,那就有违家长会的宗旨。怎样才能解决这一问题呢? 这需要寻找解决问题的途径和方法。

由于家长会是班级管理者和其他教育者与家长协调教育工作的重要形式,因此解决家长会所导致的家长与孩子、班级管理者及其他教师与学生的对立,就有重要的实践意义。

二、研究目的

消除家长会导致的孩子与家长、学生与班级管理者及其他教师间的对立,以真正发挥家长会沟通班级内外教育力量,促进学生发展的作用。

三、问题的界定

家长会是我国幼儿园及中小学在长期的教育实践中形成的一种加强家长与学校(班级)的联系、沟通信息、协调教育措施的有效方法。它是班级管理者在对班级教育力量进行管理时经常采用的一种方法。家长会的根本目的,是促进学生的发展。在班级管理研究中,许多研究者和班主任都对家长会的性质、作用和开家长会的方法进行过研究。在研究中也有人提出过家长会对学生的负面影响问题。

四、解决问题的方案

家长会造成孩子与家长、学生与班级管理者及其他教师对立的原因,在于家长会拒绝学生参加,而采取了家长与孩子"背对背"的形式。家长会不允许学生直接参与,对学生来说意味着有些事情班主任或其他教师只对其父母说,这些事情对学生可能是具有威胁性的,即班主任和科任教师可能就是要通过家长来"整"自己。而这些事情只对家长说,不当着其孩子的面说,在家长看来,这正是班主任和有关教师要求自己严厉教训孩子的措施。家长会绝不应当是这样的。

从以家长会促进学生发展的目的看,班级管理者和其他教师要对家长说的意见,也恰恰是需要对学生说的,没有必要对学生隐瞒。如果班级管理者和其他教师对家长教育孩子提出问题和有关改进意见,能够让家长和孩子同时了解,在班级教育者、家长和学生相互之间直接沟通有关信息,对学生的发展可能更加有利。

解决家长会对学生造成威胁性负面影响的方案是让学生参与家长会,让教育者、受教育者和家长直接沟通。

五、方案实施方法

(一) 准备

1. 制定一次有学生参与的家长会计划。

2. 调查学生和家长对以往家长会的看法。

(1) 调查学生对以往家长会的意见。

学生对家长会看法的调查表

同学:

你好! 我们班很快要召开一次家长会。召开家长会的目的是老师和家长互通情况,以便为你们的成长创造更好的条件。为了使本次家长会能够开好,我真诚地希望了解你们对家长会的看法,内容包括两个方面:第一,你们对以往的家长会有什么想法;第二,对本次家长会召开的形式,有什么好的建议。

谢谢!

你们的班主任:×××

×年×月×日

填表人: 填表时间:

你对以往家长会的看法:
你对本次家长会召开形式的看法:

(2) 调查家长对召开家长会的意见。

家长对家长会看法的调查表

家长:

你好! 我们班很快要召开一次家长会。召开家长会的目的是老师和家长互通情况,以便为孩子的成长创造更好的条件。为了使本次家长会能够开好,我真诚地希望了解您对家长会的看法。内容包括两个方面:第一,您对以往的家长会有什么想法;第二,对本次家长会召开的形式,您有什么好的建议。

谢谢!

班主任:×××

×年×月×日

家长姓名: 职业: 子女姓名: 填表时间:

你对以往家长会的看法:
你对本次家长会召开形式的看法:

3. 开会前告知学生,本次家长会学生和家长共同参与,并说明让学生参加的理由。

（二）召开有学生参加的家长会

1. 家长会召开的形式

（1）学生代表向家长介绍近一段时间全班的各方面情况。

（2）班主任和科任老师向家长介绍有关情况。

（3）家长提问。

（4）班主任、科任教师和学生均可回答。

（5）班主任总结。

2. 家长会记录：用录音笔全程录音。

（三）获取结果信息

1. 学生和家长填写调查表（调查表的形式在前一次调查表的基础上对"前言"和调查内容略做修改）。

2. 观察学生表现，尤其是存在问题的学生的表现。

观察表

观察对象：　　　观察时间：　　　观察地点：　　　观察人：

行为表现	解释

六、反思

（一）行动结果

1. 改进家长会前后，学生和家长对家长会看法的变化。

2. 改进家长会前后发现存在问题的学生的变化。

（二）进一步改进的建议

（略）

问题：你觉得《学生参加家长会的行动研究方案》是否可行？ 怎样实施？

实践活动

收集一个关于班主任行动研究的案例并进行分析。

附　录：

微信扫码

获取附录内容

参考文献

1. 冯建军. 现代教育学基础[M]. 南京:南京师范大学出版社,2006.

2. 檀传宝. 德育与班级管理[M]. 北京:高等教育出版社,2007.

3. 扈中平. 现代教育理论[M]. 北京:高等教育出版社,2005.

4. 邵宗杰,裴文敏,卢真金. 教育学[M]. 上海:华东师范大学出版社,2006.

5. 王守恒,查啸虎,周兴国. 教育学新论[M]. 安徽:中国科学技术大学出版社,2005.

6. 龚浩然,黄秀兰. 班集体建设与学生个性发展[M]. 广州:广东教育出版社,1999.

7. 钟启泉. 班级管理论[M]. 上海:上海教育出版社,2001.

8. 白铭欣. 班级管理论[M]. 天津:天津教育出版社,2000.

9. 魏书生. 班主任工作漫谈[M]. 漓江:漓江出版社,1993.

10. 林冬桂. 班级教育管理论[M]. 广州:广东高等教育出版社,2008.

11. 鞠延宝. 论班级管理[J]. 上海师范大学学报(哲学社会科学版),1999(5).

12. 吴明隆. 班级经营与教学新趋势[M]. 上海:华东师范大学出版社,2006.

13. 林进财. 班级经营[M]. 上海:华东师范大学出版社,2006.

14. 颜耀忠. 论中学班级群体心理优化问题[J]. 班主任,2003(5).

15. 蔡有渊. 班级文化建设略谈[J]. 内蒙古教育,2009(12).

16. 吴立德. 论发挥班级社会功能的若干问题[J]. 教育研究,1995(5).

17. 马克思. 资本论[M]. 北京:人民出版社,1975.

18. 曹长德. 当代班级管理引论[M]. 北京:中国科学技术大学出版社,2005.

19. 全国十二所重点师范大学联合编写. 教育学基础[M]. 北京:教育科学出版社,2005.

20. 鲁洁. 教育学[M]. 南京:河海大学出版社,1990.

21. 郭毅. 班级管理学[M]. 北京:人民教育出版社,2002.

22. 李学农. 班级管理(第2版)[M]. 北京:高等教育出版社,2010.

23. 张作岭,宋丽华. 班级管理(第2版)[M]. 北京:清华大学出版社,2014.

24. 朱国云. 组织理论:历史与流派[M]. 南京:南京大学出版社,1997.

25. 吴康宁. 教育社会学视野中的班级:事实分析与价值选择[J]. 教育研究,1999(7).

26. 陆士桢,华耀国. 少先队基础教程[M]. 北京:科学普及出版社,1998.

27. 李津. 世界管理学名著精华[M]. 北京:企业管理出版社,2004.

28. 张人杰,王卫东. 20世纪教育学名家名著[M]. 广州:广州高等教育出版社,2002.

29. 片冈德雄,贺晓星译.班级社会学[M].北京:北京教育出版社,1993.

30. 顾明远.教育大辞典[M].上海:上海教育出版社,1992.

31. Thomas J. Zirpoli,关丹丹等译.学生行为管理——教师应用指南(第4版)[M].北京:中国轻工业出版社,2004.

32. 许建钺等编译.简明国际教育百科全书:教育测量与评价[M].北京:教育科学出版社,1992.

33. 王汉澜.教育评价学[M].开封:河南大学出版社,1995.

34. [美]威廉.威尔斯曼,袁振国主译.教育研究方法导论[M].北京:教育科学出版社,2000.